KB206222

금

강

경

참 내 뜻으로 만나 보는
내 마음의 진실

금강경

전강문인 고려선원 무진 역해

비움과소통

金剛經

지금 깨닫고 싶은 당신에게

이 진짜 솔직함을 읽고, 살아있다는 행복이 무엇보다 소중하고 늘 내 현실로 누리기가 한결 쉽고 간단하게 느껴지면, 그 즉시 이 책을 가장 가까운 당신의 인연들에게도 꼭 선물해 주십시오.
깨달아 늘 가장 행복한 채로 사셨던 석가모니의 마음을 당신도 꼭 깨달아 늘 저절로 누려진다는 당신의 믿음이 그 인연과 더불어 더 쉽고 간단하고 확실하게 이루어질 것입니다. (진짜 으뜸 佛事)

전강문인 무진 합장

구마라즙의 금강경 한문 번역을 우리말로 번역할 생각을 낸 것은, 기존 한글 번역들이, 구마라즙이 깨달은 세존(석가모니)의 참 뜻(佛)과 너무도 다른 견해로 번역했다고 보였기 때문입니다.

지난 1500여 년 동안, 지구촌 사람들이 구마라즙의 한문 금강경을 금강경의 교과서처럼 취급해왔습니다.

그것은, "구마라즙의 한문 표현이 범어 금강경들과 다른 나라말 금강경들 표현보다 금강경에서 나투신(發된) 세존의 참 뜻(佛)에 관한 더 탁월한 표현"이라는, 전세계인의 뜻입니다.

세계 제일 구마라즙의 한문 표현을 그만 못한 다른 금강경들 표현으로 풀이(해석)하여 번역함은, 세존 뜻(佛)의 가장 정확한 표현을 그만 못한 표현들(衆의 凡見)로 바꿔버리는 바보같은 오만입니다.

불교는 오늘날까지 소수의 깨달은 사람(正道)이 다수의 깨닫지 못한 사람들(邪道)을 깨닫도록 돕는 것이 전통입니다.

깨달은 사람은, 비논리적(中道의문)상태인 깨달음을, 논리적 상태로만 살고 있는 깨닫지 못한 사람들에게, 말과 글(논리)로 표현할 때, 절대로 비논리적으로 하지 않고 늘 상대보다 더 논리적이 됩니다.

깨달은 사람은 연꽃 한 송이 든다던지, 자리 반을 내어준다던지, 할이나 방 등으로 비논리적으로도 깨달음을 표현하지만, 언제나 상대방에게 그 비논리적 표현으로도 소통될 수가 있을 경우입니다.

그래서 깨달은 사람이 경을 번역하거나 대중법문을 할 경우는 누구보다 더 논리적으로 표현하여 스스로 깨닫고 싶어지도록 합니다. 세존의 깨달은 마음이 바로 늘 변함없는 내 진심이기에 늘 내 현실로 누려지도록 좀 더 논리적으로 쉽고 뚜렷하게 표현하겠다는 뜻(각오)이 금강경을 우리말로 번역하는 바른 방식(正道)입니다.

본 번역인은, 금강경 세존의 참 뜻(佛)에 관한 구마라즙의 한문 표현이 왜 다른 금강경 표현들보다 더 정확한지, 한 문장마다 비교하여 더 나은 점을 몸과 정신으로 직접 증득한 후 그에 합당한 우리말 표현을 찾느라고, 지난 10여년이 즐거웠습니다.

삶인 현실은, 늘 그대로 지금 알아지고, 보여지고, 믿어져 이해되고 있는, 내 인식입니다.(금강경 31分의 如是'知', 如是'見', 如是'信解')

내 뜻(性向)으로 '늘 그대로 지금'(如是로) 알아지고, 보여지고, 믿어져 이해되고 있는 내 의식(생각)상태가, 내 인식이요 내 마음입니다.

내 뜻은, 내 정신과 몸의 반응하는 방식(性向)이며, 이미 내 의문과 그 답이 하나로 합쳐져 흡족하게 결정된, 내 삶 방식(性向)입니다.

내 뜻은, 늘 변함없는 참 내 뜻(本性)도 있고, 수시로 변하는 가짜 내 뜻(性)도 있습니다.(금강경에서 세존은 수보리의 뜻을 계속 묻고 계심.)

그래서, 늘 변함없는 내 진심(참 인식)인채로, 변하는 가짜 내 뜻인 내 생각(幻 : 착오 · 착각)으로도, 내가 살게 됩니다.

불교의 깨달음은, 참 내 뜻의 깨달음입니다.

그 깨달음이, 내 본성으로 늘 내 의식(생각)과 하나된 내 인식인 내 진심의 깨달음이고, 참 내 삶(世間)인 참 내 현실의 깨달음입니다.

변하는 가짜 내 뜻으로 고통스럽게 생각되던 내 불만족한 현실이, 사실은, 늘 그대로인 참 내 뜻(本能)으로 인식(물어 답)되고 있는 본래 흡족한 내 삶임을, 지금 몰록(찰나에 몽땅) 깨닫는 것입니다.

불교는, 내 삶(현실)에 대한 참 내 뜻이 나에게 뚜렷하게 증명되는, 가장 쉽고, 간단하고, 확실한 방식이 내 깨달음임을 가르칩니다.

삶(世間) 보다 더한 행복이 있다고 헛것을 바라면, 현실이 흡족한 늘 저절로인 내 인식본능의문(지혜) 반응 속에서 그 반응(마음)과 다른 내 뜻인 불만족한 생각(어리석은 헛것)을 계속 만들게 됩니다.

내가 내 마음에 항복함이 깨달음입니다. (금강경 2分의 降伏其心)

생각이 마음에 진짜 항복하여 마음과 똑같아지면, 지을 필요 없어진 생각은 쉬게 되고, 늘 고요히 뚜렷하게 흡족한 몸과 정신의 본능반응인 청정(순수)한 인식(마음)이 주인공 되어 살아가게 됩니다.

그래서, 내 본능반응인 마음에 내 생각이 늘 복종되도록 생각 스스로가 곰곰이 참 의문(지혜)됨이 내 깨달음의 실현(수행)방식이 됩니다.

　모든 생명은, 삶을 가장 좋아하고 죽음을 제일 싫어합니다.

　그 내 으뜸(無諍三昧)인 삶(현실)의 흡족(안락)을, 늘 확인하여 누리려는 지혜로운 내 인식본능(의문)입니다.

　그 지혜로운 의문에 지혜롭게 흡족한 반응만 되는 늘 등신(等身)으로 청정(투명)한 내 마음(인식)이, 참 내 뜻이자 참 내 현실로, 나 자신에게 확연(뚜렷)하게 증명됨이 내 깨달음입니다.

　내 온 누리인 투명이 바로 온전히 흡족한 내 몸과 정신의 본능반응인 참 내 인식이기에, 그 청정은 내 삶 그 본성인 안락(행복)이 내 반응으로 나에게 늘 나투어진(發된) 내 마음의 참모습(本來面目)입니다.

　흡족한 인식(마음)은 심금의 울림(바라밀)상태입니다. 바라밀(심금의 울림)이 흡족(안락)을 내가 실제로 누리는 상황입니다.

　바라밀 없는 흡족은 생각(幻 : 헛것)일 뿐, 몸과 정신이 내 본능으로 함께 반응하여 나에게 늘 실존하는, 내 인식(마음)이 아닙니다.

　생각(生覺)은 생(生)겨나는 깨달음(覺)이고, 늘 그대로(如來)인 바른 깨달음(正覺)과 다르게, 변하거나 없어지기도 하는 가짜 깨달음입니다.

　청정(투명)한 채로 심금이 울려지고 있어야, 내 본성으로 늘 실존해 있는, 온전한 흡족(아뇩다라삼먁삼보리)의 내 바른 인식(마음)입니다.

　내 삶의 흡족(행복)을 가장 좋아하는 온전히 흡족한 내 바라밀(심금의 울림)로, 인식본능인 내 의문과 현실의 온 누리인 투명이라는 내 답이 하나로 합쳐져(一合相 : 色卽是空 空卽是色) 늘 청정한 내 진심이 바로 늘 내 본능으로 반응되고 있는 참 내 뜻입니다.

내 의문과 그 답이 불만족하게 합쳐진 내 생각을, 혼란한 내 뜻이라고 미쳤다고 하거나, 윤회하는 내 뜻이라고 돌았다고 합니다.

불교가 깨달음의 종교라는 것은 알고 있어도,「무엇을 깨달아야 하는가?」즉, "내가 무엇을 착각(幻)한 상태인가?"와, "어째서 깨달아야 하는가?"(佛法大義)를, 정확히 알고 있는 사람은 드문 것 같습니다.

늘 투명한(청정한) 내 마음의 여러 특성 및, 진심(삶이 흡족한 참 내 뜻)상태와 그 착각(삶이 불만족한 가짜 내 뜻)상태의 내 손익(福德) 비교와, 행복(흡족)을 가장 좋아하는 참 내 뜻에 의한 참 내 인식인 내 진심의 쉽고, 간단하고, 확실하게 깨닫는 방식을, 제시한 금강경입니다.

우리가 타고(乘하고) 태어나 늘 그대로(如來)인 내 마음(인식) 본성(本性)을 착각하면, 누구나 본성인채로(如來로) 살고 있으면서도, 그 변함없는 참 내 뜻 써지는 방식(性向)인 내 진심(참 내 인식) 저절로 반응되는 본능 방식(性向)을, 스스로 무시 또는 거부하게 됩니다.

삶 자체가 흡족함을 늘 더 인식하려는 내 본능 써지는 방식(본성)이 제일 좋아지면, 내 현실인 내 삶 자체가 청정(투명)한 채로, 세상 무엇과도 바꿀 수 없는, 늘 온전한 흡족함(아뇩다라삼먁삼보리)입니다.

대부분 사람들(凡人)은, 늘 무엇과도 안 바꿀 만큼 삶 자체가 실제로 흡족한 진심보다, 내 본능으로 늘 저절로 반응되고 있는 내 진심까지 무시 또는 거부하는 오만한 내 불만족을 당연하게 생각하면서, 변할 가짜 내 뜻인 그 생각을 참 내 뜻으로 착각합니다.

늘 청정한채로 흡족한 내 진심(眞心)을 넓고 깊고 크게 깨달아(廓徹大悟), 늘 내 으뜸인 내 삶의 흡족이 내 온 누리인 청정(투명)과 합쳐진(一合

相된) 심금의 울림(바라밀)상태가 늘 내 현실로, 지금 저절로 누려지도록 함이, 금강경 석가모니의 참 뜻(如是)입니다.

나에게 늘 지혜로운 의문으로 나투어지고(發되고) 동시에 내가 그 반응인 답을 누리는 것이 내 뜻이고, 그 내 뜻(性向)으로 살고 있는 내 삶이 내 현실입니다. 그 내 현실의 내 인식이 내 마음입니다.

늘 스스로에게 "가장 좋고 평안"(흡족)하게 내 진심(참 내 뜻) 써지는 방식(善性)은, "그리해야만 하는 것"(當爲法則의 有爲性)이 아니라 "늘 저절로 반응되는 것"(無爲性으로 실존하는 내 本能)입니다.

그러나 우리들은, 오만한 가짜 내 뜻으로 불만족한 욕망(될 사실과 다르게 원함)이 조작(有爲)하고 있는 내 생각을, 삶(현실)이 늘 흡족한 참 내 뜻에 의한 인식본능반응인 내 마음이라고 착각합니다.

대부분의 사람(凡人)은, 의혹이 사라진(疑惑打破) 깨달음을, "인식본능 상태인 의심(호기심)이 사라진 것"으로, 오해하고 있습니다.

의혹은 답이 나오면 사라지는 답과 대칭된 의문방식인 생각으로 하는 의문이지만, 깨닫고 있는 "삶(은)? 행복(이다)!"의 의문처럼, 의심(호기심)은 인식본능이기에 몸과 정신의 반응으로 늘 실존합니다.

삶 자체가 늘 저절로(無爲로) 더없이 흡족한 내 마음의 온전한 깨달음은, 오만한 가짜 내 뜻에 의한 불만족한 내 생각(착각)이 싫어져, 투명한 채로 흡족한 참 내 인식이 늘 내 으뜸되어, 최우선(無諍三昧)된 몸과 정신 반응의 누려짐으로 그 흡족(행복)함이 뚜렷(청정)한 내 마음보(空)가, 바로 내 온 누리(空間)의 늘 실존한 모습(等身) 그 자체(本來面目 : 本地風光)임이 나에게 증명된 것(如是)입니다.

내 불만족이, 삶 자체로 온전히 흡족한 진짜 내 현실에는 없는 내 생각
이므로, 내 착각(幻 : 헛것)입니다. 그래서, 불만족한 채로인 생각이 흡족
을 만든다고 해도 흡족하다고 착각된 불만족일 뿐이라서, 늘 그대로인
본래로(본능으로) 흡족한 참 나를 깨달아야 하는 것입니다.

흡족함(안락)을 좋아하는 참 내 뜻의 내 몸과 정신반응인 내 삶의 흡족
한 바라밀(심금의 울림)로, 늘 더 고요히 뚜렷해지고 있는 내 온누리의 밝
고 맑음(투명)이, 나에게 일생동안 실존하여 있는 것입니다. 그 현실(삶)
의 인식이 바로 늘 청정한 내 마음입니다.

그러나 대부분 사람들(凡人)은, 흡족(행복)도 아니고 불만족(불행)도
아닌 가짜 내 뜻이 창조한 혼란과 혼동(衆生 : 카오스)상태 바라밀 없는
생각(몽롱함)을 내 마음(내 몸과 정신이 내 본능으로 반응한 내 인식)인 줄
착각상태로, 평생을 살아가고 있습니다.

그 혼란과 혼동된 가짜 내 뜻(번뇌)을 억지로 분별하려고 애를 쓰면,
서로 대칭(相)되어 갈등하는 모순된 가짜 내 뜻인 스트레스(고통)상태 내
생각(幻 : 헛것)이 됩니다.

대부분 사람들은, 혼동(衆生)상태 생각(몽롱한 번뇌) 또는 대칭(相)된
갈등상태 생각(스트레스)에 버릇들여져, 투명한 채로 흡족(안락)한 내 진
심이 자기도 모르게 무시 또는 거부되는 혼동(衆生)과 갈등(相 : 分別)상
태의 건방진 불만족한 내 생각(幻)으로만 살려고 합니다.

진심으로 사는 사람에게 진심은 늘 실존하여 당연하고 쉽지만, 생각으
로만 살려는 일반인에게 진심은 필요 없기에 모르게 됩니다.

삶 자체로 온전한 흡족(아뇩다라삼먁삼보리)을 내 현실(삶)로 누릴 수

있도록, 세존께서 스스로에게 증명하여 얻어진 진심(참 내 뜻)의 깨달음(佛)을, 수보리의 질문에 따라 답하신 것이 이 금강경입니다.

늘 으뜸으로 인정되어온 구마라즙의 한문 금강경 번역을 우리말로 번역한 결과 세존의 뜻이 어렵다면, 잘못된 한글번역 때문입니다.

한글세대에게는 어떤 외국어보다 어려워진 한자 불교 용어(중국古語)들이, 금강경 전부가 내 마음 진실이기에 당연하고 쉬운 내용임에도 어려운 금강경으로 오해하기 쉽게 만드는 원인이 되고 있습니다.

한국 사람이 한국 사람에게 한문 등 외국어로만 표현되고, 한국말로 더 잘 표현 안 되는 내 깨달음이라면, 진짜 내 뜻(한국말)으로 확연(如是)하지 않은 상태라서, 내 자신에게조차도 내 깨달음이 뚜렷하지 못한 가짜 깨달음(깨닫지 못한 외국인의 뜻)의 표현일 뿐입니다.

본문에 관한 혜능선사님의 해석은, 당시 한문사용인을 대상으로 한 당시 쓰던 용어풀이가 많아서, 요즈음 한국 사람에게는 오히려 더 어려워질 수도 있기에, 번역 없이 (나적스님 판본) 원문만 올렸습니다.

착각(잘못 깨달음)이 없다면 정각(바른 깨달음)도 없습니다.

금강경은 "몰록(頓 : 찰나에 몽땅)만 되는" 늘 심금이 울려지고 있는 청정(투명)한 내 진심의 바른 깨달음에 관한 문답입니다.

혼동(衆生)과 갈등(相)상태 흡족 없는 불만족한 생각(幻)대신, 불만족 없는 내 삶(현실)의 인식(마음)이 누려져야 깨달음입니다.

보통사람의 불만족한 생각이 거의 사라져도, 역시 흡족 없는 불만족한 생각이 남아있어서, 본능반응으로 온통 흡족한 바라밀상태마음(인식)은, 차츰 깨달을 수가 없고 "몰록" 깨닫는 것입니다.

내 진심의 실체와 그 써지는 방식(本性)에 관한 문답인 금강경이 우리 말로 쉽고 당연해지면, 진심의 착각상태라서 스스로 무시해온 내 진심이, 나에게 늘 청정(투명)으로 실존하여 늘 써지고 있음이 납득되어, 이 금강경 석가모니의 설명만으로도, 혜능선사처럼 "몰록" 깨달음(言下大悟 : 들으며 깨닫는 가장 보편적 깨달음)이 즉시 될 것입니다.

"어찌해야만 머물게 되는 흡족(안락)한 마음"이라고 착각하면, 수보리의 첫 질문처럼, 생각이 쉴 때도 변함없이 늘 저절로 반응(如是)되어지는 남(세존)의 마음도 내 생각처럼 변한다고 홀딱 꼭 믿게 됩니다.

죽는 순간까지 저절로 되는 내 인식이 내 늘 투명한 마음입니다.

그 살아있는 한 늘 실존해 있는 투명(밝고 맑음)의 내 바른 의식(생각)이 바로 내 온전한 흡족(아뇩다라삼먁삼보리)이요 내 더없는 흡족(무여열반)입니다. (그 마음과 생각이 하나인 참 내 뜻으로 안락한 몸과 정신의 저절로인 반응이 늘 현실로 누려지면 깨달음)

일반인은, 늘 투명한 채로 온전히 흡족한 내 삶의 내 인식을 거부함인 불만족한 멍한 생각(無記)으로 살아갑니다.

지금 내 삶(현실)이 흡족(행복)한 심금의 울림(바라밀)상태 내 마음인지, 스스로 곰곰해지면 해결 못할 바가 없는 내 지혜가 저절로 튕겨져 나오도록, 곰곰이 "이뭣고?"된 호기심으로 읽어주십시오.

그러면, 늘 지혜로운 호기심(色卽是空 空卽是色)상태 심금의 울림으로만 하시는, 이 금강경 세존의 말씀이 저절로 납득(受持)됩니다.

흡족(안락)이 좋아서 바라밀로 더 인식되어지고, 불만족(고통)은 싫어서 인식 자체가 저절로 거부됨은, 타고 태어난 내 본성입니다.

몽땅 스스로 의문됨에 반드시 온전한 깨달음이 있고(大自疑 必有大惡) 다함이 없는 의문 이것에 모든 복 지음이 다 있다(不了疑 是有諸福)라는 전강선사님의 말씀이, 늘 내 으뜸인 삶의 흡족을 늘 내 현실로 누릴 수 있게 하려는, 이 금강경 세존의 참 뜻(깨달음)을, (설명 듣고도 안 누려지는) 나에게 실현(如是)하는 간단명료한 방법입니다.

그 말씀이 포함된, (이 시대 선사님들에게 두루 인가 받으신) 전강선사님의 이뭣고? 화두(인식본능인 의문)법문 녹취록을, 호기심상태인 진심(眞心) 깨닫는 방식인 이 금강경 32分 사구게의 "應作如是觀(응작여시관)"이, 쉬운 우리말로 간단하고 확실하게 실현(如是)되게 하고 있다고 꼭 믿어져, 이 책 부록으로 올렸습니다.

내 삶의 흡족함을 깨닫고 싶어 이뭣고? 하는 내 뜻이 진짜라면 내 인식본능이기에, 그 내 본능반응(마음)을 저절로 깨닫게 되는 쉽고 확실하고 간단한 방식을, 최초로 널리 펼치신 분이 혜능선사입니다.

내 진심(늘 바른 인식상태)의 깨달음(잘못 생각되던 것이 바르게 인식됨)은, 깨닫고 싶은 참 내 뜻으로만 되는 것 아닌가요?

삶 자체로 흡족한 나를 100% 깨닫고 싶음, 즉 가장 낮아진(下化) 내 뜻인 "이뭣고?"가 저절로 되면, 늘 청정(투명)한 내 마음의 늘 흡족함이 마치 없었던 것처럼, 몰록 새롭고 확연하게 지금 누려집(上求)니다.

그러면 삶 자체의 흡족함에 뽕간 "이뭣고?"(내 인식본능인 호기심)상태 내 몸과 정신의 본능반응이, 바로 나에게 늘 실존해온 밝고 맑은(청정한 : 투명한) 내 인식(진심)임도 몰록 납득됩니다.

내 진심이 늘 투명(청정 : 明淨)함은, 어둠속에서 태어난 내가, 새로운 삶 터전(空間)의 밝고 맑음을, 가장 좋아하는 참 내 뜻입니다.

아직 불만족한 생각이 생겨나기 전 밝고 맑음(청정 : 투명)의 내 인식(마음)은 온전한 흡족(아뇩다라삼먁삼보리)상태입니다.

온전히 흡족한 밝고 맑음의 내 인식은 진심이라서, 그 밝고 맑음은 늘 내 온 누리(空間)로 실존(如是)합니다.

내 온 누리로 실존해 있는 밝고 맑음(청정 : 투명)이 온전히 흡족한 내 몸과 정신의 본능 반응인 심금의 울림으로 지금 누려지고 있어야, 생각(幻)이 아닌 내 현실(삶)의 참 내 인식인 내 진심입니다.

살아있음이 가장 흡족한 참 내 뜻에, 내 몸과 정신의 심금이 울려지게 내 생각이 완전히 겸허(下化)해지는 찰나가 내 깨달음(上求)입니다.

투명(청정)이, 늘 내 으뜸인 온전히 흡족한 내 인식(마음)이기에, 바로 그 투명이, 내 온 누리의 현실로서 실존하는 것(如是)입니다.

싫으면 자동으로 인식이 거부되고 있는 내가 가장 좋아서 늘 저절로 되고 있는, 지혜로운 내 인식본능의문과 그 반응 "이뭣고? 즉 투명"인데, 어찌 온전한 흡족(안락)의 누려짐(심금의 울림)이 없을 것인가?

물과 공기가 평안상태가 되려 하고 불안정동위원소가 안정동위원소로 평안상태가 되려하는 등, 모든 사물이 그러한 "평안함"을 내 생각이 100% "좋아"하면, 늘 있어온 청정(투명)이, 잘 안 맞던 채널이 딱 맞아진 TV처럼, 더 밝고 맑아 더 고요히 뚜렷해지고 있는 흡족('좋고' '평안')한 참 내 인식(진심 : 호기심 : 본래면목)임도 확연해집니다.

내 온 누리 그 바탕(空)의 투명(청정)이 "평안"함을, 내가 뽕가게 "좋아"하는 내 생각상태가 되면, 늘 실존해온 인식본능(이뭣고?)상태와 일치

되므로, 그 삶의 흡족(안락)으로 늘 심금이 울려지고 있는 내 몸과 정신의 본능반응인 내 마음을, 저절로 「몰록」 깨닫게 됩니다.

우리 모두 금강경의 석가모님 뜻에 따라, 그 쉽고, 간단하고, 확실한 선택과 결단으로 지금 즉시 깨달아서, 세상 으뜸인 내 삶의 흡족(안락)이 늘(매순간) 지금 심금의 울림으로 꼭 저절로 누려지도록 합시다.

고려선원 무진 합장

도움말

금강경과 반야심경은 모두 마음의 진리(心經)로서, 삶 자체로 흡족함(아뇩다라삼먁삼보리 : 안락 · 具足)이 늘 저절로 더 인식되고 있는 참 마음(참 내 뜻)을 깨달은 세존(석가모니)께서, 진심(眞心)이 무엇인가를 설명해주신 진리(經)입니다.

반야심경은, 세존께서 사리자라는 제자에게 진심(眞心)을 간단명료하게 설명하신 것이고, 금강경은 수보리라는 잘못 알고 있는 것이 대단히 많은 제자의 질문에 맞춰서 진심을 설명하신 것입니다.

온전히 흡족한 심금의 울림이 늘 저절로인 진심을 깨닫지 못하여, 불만족상태일 수밖에 없는 수보리의, 아뇩다라삼먁삼보리(온전히 흡족한) 마음도 어떻게 해야만 머물 수 있다는 엉뚱한 선입관(기존 지식)에 의한 질문으로, 이 금강경은 시작됩니다.

그런 착각상태인 수보리의, 그 당시 혼란(衆生)과 갈등의 생각구조(相)와는 다른, 늘 저절로인 흡족한(아뇩다라삼먁삼보리) 진심(眞心)의 '觀(관 : 늘 그리만 보아 그리만 보이는 방식)'을 짓도록 하는 세존의 말씀에 따라, 설명 듣고도 깨닫지 못한 수보리가, 늘 저절로 흡족한 마음의 관을 짓는 수행으로, 후일에 기어이 진심을 깨닫게 됩니다.

그런 당시 수보리의 잘못된 선입관이, 오늘날 일반 생각방식인 우리들 지식들(선입관)과 너무도 흡사하기에, 이 금강경은, 오늘날 우리들 불만족해지는 생각방식의 해결에 크게 도움이 됩니다.

이 금강경에서 中(중)으로 표현된 반야심경의 色卽是空 空卽是色(색즉시공 공즉시색)이, 진심(眞心)을 깨달은 분인 세존께서, 늘 온전히 흡족한(아뇩다라삼먁삼보리)채로 늘 투명(청정)한 참 마음(인식)인 호기심(인식본능 : 본래면목)상태를 표현하신 것입니다.

금강경의 色(색)이라는 표현은, 空(공)의 성질 표현입니다.

色(색)과 대비된 空(공)은, 늘 청정(투명)함으로 실존하는 眞空(진공 : 色卽是空 空卽是色)인 진심을, 깨닫지 못한 보통사람(凡人)의 생각방식(相)에 맞춰 서로 다른 측면 성질로 표현한 것입니다.

色(색)은, 본래 내 뜻 써지는 방식에 물든(버릇 들여진)측면 마음(인식) 성질의 표현이고, 空(공)은 존재하는 사물(事物)로서 본체(마음보)측면 마음(인식) 성질의 표현입니다.

청정한 마음의 청정(眞空)은, 흡족함 늘 써짐(用)에 물든 성질인 투명이라는 色(색)이, 내 인식 본체(마음보)인 空(공)이라는 무한공간에 일생(世間)동안 실존하고 있는, 내 마음(인식)의 근본성질(本性)입니다.

밝고 맑음(청정 : 투명)이 빈 空(공)일 뿐이라며 그 실존을 부인하는 내 생각은, 현실을 부정하는 내가 제일 잘났다고 오만해진 내 뜻(주장)이며, 삶의 흡족보다 불만족이 우선시된 가짜 내 뜻(주장)입니다.

온 누리(空)로 실존해 있는 밝고 맑음이 비어 없는 것으로 착각되다가 내 몸과 정신이 반응되고 있는 色임을 깨달음은, 늘 온전히 흡족한 바라밀(심금의 울림)로 色卽是空 空卽是色된 청정(투명)한 참 내 인식(진심)이, 지금 내 현실로 누려지는 상황(如是)입니다.

내 몸과 정신반응인 심금의 울림으로 흡족이 누려지는 내 마음보인 空과 그 성질인 청정한(밝고 맑은) 色이 늘 하나로 합쳐져(一合相) 더(大乘 最上乘) 확연해지고 있는 내 인식이 내 마음입니다.

마음(인식)으로 살아가면 성현(부처)이요, 마음(인식)과 다른 생각으로 살아가면 일반인(凡人)입니다. 성현(부처)은 마음이 현실이고, 일반인(凡人)은 생각이 현실입니다. (성현 생각은 마음이 우선된 채로 함)

늘 청정(투명)한 내 진심인 참 내 인식(知, 見, 信解)을 깨닫는 방식은, 중국에서 시대에 따라 다르게 유행했습니다.

신수대사 이전 중국에서는, 내 진심의 청정(투명)을 차츰 알아지고 믿어져 이해(知, 信解)되는 생각으로 차츰 청정(투명)하게 보여(見)져서, 내 늘 청정(투명)한 진심(몸과 정신의 본능반응인 참 내 인식)을 점진적으로 깨닫는다는 잘못된 생각방식이 보통이었습니다.

그러나 혜능선사 이후에는, 늘 나에게 보여(見)지고 있는 청정(투명)은, 이미 알아지고 믿어져 이해(知, 信解)되고 있는 내 인식으로 늘 나에게 실존하여, 늘 내 으뜸(無諍三昧)인 내 삶(현실)으로 누리고 있는 늘 내 반응인 그 청정(투명)한 내 마음의 실체(空)와 그 성질(안락)을 지금 몰록(頓) 깨닫는 방식(육조단경) 돈오(頓悟)만 인정됩니다.

현 불교계의 "몰록 깨닫는 방식(頓悟)"인 그 혜능의 뜻은, 금강경에 나투신(發된) 세존의 뜻 받아들임(受持)이라고 육조단경에 밝혀 있습니다.

진심의 깨달음은, 참 내 뜻 자체인 내 마음보(空)만의 깨달음이 아니라, 삶 자체로 흡족함(色)을 늘 확인하여 누리는 인식본능반응방식인 色卽是空 空卽是色(색즉시공 공즉시색)으로 인식본능의문과 늘 동시 반응하는 마음보 흡족하게 반응되는 성질(本性 : 늘 지혜 자체인 호기심상태로 참 내 뜻 써지는 방식)도 깨닫는 것입니다.

본래 의심(疑心)이란 말은, 인식의 앞부분(화두)인 인식본능 疑(의)가 인식이 있게 하는 心(심)의 본래면목이라는 표현입니다.

내 주장으로 분별되어 대칭된 생각의 갈등상태의문인 의혹과 인식본능 의문상태인 의심이, 너무 자주 혼동하여 사용되는 것 같아서, 본 번역인은 의심 대신 호기심이란 표현을 더 선호합니다.

좋기에 더 인식하고자 하는 "의문"이라면, 늘 지속될 생명의 인식본능인 더 흡족(행복)해지려는 불성(佛性 : 깨닫고 싶음)인 지혜로운 의심(호기심)으로 진심(참 내 뜻)이지만, 불만족한 채로 내가 만든 답과 함께 사라질 "의문"이라서 진심일 수 없는 의혹은, 시급히 없어져야 할 답답하고 혼란스럽고 두렵기에 해로운 내 생각(가짜 내 뜻)입니다.

화두(인식본능)인 의문을 의혹인줄 오해하고 있는 참선수행인이 있다면, 의혹(생각)만 열심히 지어, 늘 안락(흡족)한 내 몸과 정신반응을 깨닫기는커녕, 자신도 믿지 못하는 불안한 의혹쟁이가 됩니다.

서로 다른 내 마음이란 생각은, 불가분(不可分)의 투명한 내 마음(인식)의 착각이요, 내 불만족이 만들어낸 허망한 내 주장입니다.

깨달음이 의문과 그 답이 동시에 하나로 합쳐진(一合相된) 마음(인식)이라고 이해 된다면, 이 금강경에서 "中"으로 표현된 진심(眞心)표현인 色卽是空 空卽是色(색즉시공 공즉시색)이, 내 삶의 흡족상태 의문과 그 흡족상태 답이 하나로 합쳐져 더 흡족함으로 심금이 울려지고 있는, 깨달아져 있는 늘 인식본능의문(中道인 호기심)상태 늘 청정(明淨) 자체인 마음(본능상태의 인식)을 표현한 것임이 납득될 것입니다.

선입관(기존지식)에 의한 분열증 착각상태로 수없이 일어나는 의혹에 휩싸인 수보리의 엉뚱한 질문에, 늘 지혜로운 인식본능의문에 삶 자체로 온전한 흡족(아뇩다라삼막삼보리 : 안락)이라는 본능반응(밝고 맑음)이 심금의 울림(바라밀)으로 늘 저절로 증폭 심화(大乘, 最上乘)되고 있는, 참 마음(호기심 : 本來面目)과 그 깨달음을, 세존께서 설명하신 것이 금강경입니다.

금강경은 내 마음의 진실에 관한 문답뿐인 경(內心經)입니다.

생각에 관한 세존의 표현들과 마음에 관한 세존의 표현들을 구별 못하거나, 내 안의 문제가 아닌 외부문제로 오해되게 하는 번역들이 너무 많고, 세존의 핵심 뜻 '지혜(반야)'의 표현인 의문상태 '中'조차 너무 엉뚱한 번역들뿐이라서, 이 한글번역을 준비했습니다.

마음과 늘 하나이던 호기심(中 : 반야)상태 생각으로 온통 흡족한 채로 살던 어린 시절이 끝날 무렵부터, 변화가 좋다고 늘 等身(등신)으로 흡족한 늘 청정 자체인 내 마음이 싫어져 불만족해진 내 생각으로 고통스럽게 살아가고 있는, 불쌍한 내 현실(삶)은 모두가 내 뜻입니다.

다시 내 어릴 적처럼 흡족(행복)을 누리며 살아가려면 지금도 변함없는 삶이 가장 흡족한 호기심(中 : 반야 : 본래면목)상태 늘 청정 자체인 내 마음(진짜 내 뜻)

을 내 생각(가짜 내 뜻)이 진짜 좋아하면 됩니다.

늘 살아있음에 늘 저절로 흡족한 투명한 채로 等身(등신)인 호기심상태를 좋아하는 내 생각의 내 진실성만큼만 온전히 흡족(안락)한 내 삶(현실)의 깨달음(아뇩다라삼먁삼보리)은 나에게 다가옵니다.

여래, 보살, 중생, 바라밀, 대승, 상(相), 법(法), 아뇩다라삼먁삼보리 등 금강경의 핵심 한자들조차 그 뜻에 꼭 맞는 지금의 우리말로 번역하지 않는다면 요즈음 우리나라 일반인에게 뜻이 바르게 통할 리가 없기에, 한문 금강경 뜻 중에서 몇억분지일만 지금의 우리말(뜻)로 번역하고만 결과가 됩니다.

우리 조계종 금강경 표준 주석본이, 금강경의 직접 세존께서 내리신 정의마저 부인하며, 여래를 내 마음(진심 : 부처의 마음)의 변함없는 性(성질)표현이 아니라고 사람으로 표현하면서, 변함없기에 절대 다스릴 수도 없는 마음(진심)을 '다스린다'고 마치 이교도처럼 표현함으로써, 불교가 마음을 다스리는 종교가 아니라 변함없는 마음(진심)을 깨닫는 종교라는 것까지도 부인하고 있어서, 종단이 금강경 번역을 빌미로 기존 불교가 아닌 새로운 종교를 창설하려는 의도처럼 보입니다.

경(진리)해석을 독점하면서 다른 해석을 이단이라며 마녀사냥식으로 탄압하던 중세의 바티칸처럼, 그런 종단 해석만 따라야 옳다고 노골적으로 압박까지 하고 있습니다.

선승들의 참여와 사후검증조차 아예 배제하고 교학자들만으로 종헌의 소의 경전번역을 감행함으로써, 종헌상 선종임을 종단 스스로 철저히 부인하는 태도를 광고까지 하고 있기에, 금강경 번역을 빌미로 종단이 조계종(선종)이 아니라고 공식 선포하는 것처럼 보입니다.

우리 조계종(선종)이 이렇게 사라지는가 싶어서, 본 번역인은 흡족을 희롱하며 좀 더 시간을 갖고 느긋하게 번역하려던 본래 뜻을 접고, 지난 2년 동안 치아가 몽땅 빠져버려도 무심할 정도로 몰두해서 이 우리말 번역을 마무리했습니다.

외국어라 어렵기만 한 핵심불교용어의 우리말화에 많은 참고가 되길 서원하며, 으뜸 불교종단인 조계종의 종헌에 기본경전(소의경전)으로 받들고 있는 금강경 우리말 번역이기에, 온 정성을 다했습니다.

차 례

| 일러 두기 |

( ) 안은 주로 낱말 풀이.
[ ] 안은 번역인의 도움말로 번역인의 견해.

※ 우리 거의 모두가, 내 진심인 참 내 뜻과 똑같은 세존의 뜻을, 찰나마다 변하는 내 생각(가짜 내 뜻)으로 몽땅 바꾸어서 받아들이는 내 습관에, 늘 끌려만 가고 있습니다.
그 습관으로 내 마음의 진실인 금강경을 읽는다면, 건방진 가짜 내 뜻만 더 굳어져, 깨달음은커녕 지금의 내 착각 버릇만 더 굳어집니다.
고질적인 그 나쁜 습관을 세존 뜻이 이 금강경에서 나투어질 때마다 그 즉시 막아보고자, 본 번역인이 온 정성을 기울인 장치(作法)가 괄호입니다.
괄호 있는 곳마다 세존 뜻과 내 생각을 곰곰이 비교해 보셔야, 이 금강경을 읽는 진짜 복덕(이익)을 경험하실 것입니다.

우리말
금강경

우리말
금강경

제 1 : 이 치 체 계 모 임 의 인 연 과 유 래

이와 같이 내가 들었다.

한때 부처께서 사위국의 기수급고독이라는 뜰에서 큰 비구무리 천이
백오십 분과 더불어 쭉 계셨다.

그때 세존께서 식사 때라 옷을 추스르고 그릇을 지니고 사위대성에
들어가 그 성 안에서 음식을 구걸하셨다. 차례로인 구걸을 마치고 본래
거처에 돌아오시어 음식 드시기를 마친 뒤 옷과 그릇을 수습하고 발 씻
기를 마치고 자리를 깔고 앉으셨다.

제 2 : 선함이 현실로 드러나도록 요청함

그때 나이든 웃어른 수보리가 큰 무리 속에 쭉 있다가 바로 자리에서 일어나면서 오른쪽 어깨를 벗어 메고 오른쪽 무릎을 땅에 붙이고 합장하여 공손히 섬기면서 깨달음을 털어놓고 말했다.

"사라져가게 해주시는 세존이시여! 본성인채로는 선함이 온갖 스스로에게베풂을 보호하는 생각이고 선함이 온갖 스스로에게베풂을 부탁 촉구함입니다. 세존이시여! 선한 남자와 선한 여인은 온전히 흡족한 마음이 저절로 튕겨져 나오면 어떻게 꼭 머물며 어떻게 그 마음에 항복합니까?"

깨달음을 말씀하시니, "선함이지! 선함이고 말고! 수보리야! 네가 말한 것과 같이 본성인채로는 선함이 온갖 스스로에게베풂을 보호하는 생각이고 선함이 온갖 스스로에게베풂을 부탁 촉구함이다. 너는 이제 똑똑이 들어라! 너를 위해 설명하리라. 선한 남자, 선한 여인은 온전히 흡족한 마음이 저절로 튕겨져 나오면 꼭 늘 그대로 지금 머물고 지금 늘 그대로 그 마음에 항복한다."

"그렇게 하겠습니다. 세존이시여! 바라옵건대 듣고자 합니다."

제 3 : 저절로 확대됨에 맡겨짐이 바른 근본

깨달음을 수보리에게 알려주시니, "온갖 스스로에게베풂과 스스로를

풀어줌은 꼭 늘 그대로 지금 그 마음에 항복하느니라. 존재한다는 모든 겹쳐생김의 종류는 어쩌면 알로 생김인가 하면 어쩌면 태로 생김이고, 어쩌면 젖어들면서 생김인가 하면 어쩌면 변화되면서 생김이고, 어쩌면 물듦이 있는가 하면 어쩌면 물듦이 없기도 하고, 어쩌면 생각이 있는가 하면 어쩌면 생각이 없기도 하고, 어쩌면 생각 있음이 아닌가 하면 어쩌면 생각 없음이 아니기도 함이로되 내가 모두에게 더 남음이 없게 좋고 평안함으로 들어가도록 시키면 사라져 없느니라. 그처럼 헤아릴 수 없게 많은 겹쳐생김이 사라져 없음은 실지로는 겹쳐생김이 없기에 사라져 없다 함을 얻는 것이다. 왜냐하면 수보리야! 만약 스스로에게베풂이 나의 갈등구조, 사람다움의 갈등구조, 겹쳐생김의 갈등구조, 목숨을 누린다 함의 갈등구조로 있음이면 바로 스스로에게베풂일 수 없기 때문이다."

제4 : 묘함 작용은 머묾이 없음

"따라서 수보리야! 스스로에게베풂은 이치체계로 결코 머무는 바 없이 베풂으로 됨이니, 말하자면 물들어 머물지 않고 베풀며, 소리, 냄새, 맛, 감각의 이치체계로 머물지 않고 베풂이다. 수보리야! 스스로에게베풂은 꼭 이와 같이 베풀어도 갈등구조로 머물지 않는다. 왜냐하면 만약 스스로에게베풂이 갈등구조로 머물지 않고 베푼다면 그 복 지어 덕봄은 생각으로 헤아릴 수가 없기 때문이다."

"수보리야! 너의 뜻은 어떠한고? 동쪽 방향 허공을 헤아릴 수가 있음인가?"

"할 수 없습니다. 세존이시여!"

"수보리야! 남, 서, 북쪽과 네 모퉁이 위아래 허공을 헤아릴 수가 있음
인가?"

"할 수 없습니다. 세존이시여!"

"수보리야! 스스로에게베풂이 갈등구조로 머물지 않고 베푸는 복 지
어 덕봄도 역시 지금처럼 늘 그대로 헤아릴 수가 없느니라. 수보리야! 스
스로에게베풂은 다만 가르친 바와 꼭 같이 머무느니라."

제5 : 늘 그대로인 이치와 사실대로 보임

"수보리야! 너의 뜻은 어떠한고? 마음보 갈등구조로 보임이 본성인채
로 인가?"

"아닙니다. 세존이시여! 마음보 갈등구조로 얻는 보임은 본성인채로
일 수가 없습니다. 왜냐하면 본성인채로 설명하신 것은 마음보 갈등구조
가 바로 마음보 갈등구조일 수 없음이기 때문입니다."

깨달음을 수보리에게 알려주시니, "일반적으로 갈등구조가 있다는 것
이 모두 그런 허망함이기에 만약 온갖 갈등구조가 갈등구조일 수 없음
으로 보인다면 바로 본성인채로 보임이니라."

제6 : 바르게 믿음으로 사라져감

수보리가 깨달음을 털어놓고 말하기를 "세존이시여! 쏠림이 있는 겹쳐생김으로도 늘 그대로 지금의 말, 설명, 글귀를 얻어 듣고 진실로 믿음이 생기겠습니까?"

깨달음을 수보리에게 알려주시기를 「본성인채로가 사라진 뒤」라는 그런 말과 같은 말을 짓지 말거라! 오백세 후에도 지킬 것으로 지니어 복지음이 되풀이된다 함인 그 글귀로 마음을 믿음이 생길 수 있음이요 이로써 실다워짐이니 반드시 이것을 알아라! 사람다움은 한번 깨달음, 두 번 깨달음, 세 번 깨달음, 네 번 깨달음, 다섯 번 깨달음으로 선함의 뿌리를 심음이 아니고, 이미 헤아릴 수 없는 천만 깨달음으로 심은 바의 온갖 선함의 뿌리라서, 그 글귀를 듣고 마침내 하나된 생각은 순수함이 생김이니 믿어진다 함에까지 이른다. 수보리야! 본성인채로 틀림없이 알고 틀림없이 보여 그 온갖 겹쳐생김도 늘 그대로 지금 헤아릴 수 없는 복 지어 덕봄을 얻음이다. 왜냐하면 그 온갖 겹쳐생김은 역시 나의 갈등구조, 사람다움의 갈등구조, 겹쳐서생김의 갈등구조, 목숨을 누린다 함의 갈등구조가 없으며, 이치체계의 갈등구조도 없고, 또한 비이치체계의 갈등구조도 없기 때문이니, 왜냐하면 그 온갖 겹쳐생김이 만약 마음에 갈등구조를 가짐이면 바로 나, 사람다움, 겹쳐생김, 목숨을 누린다 함에 집착이 됨이기 때문이다. 만약 이치체계의 갈등구조를 가짐이면 바로 나, 사람다움, 겹쳐생김, 목숨을 누린다 함에 집착이니, 왜냐하면 만약 비이치체계의 갈등구조를 가짐도 바로 나, 사람다움, 겹쳐생김, 목숨을 누린다 함에 집착이기 때문이다. 이런 까닭에 절대로 이치체계도 갖지 말고 절대로 비이치체계도 갖지 말거라! 이 정리된 뜻과 까닭으로 본성인채로를 항상 설명함이며, 너와 똑같은 비구는 내가 설명하는 이치체계가 뗏목과 같게 비유함도 알고 있음이니, 이치체계도 꼭 버려야 한다고 주장함이거늘! 하물며 비이치체계야 어떠하겠는고!"

제7 : 얻는 바도 없고 설명할 바도 없음

"수보리야! 너의 뜻은 어떠한고? 본성인채로 온전한 흡족함을 얻는가? 본성인채로도 설명할 것이 있는 이치체계인가?"

수보리가 말하기를 "제가 깨달음 설명하신 바의 정리된 뜻을 이해하기로는 정해진 이치체계 없는 온전한 흡족함이라고 부르고 있으며, 또한 정해진 이치체계 없이 본성인채로 설명할 수 있습니다. 왜냐하면 본성인채로 설명하시는 바의 이치체계는 모두가 다 가질 수도 없고 설명할 수도 없어서 이치체계가 아님이요 비이치체계도 아니기 때문이지만, 왜냐하면 모든 현명함과 성스러움이 모두 함이 없는 이치체계로 차별이 있기 때문입니다."

제8 : 이치체계에 의존하므로 생김이 새로 나옴

"수보리야! 너의 뜻은 어떠한고? 만약 사람다움이 삼천대천세계에 칠보를 가득 채워 사용하여 베풀면, 이 사람다움이 얻는바 복 지어 덕봄은 정녕 많게 됨인가?"

수보리가 말하기를 "매우 많습니다. 세존이시여! 왜냐하면 이 복 지어 덕봄이 바로 복 지어 덕봄의 마음 써지는 방식일 수 없는 까닭에 본성인 채로 설명은 복 지어 덕봄이 많다고 합니다."

"만약에 또 어떤 사람다움이 있어 이 경으로 가운데 상태가 마침내 받아들여져 지님으로써 사구게 등을 다른 사람다움에게까지 설명되기에 도달한다면 그 복 지음이 더 나은 것이니라. 왜냐하면 수보리야! 모든 온갖 깨달음 및 온갖 깨달음의 온전한 흡족함 이치체계는 모두 이 경을 따름으로써 나옴이기 때문이다. 수보리야! 깨달음을 일컬어 이치체계다 함이면 바로 깨달음일 수 없고 이치체계다."

제9 : 하나이면서 갈등구조는 갈등구조가 아님

"수보리야! 너의 뜻은 어떠한고? 수다원이 내가 수다원의 결실을 얻는다는 생각을 지을 수 있겠는가?"

수보리가 말하기를 "없습니다. 세존이시여! 왜냐하면 수다원은 「흐름에 들어감」의 이름이니, 들어가는 바가 없음이요, 물듦, 소리, 냄새, 맛,

감각의 이치체계에 들어가지 않음을 수다원이라고 부르고 있기 때문입니다."

"수보리야! 너의 뜻은 어떠한고? 사다함이 내가 사다함의 결실을 얻는다는 생각을 지을 수 있겠는가?"

수보리가 말하기를 "없습니다. 세존이시여! 왜냐하면 사다함의 이름이 「단 한번 왔다감」이라서 실제로 오고감이 없어야 이를 사다함이라고 부르고 있기 때문입니다."

"수보리야! 너의 뜻은 어떠한고? 아나함이 내가 아나함의 결실을 얻는다는 생각을 지을 수 있겠는가?"

수보리가 말하기를 "없습니다. 세존이시여! 왜냐하면 아나함의 이름이 「오지 않게 됨」이라서 실제로 옴이 없음이요, 이런 까닭에 아나함이라고 부르고 있기 때문입니다."

"수보리야! 너의 뜻은 어떠한고? 아라한이 내가 아라한의 방식을 얻는다는 생각을 지을 수 있겠는가?"

수보리가 말하기를 "없습니다. 세존이시여! 왜냐하면 「존재하는 이치체계가 실제로 없음」을 아라한이라고 부르고 있기 때문입니다. 세존이시여! 만약 아라한이 내가 아라한의 방식을 얻는다는 생각을 지음이면 바로 나, 사람다움, 겹쳐생김, 목숨을 누린다 함에 집착됨입니다. 세존이시여! 깨달음은 내가 온전한 뽕감을 얻어 사람다움의 가운데 상태가 가장 으뜸 됨의 설명이니, 그 으뜸이 욕망을 여읜 아라한이고, 이 욕망을 여읜 아라한인 나라는 생각을 짓지도 않는 나입니다. 세존이시여! 제가 만약 아라한의 방식을 얻는 나라는 생각을 짓는다면 바로 세존께서는 고요함의 씀다 함을 이같이 누리는 수보리라고 말하지 않으시고 수보리가 쓰는 것이 실제로 없기에 고요함의 씀을 이같이 누리는 수보리로 부르십니다.”

제10 : 좋게 꾸밈과 깨끗한 바탕

깨달음을 수보리에게 알려주시기를 “너의 뜻은 어떠한고? 본성인채로 옛부터 쭉 있는 자연히 밝혀져 있는 깨달음 거기서 이치체계로 얻는 것이 있음인가?”

“아닙니다. 세존이시여! 본성인채로 쭉 있는 자연히 밝혀져 있는 깨달음 거기라서 이치체계로 얻는 것이 실제로는 없습니다.”

“수보리야! 너의 뜻은 어떠한고? 스스로에게베풂이 깨달음의 영역을 좋게 꾸미는가?”

“아닙니다. 세존이시여! 왜냐하면 깨달음의 영역을 좋게 꾸민다 함이면 좋게 꾸밈일 수 없음에도 바로 그것을 좋게 꾸밈이라 부르고 있기 때문입니다.”

“이런 까닭에 수보리야! 온갖 스스로에게베풂과 스스로를풀어줌은 꼭 늘 그대로 지금 투명함이 생기는 마음이고 절대로 물들어 머물지 않고 생기는 마음이며 절대로 소리, 냄새, 맛, 감각의 이치체계로 머물지 않고 생기는 마음이기에 꼭 머무는 바가 없이 그 마음이 생기느니라.”

“수보리야! 백두산 제일봉과 같은 사람다운 마음보가 있는 것처럼 비유한다면 너의 뜻은 어떠한고? 이 마음보는 커짐인가?"

수보리가 말하기를 "대단히 큽니다. 세존이시여! 왜냐하면 깨달아 설명하면 마음보일 수 없는 바로 그것을 큰 마음보로 부르고 있기 때문입니다."

제11 : 함 이 없 는 복 지 음 이 가 장 낫 다

"수보리야! 한강 속 거기에 있는 모래 같은 숫자, 이 모래와 똑같은 한강 같다면 너의 뜻은 어떠한고? 이 온갖 한강 모래는 정녕 많게 됨인가?"

수보리가 말하기를 "매우 많습니다. 세존이시여! 단지 모든 한강만으로도 수없이 많음인데 하물며 그 모래는 어떠하겠습니까!"

"수보리야! 내가 이제 실질적인 말로 너에게 알려주겠다. 만약 선한 남자와 선한 여인이 있어 한강 모래 숫자 거기에 있는 삼천대천세계에 가득 채울 칠보를 가지고 사용해서 베푼다면 복 지음을 얻음이 많음인가?"

수보리가 말하기를 "매우 많습니다. 세존이시여!"

깨달음을 수보리에게 알려주시기를 "만약 선한 남자와 선한 여인이 이 경으로 가운데 상태가 마침내 받아들여져 지님으로써 사구게 등을 다른 사람다움에게까지 설명되기에 이른다면 이 복 지어 덕봄은 앞의 복 지어 덕봄보다 더 나음이니라."

제12 : 존중의 바른 가르침

"또한 수보리야! 이 경을 설명함에 따라 마침내 사구게 등에 도달하면 반드시 알아서 이 거처하게 되는 곳을 모든 사는 동안 정신세계, 사람다움, 혼란스러움이 모두 깨달음의 탑묘와 같이 꼭 받들어 모심인데, 하물며 할 수 있는 끝까지 받아들여 지니고 읽고 읊는 사람다움이 있다면 어떠하겠느냐? 수보리야! 반드시 알아야 하니, 이런 사람다움이 가장 높고 제일이지만 사라져가는 이치체계를 성취함이다. 만약 이 경전이 쭉 있어 거처하는 바라면 바로 깨달음이 있게 됨이고, 만약 존중하면 제자다."

제13 : 늘 그대로인 이치체계의 납득

이때 수보리가 깨달음을 털어놓고 말하기를 "세존이시여! 어떤 이름이 이 경에 마땅하며 저희들은 어떻게 받들어 지녀야 합니까?"

깨달음을 수보리에게 알려주시기를 "이 경의 이름은 늘 밝고 맑은 지혜로 심금의 울림으로 하여 그것을 이름자로서만 너는 꼭 받들어 지니거라! 무엇 때문이냐 하면 수보리야! 깨달아 설명하면 지혜로 심금의 울림이 바로 지혜로 심금의 울림일 수 없음이기 때문이다. 수보리야! 너의 뜻은 어떠한고? 본성인채로는 설명할 것이 있는 이치체계인가?"

수보리가 깨달음을 털어놓고 말하기를 "세존이시여! 본성인채로라 설명할 것이 없습니다."

"수보리야! 너의 뜻은 어떠한고? 삼천대천세계 그곳에 있는 작은 먼지 그것은 많게 됨인가?"

수보리가 말하기를 "매우 많습니다. 세존이시여!"

"수보리야! 온갖 작은 먼지는 본성인채로 설명하면 작은 먼지일 수 없음에도 바로 그것을 작은 먼지로 부르고 있고 본성인채로 설명하면 세계가 세계일 수 없음에도 바로 그것을 세계로 부르고 있느니라."

"수보리야! 너의 뜻은 어떠한고? 32갈등구조로도 본성인채로 보일 수가 있는가?"

"아닙니다. 세존이시여! 32갈등구조로는 본성인채로 보임을 얻을 수가 없습니다. 왜냐하면 본성인채로 설명하면 32갈등구조는 그것이 갈등구조일 수 없음에도 바로 그것을 32갈등구조로 부르고 있기 때문입니다."

"수보리야! 만약 선한 남자, 선한 여인이 있어 한강 모래와 같은 마음보로 하여금 베푼다 하고, 만약에 또 사람다움이 있어 이 경으로 가운데 상태가 마침내 받아들여져 지님으로써 사구게 등을 다른 사람다움에게까지 설명되기에 이른다면 그 복 지음이 훨씬 많다."

제14 : 갈등구조를 여의는 것은 고요함이요 사라짐이다

이때에 수보리가 이 경 설명함을 듣고서 정리된 뜻과 취지를 깊이 이해하고 눈물을 흘리며 흐느껴 울면서 깨달음을 털어놓고 말하기를 "사라져가게 해주시는 세존이시여! 깨달음 설명한 늘 그대로 지금인 매우 깊은 경전이라니! 지금까지의 내가 얻은 바의 지혜의 눈으로는 아직 늘 그대로 지금인 경을 얻어 들을 수조차 없었습니다. 세존이시여! 만약에 또 사람다움이 있어 이 경을 듣고 마음을 믿어 투명해지면 바로 실다운 갈등구조의 생김이니, 반드시 이 사람다움이 으뜸인 사라져가는 공덕 이룬 것을 압니다. 세존이시여! 이 실다운 갈등구조라 함이면 바로 이는 갈등구조일 수 없는 까닭에 본성인채로 설명하면 실다운 갈등구조는 이름일 뿐입니다. 세존이시여! 저도 지금 이와 같은 경전을 얻어 듣고 믿고 이해하며 받아들여 지님이 부족하고 어려워짐인데, 만약 맞이할 미래의 세상인 오백세 후에 그때 겹쳐생김이 있어도 이 경을 얻어 들어 믿고 이해하여 받아들여 지닌다면 이런 사람다움이 바로 으뜸 되지만 사라져갑니다. 왜냐하면 이 사람다움은 나의 갈등구조가 없고, 사람다움의 갈등구조도 없고, 겹쳐생김의 갈등구조도 없고, 목숨을 누린다 함의 갈등구조도 없기 때문입니다. 어떤 까닭이냐 하면 나의 갈등구조인 즉 이것이 갈등구조가 아니요, 사람다움의 갈등구조, 겹쳐생김의 갈등구조, 목숨을 누린다 함의 갈등구조가 바로 그것이 갈등구조일 수 없기 때문이니, 왜냐하면 모든 온갖 갈등구조를 여의는 것이 바로 온갖 깨달음이라고 부르기 때문입니다."

깨달음을 수보리에게 알려주시기를 "늘 그대로 지금이지! 늘 그대로 지금! 만약에 또 사람다움이 이 경을 얻어 들어서 놀랍지 않고 무섭지 않고 두렵지 않음이 있게 되면 이런 사람다움은 꼭 사라져감을 반드시 알아야 한다. 왜냐하면 수보리야! 본성인채로 설명하면 으뜸 심금의 울림이 으뜸 심금의 울림일 수 없음에도 바로 그것을 으뜸 심금의 울림이라고 부르고 있기 때문이다. 수보리야! 참음으로 심금의 울림도 본성인 채로 설명하면 참음으로 심금의 울림일 수 없음에도 바로 그것을 참음으로 심금의 울림이라고 부르고 있다. 왜냐하면 수보리야! 내가 옛날이 된 것처럼 가리왕이 몸통을 베고 찢어도 나는 이 시점에 나의 갈등구조도 없고, 사람다움의 갈등구조도 없고, 겹쳐생김의 갈등구조도 없고, 목숨을 누린다 함의 갈등구조도 없기 때문이다. 왜냐하면 과거에 와있는 내가 갈기갈기 사지가 나누어지는 시점에 만약 나의 갈등구조, 사람다움의 갈등구조, 겹쳐생김의 갈등구조, 목숨을 누린다 함의 갈등구조가 있었다면 꼭 화를 내고 원한이 생겨날 것이기 때문이다. 수보리야! 또 과거 오백세로 생각해도 참음 짓는 신선 같은 사람다움이었기에 그 당시로서도 나의 갈등구조가 없고, 사람다움의 갈등구조도 없고, 겹쳐생김의 갈등구조도 없고, 목숨을 누린다 함의 갈등구조도 없었다. 이런 까닭에 수보리야! 스스로에게베풂은 꼭 모든 갈등구조를 여의고 온전히 흡족한 마음이 저절로 튕겨져 나오기에 절대로 물들어 생기는 마음에 머물지 않고, 절대로 소리, 냄새, 맛, 감각의 이치체계로 생기는 마음에 머물지 않고, 꼭 머무는 바 없이 마음이 생기므로, 만약 마음이 머묾이 있다 하더라도 바로 머물지 않게 됨이다. 이런 까닭에 깨달아 설명하면 스스로에게베풂인 마음은 절대로 물들어 머물지 않는 베풂이다. 수보리야! 스스로에게베풂은 모든 겹쳐생김일 때도 이익 됨이니 꼭 늘 그대로 지금 베풂이다. 본성인채로는 모든 온갖 갈등구조가 바로 갈등구조일 수 없다는 설명이고 또 모든 겹쳐생김이 바로 겹쳐생김일 수 없다는 설명이다. 수보리야! 본성인채로는 그것이 참됨을 말함이요, 실다움을 말함이요, 늘 같음을 말함이요, 속이지 않음을 말함이요, 다르지 않음을 말함이다. 수보리야! 본성인채로 얻는 바 이치체계는 그 이치체계가 실다움도 없고 비었음도 없다. 수보리야! 만약 스스로에게베풂인 마음이 이치체계로 머물러 베풂을 작용하면 바로 사람다움이 어둠에 들어감과 같아서 보이는 것이 없다. 만약 스스로에게베풂인 마음이 이치체계로 머물지 않고 베풂을 작용시키면 바로 사람다움의 눈이 있어 햇빛에 밝게 비춰진 여러 가지 물든 것이 보임과 같다. 수보리야! 오고 있는 세상에 이르러 만약 선한 남자 선한 여인이 있어서 이 경을 받아들여 지니고 읽고 읊을 수 있음으로 바로 본성인채로가 되면 깨달음의 지혜로써 틀림없이 그런 사람다움을 알고 틀림없이 그런 사람다움이 보이게 되어 헤아릴 수도 없고 끝도 없는 공덕의 성취를 모두 얻음이다."

제15 : 경을 지니는 공덕

"수보리야! 만약 선한 남자, 선한 여인이 있어서 오전에 한강 모래와 같은 마음보로써 베풀고, 낮에 한강 모래와 같은 마음보로써 베풀고, 저녁에 한강 모래와 같은 마음보로써 베풀어서, 늘 그대로 지금 헤아릴 수 없는 마음보로 백천만억겁을 베푼다 하고, 만약에 또 사람다움이 있어서 이 경전을 듣고 마음을 믿음이 거슬려지지 않으면 그 복 지음이 저보다 더 나음인데, 하물며 베끼어 받아들여 지니고 읽고 읊어서 사람다움을 해설하게 된다면 어떠하겠는고? 수보리야! 이 경의 말을 간절히 바람으로써 생각할 수도 없고 가늠할 수도 없게 끝없는 공덕이 있음이니, 본성인채로는 양적인 확대에 맡겨진 채로 저절로 튕겨져 나오게 된다 함의 설명이 되고 질적인 가장 올라감에 맡겨진 채로 저절로 튕겨져 나오게 된다 함의 설명이 되기 때문이다. 만약 사람다움이 있어서 받아들여 지니고 읽고 읊을 수 있어 널리 사람다움을 해설하게 됨이면, 본성인채로 틀림없이 그런 사람다움을 알고 틀림없이 그런 사람다움이 보이므로 헤아릴 수도 가늠할 수도 없게 끝없어 생각조차 할 수 없는 공덕의 성취를 모두 얻음이다. 늘 그대로 지금 사람다움이 똑같아짐이 바로 본성인채로인 온전한 흡족함을 짊어지게 됨이다. 왜냐하면 수보리야! 만약 적은 이치체계를 좋아한다 함이면 나의 보임, 사람다움의 보임, 겹쳐생김의 보임, 목숨을 누린다 함의 보임에 집착함이라서 바로 이 경으로 듣고 받아들여 읽고 읊어 사람다움을 해설하게 될 수가 없기 때문이다. 수보리야! 쭉 있고 쭉 있는 거처하는 곳곳 만약 이 경이 있다면 모든 살아있는 동안의 정신세계, 사람다움, 혼란스러움이 이 거처하는 곳을 꼭 받들고 돌볼 바를 반드시 아니, 이 거처하는 곳이면 바로 그것이 탑 됨이니, 모두 꼭 받들고 존경하여 예를 갖추고 싸고돌면서 온갖 좋은 향으로 그 거처하는 곳에 흩뿌릴 것이다.”

제16 : 깨끗이 맑아질 수 있는 쌓인 버릇된 장애

"또다시 수보리야! 만약 선한 남자 선한 여인이 이 경을 받아들여 지니고 읽고 읊어도 만약 사람다움을 경멸 천대하게 되면 이런 사람다움은 앞 세상의 죄가 쌓인 버릇으로 어쩔 수 없게 해롭게만 하는 방식에 떨어졌지만 지금 세상의 사람다움을 경멸 천대함으로써 그런 까닭에 오는 세상에는 죄가 쌓인 버릇이 바로 소멸되어 반드시 온전한 흡족함을 얻는다. 수보리야! 내가 과거 헤아릴 수 없는 아승기겁을 생각하면 자연히 밝혀진 깨달음이 앞서므로 팔백사천만억 나유타만큼의 온갖 깨달음을 얻어 틀림없이 모두 받들어 돌보고 이어받는 일에 헛되이 보낸다 함이 없었다. 만약에 또 사람다움이 있어 후에 세상이 끝날 때까지 이 경을 받아들여 지니고 읽고 읊을 수가 있어서 얻는바 공덕은 온갖 깨달음을 받들어 돌본 바의 내 공덕으로는 백분의 일에 미치지 못하고 천만억분 마침내 수로 계산이나 비유로도 미칠 수 없는 것이다. 수보리야! 만약 선한 남자, 선한 여인이 오는 세상이 끝날 때까지 이 경을 받아들여 지니고 읽고 읊음이 있어 얻는 바의 공덕을 내가 만약 설명함을 갖추고 어쩌다 듣는 사람다움이 있게 되도 곧바로 마음을 겁내서 혼란스런 여우의 의혹으로 믿지 않는다. 수보리야! 절대로 이 경은 생각하여 헤아릴 수 없음과 그 결과로 받는 것 또한 생각하여 헤아릴 수 없음을 알아야 한다."

제17 : 결국은 나도 없게 됨

그때 수보리가 깨달음을 털어놓고 말하기를 "세존이시여! 선한 남자 선한 여자가 온전히 흡족한 마음이 저절로 튕겨져 나오면 어떻게 꼭 머물고 어떻게 그 마음에 항복해야 합니까?"

깨달음을 수보리에게 알려주시니 "선한 남자 선한 여자가 온전히 흡족한 마음이 저절로 튕겨져 나온다 함은 꼭 늘 그대로 지금 마음이 생김이니, 내가 꼭 모든 겹쳐생김을 사라져 없게 함이다. 모든 겹쳐생김이 사라져 없음은 실지로는 이미 하나의 있는 겹쳐생김도 없음을 사라져 없다 함이다. 왜냐하면 수보리야! 만약 스스로에게베풂이 나의 갈등구조, 사람다움의 갈등구조, 겹쳐생김의 갈등구조, 목숨을 누린다 함의 갈등구조가 있다면 바로 스스로에게베풂일 수 없기 때문이다. 어떤 까닭이냐 하면 수보리야! 존재하는 이치체계로 온전히 흡족한 마음이 저절로 튕겨져 나온다 함이 실제로는 없기 때문이다. 수보리야! 너의 뜻은 어떠한고? 본성인채로 자연히 밝혀져 있는 깨달음 거기 있는 이치체계로 온전한 흡족함을 얻음인가?"

"아닙니다. 세존이시여! 제가 이해함과 같은 깨달음의 정리된 뜻을 설명하신 바로는 자연히 밝혀져 있는 깨달음이라서 거기 존재하는 이치체계 없이도 온전한 흡족함이 얻어집니다."

깨달음을 말씀하시니 "늘 그대로 지금이고! 늘 그대로 지금이지! 수보리야! 실제로는 존재하는 이치체계가 없는 온전한 흡족함이 본성인채로 얻어진다. 수보리야! 만약 존재하는 이치체계로 본성인채로인 온전한 흡족함을 얻는다 함이면 자연히 밝혀져 있는 깨달음이 바로 나와 더불어 있을 수 없음이다. 「오는 세상의 네가 반드시 얻어져 있기에 짓는 깨달음의 존칭이 석가님」이라고 기억이 주어짐은 실제로는 이치체계 없는 온전한 흡족함이 얻어져 있음이다. 이러한 까닭으로 자연히 밝혀져 있는 깨달음이라서 나와 더불어 있기에 이같은 말을 만들어 「오는 세상의 네가 반드시 얻어져 있기에 짓는 깨달음의 존칭이 석가님」으로 기억이 주어짐이니, 왜냐하면 본성인채로라 함이면 바로 온갖 이치체계가 늘 같다는 정리된 뜻이기 때문이다. 만약 본성인채로 온전한 흡족함을 얻는다고 말하는 사람다움이 있다면 수보리야! 실제로 존재하는 이치체계 없는 온전한 흡족함을 얻고 있음이라 깨달음이다. 수보리야! 온전한 흡족함이 얻어진바 본성인채로는 그로써 가운데 상태라 실다움도 없고 비었음도 없음이다. 이런 까닭에 본성인채로인 모든 이치체계 모두 그것이 깨달음의 이치체계라는 설명이다. 수보리야! 모든 이치체계라고 말함이면 바로 모든 이치체계일 수 없는 그런 까닭에 모든 이치체계라고 부른다. 수보리야! 비유하자면 사람다움의 마음보가 길고 크다는 것과 같다."

수보리가 말하기를 "세존이시여! 본성인채로 설명하면 사람다움의 마음보가 큼이 큰 마음보일 수 없음에도 바로 그것을 커진 마음보라 부릅니다."

"수보리야! 스스로에게베풂 또한 늘 그대로 지금이다. 만약 「내가 반드시 헤아릴 수 없는 겹쳐생김을 사라져 없게 한다」는 그런 말을 짓는다면 바로 스스로에게베풂으로 부를 수 없다. 왜냐하면 수보리야! 존재하는 이치체계가 실지로 없어야 스스로에게베풂으로 부르게 되기 때문이다. 이런 까닭에 깨달아서 설명하면 모든 이치체계는 나에도 없고, 사람 다움에도 없고, 겹쳐생김에도 없고, 목숨을 누린다 함에도 없다. 수보리 야! 만약 스스로에게베풂이「내가 반드시 깨달음의 영역을 좋게 꾸미겠 다」는 그런 말을 짓는다면 그것을 스스로에게베풂으로 부를 수 없다. 왜 냐하면 본성인채로 설명하면 깨달음의 영역을 좋게 꾸민다 함이 좋게 꾸밈일 수 없어도 바로 그것을 좋게 꾸밈으로 부르고 있기 때문이다. 수 보리야! 만약 스스로에게베풂에 내 이치체계가 없다 함이 본성인채로라 는 설명임을 통달하면 진짜라서 그것을 스스로에게베풂이라 부른다."

제18 : 하나인 바탕으로 같게만 보는 방식

"수보리야! 너의 뜻은 어떠한고? 본성인채로 육체의 눈이 지금 늘 그 대로인가?"

"그렇습니다. 세존이시여! 본성인채로 육체의 눈이 있습니다."

"수보리야! 너의 뜻은 어떠한고? 본성인채로 정신적인 눈이 지금 늘 그대로인가?"

"그렇습니다. 세존이시여! 본성인채로 정신적인 눈이 있습니다."

"수보리야! 너의 뜻은 어떠한고? 본성인채로 지혜의 눈이 지금 늘 그 대로인가?"

"그렇습니다. 세존이시여! 본성인채로 지혜의 눈이 있습니다."

"수보리야! 너의 뜻은 어떠한고? 본성인채로 이치체계의 눈이 지금 늘 그대로인가?"

"그렇습니다. 세존이시여! 본성인채로 이치체계의 눈이 있습니다."

"수보리야! 너의 뜻은 어떠한고? 본성인채로 깨달음의 눈이 지금 늘 그대로인가?"

"그렇습니다. 세존이시여! 본성인채로 깨달음의 눈이 있습니다."

"수보리야! 너의 뜻은 어떠한고? 한강 속 거기 있는 모래와 같다고 깨달음이 그 모래로 설명되지 않았던가?"

"그렇습니다. 세존이시여! 늘 본성인채로가 그 모래로 설명되었습니다."

"수보리야! 너의 뜻은 어떠한고? 한 한강 속 그곳에 있는 모래와 같고 늘 그대로 지금 모래와 똑같은 한강이 있어 그 모든 한강 그곳에 있는 모래숫자의 깨달음 세계는 정녕 많게 됨이 지금 늘 그대로 아닌가?"

"매우 많습니다. 세존이시여!"

깨달음을 수보리에게 알려주시기를 "그리도 많이 있는 불국토는 가운데 상태라서 그곳에 겹쳐생김이 있게 조금이나마 마음에 씨뿌려져도 본성인채로라 틀림없이 안다. 왜냐하면 본성인채로 설명하면 온갖 마음은 모두 마음먹음일 수 없음에도 바로 그것을 마음먹음으로 부르기 때문이니, 어떤 까닭이냐 하면 수보리야! 과거의 마음도 얻을 수가 없고 현재의 마음도 얻을 수가 없으며 미래의 마음도 얻을 수가 없기 때문이다."

제19 : 이치체계는 세상에 소통됨으로써 그리 되어감

"수보리야! 너의 뜻은 어떠한고? 만약 삼천대천세계를 칠보로 가득 채워 씀으로써 베푸는 사람다움이 있다면 그 사람다움의 이 인연으로 얻는 복 지음이 많지 않겠느냐?"

"그렇습니다. 세존이시여! 그 사람다움이 이 인연으로써 얻는 복 지음은 매우 많습니다."

"수보리야! 만약 복 지어 덕봄이 실지로 있으면 본성인채로 복 지어 덕봄을 많이 얻는다고 설명하지 않는다. 복 지어 덕봄이 없는 까닭에 본성인채로 복 지어 덕봄을 많이 얻는다고 설명한다."

제20 : 물듦을 여의고 갈등구조를 여의다

"수보리야! 너의 뜻은 어떠한고? 깨달음이 흡족함을 갖춘 물들여진 마음보로써 보일 수가 있음인가?"

"아닙니다. 세존이시여! 본성인채로는 절대로 흡족함을 갖춘 물들여진 마음보로써 보일 수 없습니다. 왜냐하면 본성인채로 설명하면 흡족함을 갖춘 물들여진 마음보가 흡족함을 갖춘 물들여진 마음보일 수 없음에도 바로 그것을 흡족함을 갖춘 물들여진 마음보로 부르고 있기 때문입니다."

"수보리야! 너의 뜻은 어떠한고? 본성인채로가 흡족함을 갖춘 온갖 갈등구조로 보임일 수가 있음인가?"

"아닙니다. 세존이시여! 본성인채로는 절대로 흡족함을 갖춘 온갖 갈등구조로 보임일 수가 없습니다. 왜냐하면 본성인채로 설명하면 온갖 갈등구조의 흡족히 갖춤이 흡족함을 갖춤일 수 없는데도 바로 그것을 온갖 갈등구조의 흡족히 갖춤으로 부르고 있기 때문입니다."

제21 : 설명하는 바가 설명이 아님

"수보리야! 너는 「나는 반드시 설명되는 바가 있는 이치체계다」라는 그같은 생각을 본성인채로 짓는다고 이르지 말 것이며 그런 생각도 짓지 말아라! 왜냐하면 만약 사람다움도 본성인채로 설명되는 바가 있는 이치체계라고 말함이면 바로 깨달음을 부인하게 됨이요, 설명하는 바의 나를 이해할 수 없게 되는 까닭이다. 수보리야! 이치체계 설명이라 함은 이치체계 없이도 설명할 수 있는 그것을 이치체계 설명이라고 부르고 있는 것이다."

이때 지혜롭게 따르던 수보리가 깨달음을 털어놓고 말하기를 "세존이시여! 쏠림이 있는 겹쳐생김으로도 미래세상에서 이 같은 이치체계 설명을 듣고 마음을 믿음이 생기겠습니까?"

깨달음을 수보리에게 알려주시기를 "그 아니 겹쳐생김의 아님은 안되는 겹쳐생김이다. 왜냐하면 수보리가 겹쳐생김을 겹쳐생김이라 함은 본성인채로 설명하면 겹쳐생김일 수 없음에도 바로 그것을 겹쳐생김으로 부르고 있기 때문이다."

제22 : 이치체계 없이 얻어질 수가 있음

수보리가 깨달음을 털어놓고 말하기를 "세존이시여! 깨달음이 얻은 온전한 흡족함은 얻을 것이 없게 됨인가요?"

깨달음을 말씀하시니 "늘 그대로 지금이지! 지금 늘 그대로야! 수보리야! 내가 온전한 흡족함으로 마침내 얻을 수 있는 작은 이치체계조차 없게까지 도달한 그것을 온전한 흡족함으로 부른다."

제23 : 깨끗한 마음 작용이 선함

"되풀이하여 더하면 수보리야! 그 이치체계가 똑같아져 존재하는 높고 낮음이 없는 그것을 온전한 흡족함으로 부른다. 나도 없고, 사람다움도 없고, 겹쳐서생김도 없고, 목숨을 누린다 함도 없을 만큼, 모든 선함의 이치체계가 되풀이됨이 바로 온전한 흡족함을 얻음이다. 수보리야! 선함의 이치체계를 말하는 것이라 함은 본성인채로 설명하면 선함의 이치체계일 수 없음에도 바로 그것을 선함의 이치체계로 부르고 있다."

제24 : 복 지음과 현명함은 비교될 수 없음

"수보리야! 만약 삼천대천세계 속 그곳에 있는 온갖 백두산의 제일봉
그와 똑같게 칠보를 모아 있는 사람다움이 지니고 써서 베푼다 하고, 만
약 사람다움이 이 지혜로 심금의 울림경으로 마침내 사구게 등을 받아
들여 지니고 읽고 읊어서 다른 사람다움에게까지 설명되기에 이른다 하
면, 앞의 복 지어 덕봄은 백분의 일에 못 미치고, 백천만억분, 마침내 비
유가 미칠 수 없는 곳의 수로 계산할지라도 미칠 수가 없다."

제25 : 변화되는 바가 없이 그리됨

"수보리야! 너의 뜻은 어떠한고? 너희들은 「내가 반드시 겹쳐생김을
없앤다」는 그 같은 생각을 본성인채로 짓는다고 이르지 말라! 수보리
야! 그같은 생각도 짓지 말라! 왜냐하면 존재하는 겹쳐생김을 본성인
채로 없앤다 함이 실지로는 없기 때문이다. 만약 존재하는 겹쳐생김을
본성인채로 없앤다 함이면 본성인채로도 바로 나, 사람다움, 겹쳐생김,
목숨을 누린다 함이 있다 함이다. 수보리야! 본성인채로 설명하면 존재
하는 나라 함이 존재하는 나일 수 없지만 존재하는 나 되는 바로 범부의
사람다움이다. 수보리야! 범부라 함은 본성인채로 설명하면 범부일 수
없음에도 바로 그것을 범부로 부르고 있다."

제26 : 마음보의 이치체계는 갈등구조가 아님

"수보리야! 너의 뜻은 어떠한고? 32갈등구조로도 본성인채로만 보는 방식인가?"

수보리가 말하기를 "늘 그대로 지금입니다. 늘 그대로 지금. 32갈등구조로도 본성인채로만 보는 방식입니다."

깨달음을 말씀하시니 "만약 32갈등구조로도 본성인채로만 보는 방식이라 함이면 전륜성왕도 바로 그 본성인채로다."

수보리가 깨달음을 털어놓고 말하기를 "세존이시여! 제가 이해함과 같은 깨달음의 정리된 뜻을 설명하신 바로는 절대로 32갈등구조로는 본성인채로만 보는 방식일 수 없습니다."

이때 세존이 말씀하신 사구게.

만약 꼭 물들여진 것으로 내가 보이거나,

꼭 음성으로써 나를 파악하면,

이 사람다움은 틀린 방식을 씀이니,

본성인채로 보일 수가 없다.

제27 : 끊어짐도 없고 사라짐도 없다

"수보리야! 너가 만약 흡족한 갈등구조로서가 아닌 까닭에 본성인채로 온전한 흡족함을 얻는다고 생각하면 수보리야! 흡족한 갈등구조로서가 아닌 까닭에 본성인채로 온전한 흡족함을 얻는다고 생각하지 말아라! 수보리야! 너가 만약 온전히 흡족한 마음이 저절로 튕겨져 나온다 함이 온갖 이치체계의 끊어지고 사라지는 갈등구조로 설명된다고 생각한다면 그런 생각도 하지 말아라! 왜냐하면 온전히 흡족한 마음이 저절로 튕겨져 나온다 함은 이치체계의 끊어지고 사라지는 갈등구조로 설명함이 아니기 때문이다."

제28 : 받아들이지도 않고 탐내지도 않음

"수보리야! 만약 스스로에게베풂이 한강 모래 같은 세계에 가득 채운 칠보를 지니고 씀으로써 베풀고, 만약에 또 모든 이치체계가 나 없어야 얻어지고 이루어짐을 아는 사람다움이 있다면 이 스스로에게베풂이 전 스스로에게베풂의 얻는바 공덕보다 낫다. 왜냐하면 수보리야! 온갖 스스로에게베풂은 복 지음을 받아들이지 않고도 덕보는 까닭이다."

수보리가 깨달음을 털어놓고 말하기를 "세존이시여! 어찌하여 스스로에게베풂이 복 지음을 받아들이지 않고도 덕봅니까?"

"수보리야! 스스로에게베풂이 복 짓고 덕봄은 전혀 탐하거나 집착하지 않음이다. 이런 까닭에 복 지음을 받아들이지 않고도 덕본다고 설명한다."

제29 : 당당함이 갖추어져 늘 그대로인 고요함

"수보리야! 만약 본성인채로가 오기도 하고 가기도 하고 앉기도 하고 눕기도 한다고 말하는 사람다움이 있다면, 이 사람다움은 내가 설명한 바의 정리된 뜻을 이해 못함이다. 왜냐하면 본성인채로라 함은 따라서 오는 바도 없고 또 가버리는 바도 없는 까닭에 본성인채로라고 부르고 있기 때문이다."

제30 : 하나로 합쳐진 이치와 갈등구조

"수보리야! 선한 남자 선한 여인이 삼천대천세계를 부숨으로써 작은 먼지가 된다면 너의 뜻은 어떠한고? 이 작은 먼지무리는 정녕 많게 됨인가?"

수보리가 말하기를 "매우 많습니다. 세존이시여! 왜냐하면 만약 이 작은 먼지무리가 실제로 있다 한다면 깨달음이 바로 그것을 작은 먼지무리라고 설명하지 않기 때문이니, 어떤 까닭이냐 하면 깨달음으로 설명하면 작은 먼지무리는 작은 먼지무리일 수 없음에도 바로 그것을 작은 먼지무리로 부르고 있기 때문입니다. 세존이시여! 본성인채로 설명하는 바의 삼천대천세계가 세계일 수 없음에도 바로 그것을 세계로 부르고 있는 것입니다. 왜냐하면 만약 세계가 실지로 있다 함이면 바로 그것은 하나로 합쳐진 갈등구조이기 때문이지만, 본성인채로 설명하면 하나로 합쳐진 갈등구조가 하나로 합쳐져 갈등구조일 수 없음에도 바로 그것을 하나로 합쳐진 갈등구조로 부르고 있습니다."

"수보리야! 하나로 합쳐진 갈등구조라 함이면 바로 그것은 설명될 수가 없음인데, 다만 범부의 사람다움이 그 일을 탐내고 집착한다."

제31 : 앎과 보임은 생김이 아니다

"수보리야! 만약 사람다움이 깨달음은 나의 보임, 사람다움의 보임, 겹쳐생김의 보임, 목숨을 누린다 함의 보임을 설명한다고 말한다면, 수보리야! 너의 뜻은 어떠한고? 그 사람다움은 내가 설명한 바의 정리된 뜻이 이해됨인가?"

"아닙니다. 세존이시여! 그 사람다움은 본성인채로 설명된다는 것의 정리된 뜻이 이해되지 못했습니다. 왜냐하면 세존께서 설명하시길 나의 보임, 사람다움의 보임, 겹쳐생김의 보임, 목숨을 누린다 함의 보임이 나의 보임, 사람다움의 보임, 겹쳐생김의 보임, 목숨을 누린다 함의 보임일 수 없다고 하셔도 바로 그것을 나의 보임, 사람다움의 보임, 겹쳐생김의 보임, 목숨을 누린다 함의 보임으로 부르고 있기 때문입니다."

"수보리야! 온전히 흡족한 마음이 저절로 튕겨져 나온다 함은 모든 이치체계로 꼭 늘 그대로 지금 알고, 늘 그대로 지금 보이고, 늘 그대로 지금 믿고 이해하여 이치체계 갈등구조가 생길 수 없음이다. 수보리야! 말한 바 이치체계 갈등구조라 함은 본성인채로 설명하면 이치체계 갈등구조일 수 없음에도 바로 그것을 이치체계 갈등구조로 부른 것이다."

제32 : 대응함에 따라 변화됨은 참됨이 아니다

"수보리야! 만약 사람다움이 헤아릴 수 없는 아승기 세계에 가득찬 칠보를 지니고 써서 베풂이 있다 하고, 만약 선한 남자 선한 여인이 있어 안락해진 마음이 저절로 퉁겨져 나온다 함인 이 경을 지니어 마침내 사구게 등을 받아들여 지니고 읽어 사람다움이 옳고 연설하기에 도달함이면, 그 복 지음이 저보다 낫다. 사람다움이 연설하게 됨이란 어이함인가? 갈등구조로 갖춰지지 않은 늘 그대로인채로가 움직이지 않게 함이다. 왜냐하면

모든 함이 있는 이치체계는

꿈, 환상, 물거품, 그림자와 같으니

이슬처럼 또한 번개처럼

꼭 지금 늘 그대로만 보는 방식을 짓도록 함

이기 때문이니라."

깨달음 설명한 이 경이 끝나니 나이든 웃어른 수보리와 온갖 비구, 비구니, 우바새, 우바이의 모든 살아오는 동안 정신세계, 사람다움, 혼란스러움이 설명한 바의 깨달음을 듣고 거의 다 크게 기뻐하며 믿고 받아들여 받들어 작용시켰다.

한글번역을 끝까지 보았어도, 늘 그대로인 온전히 흡족한 진심을 깨닫지 못하셨거나, 비관이나 낙관과 같은 늘 흡족(행복)한 관조차 지을 생각도 안 드셨다면, 다음의 방식으로 읽어보십시오.

다시 첫번 읽으실 때, 금강경의 세존의 말씀(뜻)은, 내 온전한 흡족이 늘 그대로 지금(如是) 나투어지고(發되고) 있어 늘 저절로 누려지게, 내 삶이 으뜸인 참내 뜻(내 진심)을 늘 그대로 지금(如是) 깨닫도록만, 시종일관 나투어지고(發되고) 있는 것을 염두에 두고 읽어보십시오.

다시 두번째 읽으실 때는, 그 쉽고 간단하고 확실하게 내 진심 깨닫는 방법이, 내 모든 생각이 늘 그대로(等身)인 흡족한 내 마음에 뽕가서 항복함이라고만, 시종일관 말씀하고 계신지 아닌지를 염두에 두고 읽어보십시오.

다시 세번째 읽으실 때는, 내 모든 생각이 흡족한 늘 그대로(等身)인 내 마음에 뽕가서 항복된 상태가, 생각은 죽기 전에 없어지지 않으므로 생각이 몽땅 쉬는 의문(인식본능)상태인 가운상태(中道상태로 몽땅 몰라도 불만족 없던 내 어릴 적 호기심상태) 마음이며, 그 몽땅 모른 채로 온전한 흡족이 제일 이익(복덕)을 보는 진심이라고, 시종일관 말씀하고 계신지 아닌지를 염두에 두고 읽어보십시오.

다시 네번째 읽으실 때는, 몽땅 생각이 쉬는 가운데(의문)상태마음은, 늘 스스로에게 베푸는 보살(선남녀, 사람다움)이란 늘 습관적으로 짓는 내 생각처럼 늘 변함없는 의문상태 내 생각을 늘 그대로 지금(如是) 지어야(의단독로 : 어릴 적 호기심상태, 본래면목) 깨닫는다는 뜻이, 시종일관인가 아닌가 염두에 두고 읽도록 하십시오. 여래(如來)가 보살을 보호하는 생각(念)이라고 두 분 다 말씀하시고, 여래는 마음(心)의 한 성질(本性)로서 말씀하시어, 여래(如來)가 깨달은 마음의 으뜸요건(필요조건)일 수는 있어도 깨달음(佛) 바로 그 자체(충분조건)로 말씀하지 않았음(여래가 내 본래면목인 부처의 한 성질임)을 분명히 알려고 읽어보십시오.

　다시 다섯번째 읽으실 때는, 세존의 진심이 바로 내 진심과 조금이라도 다른가 똑같은가를 염두에 두고 읽어보십시오.

온전히 흡족한 내 진심의 깨달음이 (覺)

온 누리에 (所)

늘 더 고요히 뚜렷하게 드러나서 (現)

더 밝고 맑음으로 늘 저절로 튕겨져 나옴이기에 (發)

無邊虛空(무변허공)은 내 착각이었고

내 覺所現發(각소현발)이었구나!

(본래 내 진심인 내 참 인식이었구나!)

더 밝고 맑아짐이 늘 보이고 (見)

밝고 맑아짐이 흡족한 심금의 울림으로 늘 알아지고 (知)

늘 틀림없이 (信)

더 밝고 맑아지는 주인공이 나라고 늘 이해됨이 (解)

참 내 인식(知, 見, 信解)인 내 진심(참 내 뜻)의 깨달음입니다.

핵심적인 뜻의
흐름으로 보는
금강경

핵심적인 뜻의
흐름으로 보는 금강경

일반인(凡夫)은 거의 모두가 세존의 뜻(내 진심인 참 내 뜻)을 습관적으로 찰나마다 변하는 내 생각(가짜 내 뜻)으로만 납득(受持)하고 있어서, 세존의 뜻을 건방지게 그 가짜 내 뜻으로 전부 바꾸어서만 이해하게 됩니다.

그런 식으로 이 내 마음의 진실인 금강경을 읽는다면, 건방진 가짜 내 뜻만 더 굳어져서, 깨닫기는커녕 지금의 내 착각상태(잘못된 내 선입관)만 더 굳어지게 합니다.

세존의 뜻이 바로 내 진심인 참 내 뜻이기에, 금강경의 모든 세존 뜻(말씀)의 핵심이 늘 너무 당연하여 쉽게 즉각 파악되어야, 늘 바른 참 내 뜻 상태입니다.

건방진 가짜 내 뜻(생각)이 몽땅 쉬고 있는 겸허해진 참 내 뜻으로 세존 뜻이 즉각 바르게 납득(受持)되도록, 우리 모두 내 지극히 곰곰한 호기심(화두뿐인 겸허한 의문 상태로 지혜 자체가 된 의단독로)상태로 세존 뜻의 핵심을 만나보시기 바랍니다.

2分 : 이 금강경이 있게 된 질문과 답

문 : 선남녀(善男女 : 보살 마하살, 人)라는 생각은 아뇩다라삼먁삼보리마음(깨달은 마음, 진심, 온전히 흡족한 인식)이 저절로 나투어지면(發되면) 그 마음에 어떻게 머물고(住) 어떻게 항복합니까?

답 : 그 생각이 그 마음(인식)에 늘 지금(如是) 머물고(住) 늘 지금(如是) 항복한다.

3分〜6分 : 如是 住 如是 항복에 관한 설명

3分 : 늘 지금(如是) 항복의 설명.

4分 : 늘 지금 머묾(如是 住)의 설명.

5分 : 사물을 나누는 분별(생각)기준인 相이 없어야 如是 住 如是 항복한 늘 그대로(如來 : 타고 태어난 그대로인 無斷無滅의 인식본능반응상태로) 見(인식)됨의 설명.

6分 : 스스로에게 이익 되게만 하는 내 선(善)이 수없이 되풀이됨의 내 수없는 깨달음으로 내 선 바탕(善根)의 믿어짐(信)이 생기고 그 믿어지는 흡족함으로 분별이 사라져 하나된 의문 상태(中道 : 眞空妙有)생각의 순수(淨)함이 바로 사물을 나누는 분별기준(相)과 分別 원칙(法)이 있을 수

없는 늘 청정(투명)한 채로 아뇩다라삼먁삼보리(온전한 흡족)인 내 진심(호기심)의 늘 그대로(如來 : 如是상태)라고 설명.

7分~12分 : 수보리가 잘못 알고 있는 여래(如來)에 관한 설명

7分 : 수보리가 무위법(無爲法)으로 차별(分別)이 있음이 진리라고, 온전히 흡족한 내 진심(아뇩다라삼먁삼보리心)의 늘 그대로(如來 : 如是상태)를 부인하는 주장을 함.

8分 : 늘 청정(투명)하여 분별기준(相)이 있을 수 없는 中道(의문 : 지혜, 眞空妙有)상태인 마음의 흡족이 내 안에서 늘 저절로 증폭 심화(大乘最上乘) 반응됨이 분별함인 생각(보살, 善男女, 人)의 분별원칙인 법(法)으로 수없이 짓는 이익(福德)보다 더 나음과 늘 저절로(如來)인 마음의 깨달음(佛)이 생각(분별)하는 방식(卽非논리)인 法의 깨달음이 아님을 설명.

9分 : 여러 수행 단계에서 함 없이도 그리되는 無爲(저절로)의 여러 경우에 관한 문답으로 소위 無爲法이라는 것이 내가 함 없이 저절로 (無爲로) 되는 내 인식본능(의문)과 그 동시반응(마음)상황의 표현이지 분별함(有爲)의 생각방식인 法의 표현이 아님을 깨닫도록 설명.

10分 : 깨닫기 전인 보살(선남녀 : 人)이란 찰나마다 생겼다 사라지기에 일생동안 찰나마다 내가 계속 짓고 있는 스스로에게 베푸는 생각으로 분별된 마음(보살心)과 늘 그대로(如來)인 진심이 같지 않음과, 늘 청정(투명)한 마음의 몸(마음보 : 마음의 실체, 身, 空)을 설명.

11分 : 분별하여 나뉜 '생각'상태로 보다 분별(相)이 존재할 수 없는 늘

청정(투명)한 의문(中道)상태의 온통인 '마음'으로 스스로를 이익(福德)되게 함이 더 나음을 설명.

12分 : 늘 흡족한 마음의 진리(經)가 납득되면 내 안에서 그 흡족이 저절로 증폭 심화됨(大乘最上乘)이기에 불만족하여 찰나마다 변하는 생각의 분별방식(卽非논리)인 法의 사라짐이라는 것과, 마음의 진리(經)는 내 것을 깨닫는 것(佛)이지 남의 것을 존중만 하는 것이 아님을 설명.

13分~16分 : 흡족해지는 내 생각(善男女 : 보살, 사람다움)을 불만족한 내 생각들(天 · 人 · 아수라)이 좋아해서, 그 흡족이 내 생각으로나마 증폭 심화(大乘最上乘)됨이 있어야, 내 본능반응으로 온전한 흡족(아뇩다라삼먁삼보리)이 저절로 증폭 심화되는 상태로 늘 변함없어 等身(如來)인 청정(투명)한 내 마음을 깨닫게 됨의 설명.

13分 : 내 마음 진실(經)의 이름(名)이 분별로 하는 표현에 불과함과 늘 흡족한 채로 가운데(인식본능인 中道의문)상태인 마음(진심)은, 내 안에서 분별로 함(有爲) 없이 늘 몽땅 (전부로) 저절로(無爲로) 증폭 심화되고 있어서, 생각으로 분별하여 아무리 많게 베푸는 것보다 더 흡족하여 더 나에게 이익(福德)됨을 설명.

14分 : 온갖 (마음의) 깨달음(佛)도 그리 부르는 名이라고 잘못 생각(착각)하고 있는 수보리에게, 깨달음은 分別로 표현한 名(생각)이 아니라 늘 지금 (如是) 흡족한 채로라 等身인 마음(인식본능반응)이 늘 지금 (如是) 누려지고 있는 내 진실(진짜 현실)임과, 내 사람다움(人, 보살, 善男女)이라

는 내 생각 속 마음(진심과 다르게 찰나마다 짓고 있는 보살心)에 차별하려
는 분별기준(相)이 없어지면 쉼 없이 몽땅 (전부로) 이롭게만 하는 생각
상태가 되므로, 그 상태와 거의 같은 분별(생각) 이전의 늘 인식본능(中道
의문)상태로 늘 분별기준(相)조차 없어 온전히 흡족한 내 저절로(無爲)인
본능반응(인식)이 집착하여 머묾(住) 없이 늘 지금 (如是) 누려지고 있는
내 진심의 온전한 흡족이라는 온갖 이익(福德)을 모두 얻게 된다고 설명.

15分 : 분별된 생각(善男女 · 보살 · 人) 속 마음보(身相)로 아무리 많이
스스로에게 베풀어도 不可分의 청정(투명)한 진심(본능반응)으로 스스로
에게 몽땅 (전부로) 베풀어짐이 더 이익(福德)되고, 진심이 늘 그대로(如
來)라 함은 내 안에서 진심이 늘 저절로 증폭 심화(大乘最上乘)되어짐을
표현(뜻)함이고, 그것은 찰나마다 변하는 내 생각들이 흡족해지는 내 생
각(善男女 · 보살 · 人)을 참으로 좋아하게 됨이라고 설명.

16分 : 본래 흡족한 마음의 진리(經)가 납득된 사람다움(人, 善男女 : 보
살)이란 내 생각을 내 굳어진 버릇의 불만족상태로 자신의 그 생각(사람
다움)을 경멸 천대하게 될지라도, 그 경멸 천대로 겸허해져서, 그 불만족
상태 내 생각(분별)이 즉각 사라진 온전한 흡족(아뇩다라삼먁삼보리)을 얻
게 됨과, 그 마음의 진리(經)를 다함없이 늘 받아들여 지님(납득함)은 지
금도 착각(잘못 생각)되고 있지 않은 내 마음인 然燈佛(자연히 밝혀져 있는
깨달음)이 내 안에서 늘 저절로 증폭 심화(大乘最上乘)됨이고, 깨닫지 못
한 내 생각(天, 人, 아수라)의 분별로는 그 분별기준(相)이 사라지고 있는
늘 온통으로 청정(투명)한 내 마음의 진실(經)과 그 이익(福德)을 헤아릴
(分別할) 수 없음을 설명.

17分~30分 : 처음 질문을 다시 하자 처음 답을 똑같이 되풀이하면서, 지금까지 설명 듣고도 수보리 등(凡夫)이 제7分의 수보리 착각처럼 업(業 : 고착된 내 버릇)이 된 생각의 분별(차별)로 분별 없는 청정(투명)한 마음을 헤아리고만 있어서 깨닫지 못하고 있는 것을 감안하여, 똑같은 내용(뜻)을 그들의 생각(분별)방식에 맞추어 조금 다른 방식으로 설명.

17分 : 처음의 질문을 다시 하자, 그때까지 설명한 최초의 답인 如是상태인 진심의 如來가, 생각으로 분별하여 부르는(名하는) 생각 속 如來가 아님을, 보살心이란 생각 속 마음을 자세하게 설명하여, 그 보살心과 달리 짓지 않아도 (함이 없어도) 늘 저절로 흡족한 내 진심의 如來(如是상태)를 깨닫도록 설명.

18分 : 모든 것을 인식할 수 있는 눈(능력)이 본래부터 늘 그대로 (如來로 : 如是로) 갖추어져 나에게 늘 실존해 있기에, 줄 수도 받을 수도 없게 찰나도 변함없는 늘 청정(투명)한 채로 等身(如來)인 내 진심임에도 불구하고, 내 생각(분별)을 찰나마다 짓고 있는 내 짓거리를 마음먹음이라고 착각(잘못 생각)하여 생각을 마음으로 부르고(名하고) 있는 자신의 잘못(卽非논리가 모순임)을 깨닫도록 설명.

19分 : 찰나마다 짓는 (有爲인) 내 생각(보살·善男女·人)으로 분별하여 수없이 이익(福德)되게 함보다 늘 흡족한 저절로(無爲)인 분별이 있을 수 없어 온통 청정(투명)한 마음상태가 더 이익(福德)임을 설명.

20分 : 相(분별기준) 있는 흡족이 생각(분별) 속 흡족이고, 흡족을 누리면서 그대로 유지하지 않고 분별하여 나누려함이 바로 내 불만족이라서 분별(생각)된 흡족(상대적인 즉 相이 있는 흡족)은 내 진심처럼 온전한 흡

족(행복)상태일 수 없음을 설명.

21分 : 변함없는 마음(인식)과 그 늘 저절로 나투어져 저절로 써지는 성질(本性)을 찰나마다 변하는 생각의 분별방식인 法으로는 설명 안 되고, 중생(衆生)은 내가 찰나마다 짓고 있는 혼란스러운 번뇌의 생겨남이라서 늘 청정(투명)한 내 마음에 없는 헛것임을 설명.

22分 : 생각(분별)방식인 法이 조금도 없는 상태를 온전한 흡족(아뇩다라삼먁삼보리, 온전한 깨달음)으로 부른다고 설명.

23分 : 온전한 흡족은 생각(분별)방식인 法이 모두 흡족한 法이 되고, 法간의 차별기준(法相)이 없어진 善法(스스로를 총체적으로 이익 되게 하는 방식)만 되풀이됨이지만, 깨닫지 못한 일반인은 전부로서 나를 이롭게 함이 아니라 분별된 어느 쪽으로만 이롭게 하여 다른 쪽은 해롭게 됨을 선법(善法)이라고 잘못 부르고(名하고) 있음을 설명.

24分 : 생각으로 분별된 내 사람다움(人)이 수없는 차별(분별)로 스스로에게 베풀어 이익(福德)되게 할지라도, 늘 지혜(중도 의문 상태)로 심금이 울려지고 있는 내 마음의 흡족한 진실(經)이 요약된 사구게가 납득된 내 사람다움(人)이 그와 다른 내 사람다움(人)을 설득하므로 내 안에서 흡족이 늘 저절로 증폭 심화(大乘最上乘)되는 상태보다 그 이익(福德)이 비교할 수 없게 적음을 설명.

25分 : 번뇌 생겨남(衆生)은 찰나마다 생겼다 사라지는(生滅하는) 헛것이라서 나에게 늘 실존할 수 없기에, 번뇌 생겨남(衆生)을 없앤다(滅度한다) 함은, 본래 실존하지 않는 것을 없앤다(滅度한다)는 것이고, 깨닫지 못한 사람(凡夫)이라 함도, 착각(잘못 생각)상태의 본래 그대로인 같은

사람(如來인 성현, 부처)을 말(뜻)하는 것임에도, 일반인(凡夫·善男女·보살·人)은 같은 사람의 서로 다른 상태가 아니라 서로 다른 사람으로 잘못 부르고(名하고) 있음을 설명.

26分 : 내 마음 늘 그대로(如來)라 함은 분별기준(相) 없이 봄(見 : 인식)이라고 설명.

27分 : 늘 그대로(如來)인 온전한 흡족(아뇩다라삼먁삼보리)이 저절로 나투어짐(發됨)은, 생각의 분별기준(相)이 아직 없던 상태의 내 인식본능 반응(마음)이 일생동안 늘 저절로 지속(無斷無滅)되고 있음을 말(뜻)함이지, 찰나마다 생겼다 사라지는(生滅하는) 생각(분별)방식인 법(法)과 그 분별기준(相)으로 상대적이고 일시적인 끊어지고 사라진(斷滅된) 상태를 말(뜻)함이 아니라고 설명.

28分 : 스스로에게 베풂(보살)이라는 생각은, 이익을 탐하거나 집착하여 복 지을 틈도 없이 누구나 일생동안 찰나마다 습관적으로 짓고 있는 생각이기에, 늘 복 짓지 않고도 늘 이익(德) 보는 특별한 생각임을 설명하여, 짓지 않고도 본능반응으로 늘 그대로(如來 : 如是상태) 흡족한 내 마음의 어떠한 함(有爲) 없이도 저절로(無爲로) 지속됨인 如來를 그와 흡사한 내 보살이란 생각상태가 습관적으로 늘 지속됨을 자세히 이해함으로 쉽게 깨닫도록 돕고 계심.

29分 : 如來가 사람(부처)이 아니라 내 마음(진심)의 변함없는 성질임을 설명.

30分 : 깨닫지 못한 일반인(凡夫)이 본래 청정(투명)한 마음이기에 있을 수 없는 분별기준(相)을 가정으로 세워 모든 사물을 분별(생각, 卽非논

리)로 부르고(名하고) 있고, 하나로 합쳐진 분별기준(一合相)은 하나된 분별기준(相)이 아니라 분별 이전 본래의 몽땅 의문(中道지혜)상태로 되돌아감(회귀)을 말(뜻)함임에도 불구하고, 일반인은 존재할 수 없는 하나된 분별기준(相)만 엉뚱하게 탐내고 집착함(수행을 잘못하게 됨)을 설명.

31分~32分 : 온전히 흡족한 진심(아뇩다라삼먁삼보리心)을 자세히 설명했음에도 깨닫지 못하며, 찰나마다 변하는 생각(분별)으로만 계속 살아가게 되는 일반인(凡夫)에게 진심과 똑같게만 생각하는 방식(如是觀)을 짓도록 하여, 그 觀으로 지속되는 생각상태와 아주 흡사한 내 인식본능반응으로 짓지 않아도(有爲 없이도) 저절로(無爲로) 늘 지금(如是)인 내 마음을 깨닫도록 하심.

31分 : 인식본능반응인 분별없는 흡족한 마음으로 보임(見, 인식)은 불만족한 생각(善男女 · 보살 · 人)의 분별로 보임(見)과 다름을 설명해도, 진심을 깨닫지 못한 일반인(凡夫)은 분별(생각)로 불만족하게 보임(見, 생각상태의 보임)을 깨달아 흡족하게 보임(見, 인식본능반응인 마음상태의 보임)이라고 卽非논리로 잘못 부르게(名하게) 됨과, 온전히 흡족한 마음(아뇩다라삼먁삼보리心)이 저절로 나투어진다(發된다) 함은, 온전한 흡족이 늘 지금 그대로만(如是로만, 온전히 흡족한 채로만) 알아지고(知) 보이고(見) 믿어져 이해(信解)됨이기에, 그와 다른 어떤 생각방식의 분별기준(法相)도 가정할 수조차 없음을 설명.

32分 : 내 생각 속 마음(보살心)에까지 내 마음의 진실인 이 경(經)처럼

(본능반응처럼) 흡족의 누려짐(보리)이 저절로 증폭 심화(大乘最上乘)되도록 그 내 생각(보살)이 그와 다른 내 생각(人)을 저절로 설득되게 하는 온전한 흡족이 늘 그대로 지금(如是)인 觀을 짓도록 함.

도움말

진심상태와 똑같은 中道(의문, 인식본능, 眞空妙有)상태의 흡족한 생각이 지속되도록 한 마디 언구(화두)로 의문을 촉발시킴으로써 이 觀이 쉽고 간단하고 확실하게 저절로 지어지도록 하는 수행방식을 처음으로 널리 유행시킨 분이 바로 6조 혜능선사입니다.

쉽고, 간단하고, 확실하게 깨달을 수 있는 수행방식이 정립되어 그간의 전문가(승려) 중심의 전문 수행 방식이 누구나 할 수 있는 대중적인 수행 방식으로 보편화되자 불교가 비로소 대중적인 세계적 종교로 크게 성장할 수 있었던 것입니다.

이 觀으로 지어진 의문(생각)상태가 내 인식 본능 의문 상태와 똑같아질 때 그 인식본능과 늘 동시반응인 내 마음(인식)이 몰록 누려지게 되므로 저절로 깨닫게 되는 수행 방식이 참선입니다.

화두(내 진짜 의문) 참구(參究)로 이 中道(지혜 · 의문 · 眞空妙有)인 아뇩다라삼먁삼보리觀을 짓는 깨달음 수행 방식이 조사선이고, 내 진심 상태를 곧바로 직접 감지하여 깨닫는 수행 방식이 수행 전문가(승려)들이 전통적으로 해온 위파사나선(여래선)입니다.

위파사나선 수행으로 크게 깨달은 분이 매우 드물었지만 조사선 수행으로 승

려뿐 아니라 일반인(재가불자)까지 크게 깨달은 분이 수없이 많이 나온 역사적 사실로 조사선이 좀 더 쉽고 간단하고 확실한 수행방식임이 증명된 것입니다.

조사선이 왜 쉽고 간단하고 확실한 깨달음 수행 방식인지 쉽고 간단하고 확실하게 납득하지도 못한 채로 우선 해본다는 식이라면, 어렵고 복잡하고 애매한 수행이 될 것이므로, 조사선의 흉내일 뿐 가짜(짝퉁) 조사선 수행이 되고 말 것입니다.

조사선의 활구 참선과 간화선이라는 용어는 생각으로 짓게 되는 中道의문상태인 이 觀을 변함없는 내 인식본능상태의 의문과 조금이라도 더 똑같게 지으려고 좀 더 생생(활구)하게 그리고 좀 더 고요적적(간화)하게 화두(의문)를 참구하는 (늘 실존하게 애쓰는) 방식의 어떤 쪽(늘 '고요히' '뚜렷한' 진심의 특징 중 어느 켠)에 더 비중을 두느냐의 이름입니다.

금강경의
온전한 납득(受持)과
깨달음(佛)

금강경의 온전한 납득과 깨달음

부자가 거지로 착각하면, 자기도 모르게 부자라는 진실을 한사코 부인하는 것처럼, 자기 마음 본성의 착각상태인 보통사람(凡人)은, 내 마음의 진실인 금강경의 납득을, 자기도 모르게 거부하게 됩니다.

모르면 남에게 배워 알 수도 있지만 잘못 깨달은 착각은 스스로 바르게 깨달아야만 해결됩니다.

깨달음 자체는 남이 해줄 수 없는 것(教外別傳)이지만, 남의 바르게 깨달은 방법과 그 이치체계(佛法)는 내 진심의 착각상태 즉, 모든 생각이 착각일 수밖에 없어, 지금 내가 홀로 찾기 힘든 바르게 깨닫고 싶어지는 방법과 그 이치입니다.

사실은 세상 무엇과도 늘 안 바꿀 만큼 늘 흡족한 내 삶임에도, 불만족한 내 삶으로 착각되고 있는 정반대로 뒤집혀져 있는 내 생각을 제일로 삼는, 보통사람(凡人)의 오만한 삶이 내 현실입니다.

지금의 내 모든 불만족한 생각은, 내 삶(현실)이 무엇과도 바꿀 수 없을 만큼 온전히 흡족함을 늘 확인하고 있어 늘 확연한(밝고 맑은) 내 진심을, 내가 거부하고 있는 내 착각(오만한 내 뜻)입니다.

흡족(행복)을 좋아하는 참 내 뜻과 불만족(고통)을 우선시하는 가짜 내 뜻 중, 어느 뜻을 내가 선택 결단 하느냐에 따라서, 둘일 수 없는 내 현실인 내 삶이, 천당이다가 찰나에 불만족한 지옥이 됩니다.

삶 자체로 흡족함을 늘 확인하여 누리고 있는, 지혜로운 내 호기심 써지는 온갖 내 현실이므로, 나에게 늘 흡족한 그 현실이 심금의 울림(바라밀)으로 누려질 수 있도록 함이, 금강경의 궁극적인 취지입니다.

진짜 내 뜻이 참으로 깨닫고 싶어져 늘 변함없는 확실한 내 마음 되는 순간, 몰록(찰나에 몽땅) 그 마음이, 늘 실존해온 내 인식본능의문(이뭣고? : 佛性, 호기심)상태인 내 참 마음임을 깨닫게 됩니다.

불교는, 인식본능반응으로 늘 실존(實存)해있는 내 진심의 온전한 흡족(삶의 흡족)을 확실하게 누리자는 것이지, 내 몸과 정신의 본능반응이 아닌 변하는 내 생각이 만든 허망한 행복(幻) 추구가 아닙니다.

삶 자체가 가장 행복임을 늘 확인하여 그 흡족을 누리려는 인식본능의문과 그 본능반응인 답이 하나된, 깨달음상태(一合相된 中道)의 흡족(안락)한 바라밀(심금의 울림)로 확연한 참 내 인식이, 늘 청정한(밝고 맑은) 내 진심입니다.

더 흡족해지도록 스스로 이롭게 하는 선(善)본능의 저절로 써지는 방식(道)인 내 본성은, 지혜로운 내 인식본능의문이 늘 저절로 묻고 있기에 삶 자체로 안락(흡족)이라는 내 답이 늘 저절로 반응(發)하여 내가 누리고 있는, 참 내 인식(진심)의 변함없는 성질입니다.

거의 모든 일반인(凡人)은, 공기를 잘 인식하지 못하는 것처럼, 삶 자체로 늘 온전히 흡족한 채로 늘 實存(실존)해 있는 자신의 투명한 마음과 그 써지는 방식(道)을, 내 현실로 잘 누리지 못합니다.

삶의 흡족보다도 더 나은 것을 바라는 내 허망한 욕망의 집착 때문에, 내 삶을 불만족상태로 착각(잘못 생각)하고 있기 때문입니다.

더없이 흡족한 천당일지라도 내가 더 좋은 곳을 찾게 되면, 그 천당은 즉각 불만족스러운 곳(지옥)으로 잘못 생각(착각)되어, 현실보다 높아진 오만한 내 뜻으로, 천당에 현실로 없는 고통(내 불만족이 만듦, 幻)이 내 천당의 현실로서 생각됩니다.

흡족한 본성상태인 나를 안 믿게 되면, 불만족한 나를 내가 선호(趣向)하는 착각상태가 됩니다. 지금도 늘 그대로 안락(흡족)한 본성상태인 청정(투명)한 내 마음을, 스스로 무시 또는 거부하고 있는 보통사람(凡人)의 그 같은 착각상태가, 지금의 내 처지(此岸)입니다.

내 불만족이 내가 나를 불신(不信)하는 어처구니없는 해로운 내 생각으로 납득되어, 나를 100% 믿는 흡족(안락)함으로 뽕가면, 즉각 지금도 내 몸과 정신의 본능반응으로 안락(흡족)한 내 마음(인식)의 밝고 맑음(청정)이 늘 내 현실(如是)임을 깨닫게 됩니다(言下大悟).

바른 깨달음(정각)과 잘못 깨달음(착각)은, 모두 그때의 내 뜻 전부로 한 내 선택이요 결단이며, 그 선택과 결단은, 어느 것이 나에게 더 이롭냐로 결정됩니다.

학생이라고 착각한 졸업생이, 졸업생이라는 내 현실을 바르게 깨닫는 것은, 세수하다 코 만지기처럼, 찰나에 저절로 됩니다.

착각하거나 바르게 깨닫는 것은, 어느 것이 나에게 이로우냐에 따라, 어느 것을 그때의 내 뜻으로 받아들이(受持)고, 어느 것을 그때의 내 뜻으로 받아들이기(受持)를 거부하는, "찰나에 몽땅"(몰록) 하는 내 선택과 결단의 문제일 뿐, 쉽고 어려운 문제는 아닙니다.

내 선택과 결단은 신의 뜻도 이치도 아닌 내 뜻이 합니다.

지금의 내 불만족한 생각이 아닌, 내 본능으로 삶이 흡족한 인식(마음)의 내 바른 선택과 결단인 내 바른 깨달음은, 참 내 뜻이 합니다.

내가 내 마음을 바르게 깨닫지 못하는 것은, 가짜 내 뜻 쓰는 방식(性向)이 나에게 가장 좋다고, "몰록"한 이전의 내 선택과 결단을, 지금도 가장 좋아하는 내 어리석은 생각 때문입니다.

스스로 좋다고 자신의 뜻으로 선택한 지금의 착각(잘못 깨달음)상태인 내 불만족한 생각 속에서, 내 몸과 정신의 본능반응으로 흡족(안락)한 마음(인식)을 과연 어떻게 내가 깨닫고 싶어질 것인가?

생명인 내가 생명인 나를 스스로 불신(不信)하는, 싫고 두려움 등의 고통과 멍함(無記)이, 내 현실이라고 늘 생각하는 방식(性向)을, 내가 선택했다니! 삶 자체로 흡족함이, 내 현실로 최우선하여(無諍三昧로) 늘 저절로 인식되는 방식(本性向)인 내 진심은 싫다는 것인가?

평안한 채로 TV를 볼 때, TV 속 주인공의 설움이나 괴로움이 아무리 또렷또렷 느껴져도, 내 평안한 채로가 늘 더 우선되기에, 그 설움이나 괴로움까지도 재미있습니다.

그럼에도 불구하고, 무엇과도 바꿀 수 없을 만큼 내 삶이 늘 내 으뜸인 흡족임에도 내 불만족과 그 고통은, 어찌된 것일까?

어느 때 어느 경우에라도 어떤 좋은 것과도 바꿀 수 없을 만큼 더없이 흡족한 진짜 나를, 불만족할 수밖에 없는 나라고, 스스로를 현실보다 높여서 생긴 내 착각(스스로를 속여 속음)상태 아닌가요?

착각(잘못 깨달음)하고 있다고 스스로는 알 수 없는 상태가 착각이요, 착각인줄 알면 바른 깨달음(正覺)입니다.

늘 변함없는 내 진심(참 내 뜻)의 "깨달음이 어렵다 함"은 내 변명이고, 사실은 "현실보다 스스로가 높아져서 생겨난" 내 불만족으로 "스스로에게 가장 겸손해져야만 되는 온전한 흡족 깨닫기를 자신에게까지 낮아지기 싫어서 거부하는 멍청한 내 오만함" 때문 아닌가요?

현실의 나까지 不信(불신)할 정도의 내 오만으로 불만족한 내가, 삶 자체가 제일 흡족한 겸허한 나와 같은 나 아닙니까?

늘 같은 진짜 내가 서로 다른 가짜 나 됨이, 내 늘 그대로인(如如한) 本性(본성)까지 착각하게 만든 가짜 내 뜻인 오만한 불만족입니다.

참 내 뜻을 스스로 100% 묻게 되면, 그 인식본능뿐인 내 현실이 지속적으로 실존하게 되어, 바로 그 상태가 내 어릴 적 "몰라도 불만족 없는 안락(흡족)한 호기심 상태"임을 깨달을 수 있을 것 아닌가?

찰나인 깨달음과 진심이 영원함을 알면서, 삶 자체로 흡족한 나 깨닫고 싶은 인식본능의문을 찰나도 진짜 좋아할 수 없단 것인가?

참으로 하고 싶은 것 하는 참 내 뜻인 진심이 진짜 행복이요, 진짜 하고 싶은 진심이어야 진짜 잘 할 수 있습니다.

평생 해야 하는 일과 공부를 하고 싶어 하면서, 하기 싫은 뜻도 동시에 먹는, 대칭된 생각구조(相)로 살게 되면, 진짜 하고 싶은 진심이 무시 또는 거부되어, 진짜 잘 할 수도 진짜 행복도 없게 됩니다.

하고 싶음과 하기 싫음이 갈등구조(相)를 이루게, "이중 삼중 섞어 생각하기"(衆生)가 버릇된 내 혼동과 갈등상태는, 늘 청정(투명)한 내 진심을 무시 또는 거부하는 것이므로, 내 몸과 정신의 본능반응인 마음(인식)이 아닌 오만하여 생겨난 내 불만족한 생각입니다.

그러나 오로지 살고 싶고, 먹고 자고 싶은 겸허한 내 마음은 늘 저절로 나투어진(發된) 내 현실(然燈佛)로 실존하여 저절로 늘 누려집니다.

정반대인 내 뜻의 대칭상태인 내 생각의 갈등구조(相)가, 내 모든 스트레스로서 고통 그 자체이지만 어리석어 오만한 내 불만족한 생각일 뿐, 삶 자체가 현실로 늘 흡족한 내 몸과 정신의 지혜로운 인식본능(의문)반응(답 · 인식)인 내 마음이 아닙니다.

알 수 없는 좋은 소리나 냄새나 빛깔에 저절로 뽕가 "이뭣고?"하며, 그 소리나 냄새, 빛깔이 온누리가 되던 경험이 누구나 있습니다.

살아있음이 가장 좋기에 내 투명한 온 누리가 온통 흡족이어야 정상인데, 이렇게 계속 살아있으면서 어찌 저절로 늘 "이뭣고?"(의문)하며 더 흡족해지는 내 인식본능(지혜)상태, 내 현실은 없단 말인가?

삶 자체로 흡족(안락)을 어이 확인하여 누리려 하지 않을 것이며, 흡족

(안락)을 인식하여 누림에 어이 다함이 있을 것인가?

내 불만족의 싫고 불안함만 면해보겠다고 무기(無記)라는 멍함 속에 도피해보아야, 내 오만한 (지금 나를 현실보다 더 높여서 생긴) 불만족으로 또 싫고 불안해져 다시 무기(無記)나 찾는, 갈등구조(相) 속에서 내 불만족이라는 멍청함이 윤회(맴돌기)만 하는 내 생각입니다.

그래서, 투명한 채로 온전히 흡족한 내 진심을 늘 확인하여 누리려고 "이뭣고?"(下化)하는데, 어찌 진술하게 하지 않을 것인가?

스스로 100% 믿어져야만 진짜 나라고 확실히 납득된다면, 지금 내가 스스로 100% 믿어지는 더없이 흡족(안락)한 상태인가를, 더욱 더 곰곰이(定慧바라밀로) 묻게 됩니다(이뭣고? : 내 진짜 下化).

본능 써지는 방식(本性)에 따라, 삶 자체가 온전한 흡족이기에 늘 심금이 울려지고 있는, 내 인식(마음)보다 더한 내 행복은 없습니다.

무척 슬프거나 그리울 때 공중(투명)을 보면, 그 공중(투명)도 그 슬픔이나 그리움 자체가 되던 기억처럼, 지금 내 삶이 무엇과도 안 바꿀 만큼 더없는 흡족이라서, 내 투명한 온 누리도 그 흡족(안락) 자체가 되었는가를, 곰곰이 묻는 것입니다. (흡족이 있는가? 없는가? : 無?)

투명을 계속 보고 있어도, 아무 것도 알아지고, 보여지고, 믿어져 이해(知, 見, 信解 : 인식)됨이 없는 지금의 내 현실이, 삶 자체로 늘 흡족한 내 청정(투명) 자체인 마음이 착각되어진, 내 생각(잘못된 깨달음 생겨남)의 멍함(無記)상태 아닌가를, 곰곰이 묻는 것입니다.

흡족한 (평안함이 좋은) 만큼, 싫고 불안한 내 불만족이 참 내 뜻인지

하는, 진짜 의문이 생겨납니다.

삶이 가장 좋은 솔직한 나를 깨닫고 싶어 현실만큼 낮아진 "이뭣고?" 상태가 되면, 밝고 맑은 평안함으로 늘 심금이 울려집니다.

그러면, 저절로 뚜렷뚜렷해져만 가는 지혜바라밀 "이뭣고?"인채로, 내 인식의 본체(마음보 · 空)에 늘 실존(實存)해 있는 투명(밝고 맑음)이, 내 삶의 온전히 흡족한 내 뜻이 내 온 누리인 내 현실로 나투어져 늘 실존한 모습(如是)임도, 스스로에게 몰록 증명됩니다.

모든 사물(事物)이 내 인식(一切唯心造)임이 스스로에게 몰록 증명되어야, 내 현실(삶)의 참 주인공인 '참나'를 깨닫는 것입니다.

그것이 금강경 말미 사구게의 "應作如是觀(응작여시관)하라"는 바로 그 세존 뜻에 내 뜻이 온전히 부합되고, 금강경 세존의 설명하신 내용 전부가 비로소 나에게 증명되어 진짜 받아들여진(受持된) 것입니다.

내 눈앞에 늘 실존(實存)해있는 투명(淸淨 : 밝고 맑음)이, 살아있는 더 없는 흡족을 늘 최우선하여 인식하려는 내 의문(인식의 선두로 인식본능인 화두)과 동시에 삶이 더없이 흡족한(아뇩다라삼먁삼보리) 내 답이 심금의 울림(바라밀)으로 하나로 합쳐진(一合相) 내 결정(뜻)되어 늘 지속되므로, 늘 더 확연해(밝고 맑아)지고 있는 내 진심 몸통(体 · 마음보 · 空)의 늘 같은 방식 그대로(如來法)인 본능반응입니다.

일반인(凡人)은, 늘 현실로 실존해 있는 내 마음보의 투명을, 오만한 생각(無記)으로 비어 없는 것(虛無)이라고 착각합니다. 깨달음은, 잘못 생각(착각)되던 내 현실이, 바르게 인식(正覺)됨을 말합니다.

내 생각인 불만족이 만든 내 갈등인 스트레스(相)와 내 혼란(衆生)이 없는, 내 인식본능 "이뭣고?"로 늘 나투어져 내 눈앞의 밝고 맑은 청정(투명)으로 늘 본능반응하고 있는 흡족한 내 현실이 늘 내 몸과 정신으로 누려지며 살고 죽게 되어야 참나의 깨달음입니다.

살아있는 내가 스스로 인식되지 않는다면 산송장이며, 흡족한 내가 늘 뚜렷하게 저절로 인식되어야 참나를 깨닫고 있는 진심입니다.

스스로를 현실보다 높여야만 생겨나는 내 불만족으로 현실(삶)이 고통스럽게 생각되면, 내 몸과 정신반응인 내 인식(마음) 자체를 거부하는 산송장 같은 無記(무기 : 멍함)상태가 됩니다.

거의 모든 사람(凡人)이 불만족한 채로 無記상태에 버릇 들어져서, 내 불만족한 고통만 안 느끼려고, 삶 자체로 더없이 흡족(행복)한 내 인식까지 무시, 거부하고 있는 내 오만함으로 멍청한 상태입니다.

늘 더없이 흡족(행복)해지려면, 無記(멍함)상태가 되게 나를 지배하고 있는 내 오만한 불만족이, 삶 자체로 늘 저절로 흡족한 내 본성(참 뜻)까지 거부하는 어리석은 내 생각(가짜 뜻)임을 납득해야 합니다.

삶이 흡족함을 깨닫지 못한 착각(생각)상태로 불만족한 일반인(凡人)은 대부분 살아온 세월이 어떻게 지나갔는지 모르겠다고 합니다.

그러나 삶 자체가 늘 내 온전한 흡족(행복)임을 깨달은 사람(부처)은 불만족 (흡족이 없는) 상태 일반인(凡人)이 일생동안 생각으로 누리는 것보다 더한 흡족을 찰나마다 인식본능반응으로 저절로 누리며 확연(뚜렷 뚜렷 : 소소영영)하게 살아갑니다.

깨달은 사람(부처)의 삶은, 불만족한 일반인(凡人)의 삶과는 도저히 비교할 수 없을 만큼의 흡족(행복)을 누리고 있기에, 온전히 흡족(행복)한 삶의 시간으로 비교한다면, 일반인(凡人)보다 셈을 할 수조차 없을 만큼 더 누리(如是)기에 그만큼 더 사는 셈입니다.

석가와 예수 같은 성현들의 죽는 순간 모습(열반상)으로 알 수 있듯이, 불만족상태로 사는 일반인의 백천만겁동안 누리는 것보다 더한 삶의 흡족(평안하고 좋음)을 숨넘어가는 찰나에도 누립니다. 깨달은 사람에게는 마지막 순간에도 저절로 삶의 흡족을 누림이 으뜸(無諍三昧)이요 전부라서, 일반인(凡人)의 죽음 따위 아직 현실도 아닌 손해만 보는 생각은 끼어들 여지가 전혀 없는 것입니다.

깨달으면 일반인이 제일 두려워하는 내 죽음의 문제가 그렇게 완전히 해결되는 것입니다.

그래서 금강경의 생멸(생사)은 가짜 내 뜻으로 헛것인 내 생각의 생기고 사라짐의 표현이지, 생명 낳고 죽음의 표현이 전혀 아닙니다.

금강경(불교)의 깨달음처럼 내 진심(참 내 뜻)을 깨달음으로 내 죽음 문제를 내 삶이 늘 저절로 흡족한 내 마음(인식)으로 완전히 해결하는 것이 아니고, 만일 생물학적으로 영원히 죽지 않는 어리석은 방식(道)을 깨닫고자 한다면 그보다 더 허망한 생각은 없을 것입니다.

깨달음(佛)은 내 삶(世間)인 현실문제의 해결인 것입니다.

깨달음은, 내 잘못된 생각(착각)방식(性向)을 없애는, 가장 쉽고 간단하고 확실한 방법입니다.

고통(불만족)의 인식은 저절로 거부되고 있기에, 삶 자체로 온전한 흡족을 누리려면(上求), 더 낮아져 편한(下化) 참 내 뜻이 답입니다.

불만족한 채로 투명(청정)을 만나면, 내 인식을 거부하는 무기(無記 : 멍한 생각)상태가 되지만, 흡족함으로 투명(청정)을 만나게 되면, 저절로 더 고요적적(평안한 채로) 소소영영(뚜렷뚜렷)한 내 반응(인식)이, 내 심금의 울림(바라밀)으로 누려집니다.

청정한 내 진심은, 내 인식본능 "이뭣고?"(의문)에 내 몸과 정신이 본능반응하여, '늘 저절로 삶 자체가 흡족한 심금의 울림'(如是)상태라서, 엄마의 품처럼 더없이 고요히 평안한 채로 늘 더 뚜렷해지고 있는, 투명한 내 인식의 늘 곰곰함(定慧바라밀)입니다.

세존께서 수보리에게 계속 물으신 "於意云何(네 뜻은 어떤고?)"가 나에게 묻는 참 내 뜻이 되면 곰곰한 "이뭣고?"가 됩니다.

현실보다 스스로가 더 높은 내 오만한 생각인 불만족으로 살아온 내가, 내 진심을 깨닫는 방식은, 삶 자체가 제일 흡족한 참 내 뜻에 내가 곰곰히 "이뭣고?" 하며 겸손(下化)해져 완전히 솔직해지는 것입니다.

일반인(凡人)은, 너무 잘나서 불만족한 내 뜻을 꼭 끌어안고, 내 몸과 정신의 흡족한 본능반응을 무시, 거부하여 계속 무척 괴로워도, 그 오만한 내 생각(가짜 내 뜻)만 죽는 순간까지도 집착합니다.

세상에서 가장 편할 만큼 스스로에게 늘 제일 낮아서 좋은 내가 곰곰(定慧바라밀로 下化, 이뭣고?)하니 "더 고요함이 더 뚜렷하구나!"

그 적멸 스스로 곰곰하니 "더 평안해서 더 좋구나!"

그 흡족 스스로 곰곰하니 "온 누리가 바라밀이구나!"

그 뿡감(심금의 울림) 스스로 곰곰하니 "더 밝아져 더 맑구나!"

그 청정(투명) 스스로 곰곰하니 "더 고요히 뚜렷한 나로구나!"

[내 삶(현실)이 내 행복인 참 내 뜻으로 그 안락을 늘 확인하여 누리려는 참 이뭣고? = 뿡감(바라밀) = 청정(밝고 맑은 투명) = 적멸(지극히 고요함) = 늘 저절로 흡족한 참 내 반응(진심)상태인 참나]

내 뜻으로 하는 내 인식(물어 반응)과 그 인식의 '입체스크린'인 내가, 늘 함께하므로, 나와 내 마음(인식)은, 나에게 늘 하나(一合相)되어 실존해 있는 늘 내 으뜸인 참 내 현실(如是)입니다.

내 진심의 깨달음은, 수시로 변하는 생각이 아닌 변함없는 내 인식본능의문으로 저절로 늘 확인되고 있는, 내 온누리인 현실(삶) 자체의 흡족(안락)이 으뜸인 그 참 내 뜻이, 늘 지금 내 몸과 정신의 본능반응으로 저절로 더 확연하게 (투명하게, 밝고 맑게, 고요히 뚜렷하게) 누려지고 있는 내 상황(如是)입니다.

고려선원에서 무진 합장

漢字 불교용어로 간추려 보는 금강경

漢字불교용어로 간추려 보는 금강경

제1分 : 거지생활로도 삶 자체로 가장 행복한 세존의 佛(깨달음)을 배우려고 모여든 제자 1250분과의 일상생활.

제2分 : 장로제자 수보리가 希有(착각이 사라져가게 해주시는 : 제14分에서 수보리가 집중 사용한 예들로 살펴보면, "드문"이란 뜻으로 사용하기보다 드물어진다 즉, "사라져간다"는 뜻으로 사용했음) 세존이라며, 如來를 善(스스로 이롭게 함)과 보살(스스로에게 베풂)의 관계로 그 두 생각과 그 작용으로 정의하면서, 善男女가 發아뇩다라삼먁삼보리(온전히 흡족한 : 이 번역은 번역인의 증득한 깨달음이 육조단경의 주인공인 혜능의 깨달음 표현인 '具足'과 '안락'에 완전 계합되기에 쓴 표현임)心하면 어떻게 住하고 그 心(본능반응인 인식)에 항복하느냐고 물어 세존께서 善으로 如來를 정의하는 것을 칭찬하고, 善男女가 發아뇩다라삼먁삼보리心하면 그 心에 如是(늘 그

대로 지금 : 如來로 지금 : 뽕감 : "늘 지금" 정도 간명한 표현에 그대로를 의도
적으로 삽입하여 길게 번역함은 수보리도 이 如是라는 깨달음방식의 제일 간명
한 말로 표현을 끝내 듣고는 깨닫지(言下大悟) 못해서 바로 이 如是라는 답(轉
身句)으로 시작한 세존의 말씀이 如是의 觀 짓는 방식 제시로 끝남을 특별히 늘
주목하도록 하는 번역임)住 如是 항복한다고 답하지만, 수보리가 그 답을
깨닫지 못하고 더 설명듣기를 원하여 수보리를 위하여 그 心의 如來(늘
그대로) 즉 변함없는 원자적 여러 성질인 마음 本性(인식本能반응이 써지
는 性向)을 수보리가 내린 "如來라는 念"(생각)의 定義에 맞추어서 설명
하시게 됨.

제3分 : 세존께서 온갖 보살 마하살(善男女)은 꼭 如是(늘 그대로 지금)
항복한다고 하시며 다음과 같이 설명함.
　존재하는 모든 衆生함(生을 일반적인 漢文어순대로 주어 衆 다음 동사로서
봄이 타당하기에 衆生을 '겹쳐생김'으로 번역함은 生이라는 문자를 감안하여
고정됨이 아닌 分別로 진행상태인 衆으로 보았고, 分別될 수 있는 요인은 생각
인 衆이 다수일 뿐만 아니라 중첩되었기 때문이라고 본 표현임)의 종류를 말
하고 스스로가 그 衆生함(번뇌라는 혼란 혼동인 카오스의 생겨남) 모두에게
더없이 좋음(뽕감)으로 들어가도록 시키면 滅度되지만 실은 본래 (투명
한 마음에) 衆生함이 없기 때문에 (그것을 깨달음을) 滅度된다(고 한다).
　[보살 마하살(善男女로 묻고 보살 마하살로 답함은 선남녀라는 생각이 보살
마하살인 생각이라는 세존의 뜻)이라는 늘 좋고 평안하게만 스스로에게 베푸는
내 생각이 내 인식본능반응 즉, 삶 자체로 늘 저절로 더없이 평안하여 좋음(뽕

간 흡족)인 아뇩다라삼먁삼보리心에 항복함이 衆生함(번뇌인 카오스 생겨남)의 滅度되게 하는 如是(뽕감) 깨달음방식(道)이라는 설명.]

왜냐하면 (습관적으로 찰나마다 지어 스스로에게 베푸는 생각인) 보살(이후 마하살은 보살에 포함시키고 있음)은 相(分別기준)이 없기 때문이다.

제4分 : 보살은 法과 相에 住하지 않고 베풂(보시)이며 相에 住하지 않는 베풂은 헤아릴 수 없는 이익(福德)이 있기 때문이다.

[法은 分別기준인 相을 전제로 성립하므로 相을 더 집중적으로 설명하심.]

제5分 : 세존께서 身相(늘 투명한 마음보가 分別로 대칭상태)으로 見(인식)됨이 如來인가(分別로 인식이 영원한가)를 묻고, 身相으로 見이 如來일 수 없다는 수보리 답에, 일반적인 相이 모두 그런 허망함이라서 온갖 相이 相일 수 없다고 見(인식)되면 (等身인 中道의문상태 眞心) 如來로 見(인식)됨이라고 설명하심.

제6分 : 수보리가 쏠림 있는 衆生함으로 이와 같은 설명을 믿을 수 있겠냐고 묻고, 세존께서 如來로 見(인식)됨을 부인하는 ("쏠림 있는 衆生함으로"라는) 표현을 강하게 제지하시고, (직전의 凡所有相皆是虛妄 若見諸相非相則見如來라는) 그 글귀[則은 처음부터 같은 경우에, 卽은 다른 것이 바로 같아지는 경우에 쓰임]로 "信心(마음을 믿음 : 信을 우리말 어순처럼 心의 형용사가 아닌 漢文어순대로 心을 목적어로 한 동사로 보아야 타당함)이 생길 수 있어" 진실되어지고, 수없는 佛(깨달음)로 심은 (늘 스스로 이롭게 하는) 善根(선본능)이라서 (諸相이란 모든 分別기준이 "처음부터" 非相이란) 그 글귀로 「하나된(一合相) 생각」인 의문이 "信心(마음을 믿어짐)에 이르게" 한다.

如來로 틀림없이 알고 보여 온갖 衆生(번뇌의 생겨남)할지라도 헤아릴 수 없는 福德을 얻는다. 왜냐하면 온갖 衆生할지라도 (아직) 각종 相도 (특히) 法相도 非法相도 없기 때문이고, 그 이유는 만약 온갖 衆生하면서 (투명한) 마음에 相을 갖는다면 (衆生한 번뇌가 分別된 생각으로 변해 그 分別된 어느 한편에 머무는) 집착이 되기 때문이다. 만약 法相과 非法相(이성과 감성의 分別기준)을 가지면 (衆生한 혼란·혼동상태·번뇌인 카오스가 아니라) 바로 집착(衆生한 헛것이 分別된 생각의 한쪽에 고정)이 된다. 法相과 非法相은 (헛것들이 衆生한번뇌인 생각을 이성과 감성으로 헛分別하는 기준이므로) 절대 가져서 안 되기에 (分別될 수 없는 늘 투명한 마음의 等身상태인) 如來를 늘 설명함이고, 깨닫기 위한 (分別 되었기에 늘 불만족한 생각이 만드는) 法(이성적 규칙)과 非法(감성적 규칙)도 (저절로인 본능반응으로 온통 늘 흡족한 의문상태를) 깨달은 후에는 필요 없어 버려지게 된다고 설명하신다.

제7分 : 如來로 아뇩다라삼먁삼보리(온전한 흡족)를 얻는지 여부와 如來가 法으로 설명되는가를 세존이 묻고, (法은 있되) 定法 없는 아뇩다라삼먁삼보리(온전한 흡족)라고 名한(부른)다면서 (인식본능의문상태로 늘 실존해 있는 청정한 진심의 如來한 本性을 착각하여) 定法 없는 如來가 설명이 가능하며, 왜냐면 如來는 法도 非法도 아니라고 설명(따라서 有爲法으로는 설명이 불가능)하시지만, 모든 賢聖이 모두 無爲法으로 차별이 있기 때문에 설명이 가능하다고 답변하여, (진심상태인 如來는 有爲法으로는 차별할 수 없어도 엉뚱하게) 無爲法으로 차별이 존재한다고 如來性의 차별을 주장하므로…

[中道의문상태로 늘 투명한 진심상태의 표현인 如來에도 分別된 차별이 있다는 수보리의 잘못된 선입관 때문에, 이하 여러 문답이 오고가지만, 수보리의 고집스러운 여러 잘못된 생각(착각) 때문에 설명으로는 마음을 깨달아 누리지 못하고 잘못된 선입관의 생각에만 계속 머물기에, 마지막에 진심인 아뇩다라삼먁삼보리의 觀 짓는 의문생각法 如是觀을 제시해 주시게 됨.]

제8分 : 人(사람다움이라는 分別된 생각)이 아무리 많은 福 지어 德을 받아도 (分別되어 불만족한 생각 속의 이익이라) 이 경(진리, 마음의 진실)으로 中(中道인식본능의문인 지혜상태)의 진리(삶 자체로 온전한 흡족)를 다른 내 人(사람다움)에게 연설함(大乘最上乘 즉, 저절로 증폭 심화 반응됨)이 더 낫다. (大乘最上乘의) 이 경(진리)을 따라서 온갖 佛(깨달음)과 그 깨달음의 온전히 흡족한 法이 나오기 때문이다. (깨달음상태는 中道의문상태라 法이 존재할 수 없기 때문에) 佛法이라 함(者)으로 일컬어짐(所謂)은 (인식본능인 分別없는 의문의 본능반응상태를 깨닫게 하려는 생각이 만든 分別인 法이기에) 佛(인식본능반응인 不可分의 투명한 마음의 깨달음)이 아니(非)라 바로(卽) 法(생각인 分別)이 된다(所謂 佛法者 卽 非佛 法)고 설명하시며,

제9分 : 세존께서 여러 예를 들어 물어서 名이 相(대칭된 생각구조)의

한 편 이름이기에 "저절로" 그 반대쪽 결실 얻기를 포기한 相(분별된 생각의 대칭상태)이며 최고수행경지인 아라한은 法이 실지로 없이 "저절로" 적멸(지극히 평안한 인식본능반응) 누려짐의 名이라고 문답하고,

[여러 경우 예를 물어 "저절로"라는 無爲를 문답 하시어, 저절로인 마음의 無爲法("무정부주의자의 정부"라는 명칭의 경우 정부가 없음을 뜻하는 것처럼, 저절로(無爲)이기에 생각으로 하는 法이 없는 마음 써지는 無爲法을 수보리는 투명한 마음의 저절로 써짐도 차별할 수 있는 法 같이 착각함)을 엉뚱하게 오해하고 있는 수보리를 위하여 다음 分부터 호기심(中)상태가 大乘最上乘(저절로 증폭 심화반응)되고 있어 차별이 없어질 때 저절로 누려지는 청정한 마음의 無爲를 점차로 설명해 가심.]

제10分 : 然燈佛(자연히 밝혀져 있는 깨달음, 착각되지 않은 측면의 마음)상태에서 法으로서 얻는 것이 있는가 물으시고, (저절로인) 然燈佛이라 실지로 法으로서 얻는 것이 없다고 답하자, 보살이 佛土(마음보)를 장엄하는가 묻고, 佛土를 (늘 청정 즉, 늘 투명하기에) 장엄할 수 없음에도 장엄한다고 일컫는다고 답변하자, 그런 까닭에 보살 마하살은 (分別할 수 없는) 청정함이 (생각 속에서) 생기는 心일지라도 (늘 베풀기만 하는 생각으로) 절대 물들어(色) 머물지(住) 않고, 法에도 色(물들어), 住(머물지) 않고 생기는 心이기에, 머무는 바 없이 보살 마하살 (비록 생각으로 하지만 변함없는 청정한 마음과 똑같은 뜻으로 쉼없이 짓는) 心이 생긴다고 설명하시고, 큰 산과 같은 人身을 비유하면 身(마음보)이 커짐인가? 물으시자, 수보리가 큰 身일 수 없는 것을 큰 身으로 부르고 있기 때문에 대단히 크다고 (그

리 부르기에 그렇다는 식으로 계속 남의 말을 근거로 크고 작음을 비논리적으로) 답변을 하자,

제11分 : 큰 강 속 모래 숫자 같은 큰 강들의 모래를 가정하면 그 모래는 정녕 많은 것인가 물으시어 많다고 답변하자 (지금까지처럼 총체적이고 포괄적 개념이 아니고 구체적으로 마음과 생각의 어느 것이 나에게 더 이익됨이 福德이라는) 실질적인 말로 알려주시겠다며, (보살 마하살인 내 생각) 善男女가 온 세상을 가득 채울 큰 강 모래 숫자 같은 각종 보물로 베풀면(보시하면) 많은 福(이익)을 얻는가 하고 물어 많다고 답하자, 善男女 (스스로를 이롭게만 하는 보살 마하살)가 이 경(진리)으로 中(中道 : 인식본능 의문상태인 지혜상태)을 납득하여 (그 진리가 요약되어 있는) 사구게 등을 (내 안의) 다른 人(사람다움)에게 설명하게까지 도달하면 (그 삶이 늘 흡족한 내 마음의 中道인 늘 의문상태 지혜로운 본능반응이 내 안에서 大乘最上乘 즉 저절로 증폭 심화되기에) 그 福德(이익)이 앞의 예보다 더 낫다고 (논리적으로) 설명하시고,

제12分 : 이 경(진리)의 사구게 등을 설명하면 꼭 알아서 在(쭉 있게)되는 곳(마음보)을 사는 동안(世間)의 (내) 天, 人, 阿修羅가 거의 모두 佛(내 깨달음)탑 · 묘와 같이 꼭 받들어 모시게 되는데, 죽을 때까지 受持(납득)하여 읽고 읊는 (내 또다른) 人(사람다움)이 있다면 어떠하겠는가 물으시며, 이런 人(사람다움)이 가장 높고 제일인 (깨닫는) 法을 성취하지만 (변하는 생각이 만든 法에 의한 分別의 하나인 사람다움이기에 깨달음만 남고 생

각인 法과 人 모두) 사라져감(希有해짐)을 꼭 알아야 한다. 만약 이 경전이 (나에게) 쭉 있어(在) 거처(住)하면 바로 佛이 (나에게) 있게 됨(佛子)이지만 만약 (남의 것으로) 존중(만) 하면 (他를 맹신하여 따르기만 하는 신도라서) 제자(일 뿐이)라고 하시자,

제13分 : 이 경(진리)에 맞는 名(이름)을 요청하고 그 名(이름)을 어떻게 받들어 지녀야 하느냐고 물어, 금강반야바라밀을 이름자로서만 받들어 지녀야 하니 깨달아보면 금강반야바라밀이라는 것도 佛(깨달음) 그 자체가 아닌 名(이름)일 뿐이기 때문이라 답하시고, 如來는 설명되어지는 法인가 물으시자, 수보리가 아니라고 답하고, 온 누리에 있는 작은 먼지는 많은가 물으시고, 매우 많다 답하자, 온갖 작은 먼지는 如來로 설명하면 (온 누리의 변한 모습이기에) 작은 먼지라 할 수 없음에도 그리 부르는 것이고 온 누리 역시 마찬가지로 (온갖 작은 먼지들의 집합인 一合相을) 온 누리로 부르고 있을 뿐이라고 (금강반야바라밀이 그 같은 名이기에 명칭이 아닌 깨달음 그 자체의 내 실현만이 중요함을) 설명하시며, 32相으로도 (진심 상태인) 如來로 見(인식)될 수 있는가 물으시고, 수보리가 32相은 相일 수 없음에도 그리 부르는 것일 뿐이기에 32相으로는 如來로 見(인식)됨을 얻을 수가 없다고 답하자, 만약 善男女가 큰 강 모래 같은 身(마음보)으로 베풀고 만약 人(내 사람다움)이 또다른 人(내 사람다움)에게까지 설명될 정도가 되면 그 福(이익)이 훨씬 크다고 (名이 생기게 하는 생각의 分別기준인 相이 없어지게 늘 저절로 증폭 심화되고 있는 大乘最上乘 마음의 내 이익이 참으로 큼을) 설명하심.

제14分 : 그러자 수보리가 설명하신 뜻과 취지를 깊이 (생각으로) 이해하고 울면서, (착각인 分別이 몰록 사라져 없어진 滅度를 설명해주시고 있음에도 불구하고 계속 사라져가게 해주시는) 希有한 세존이라 부르며 지금까지 본인의 지혜의 눈(능력)으로는 이같은 경(진리)을 들을 수조차 없는 佛(깨달음)을 설명한 경전이라면서, 만약 또 (지금까지와 다른 내) 人(사람다움)이 이 경(진리)을 듣고 믿는 마음이 청정(순수 · 투명)해지면 즉각 實相(非相, 無相, 인식 본능 의문 상태)이 생김이니, 꼭 이 人(사람다움)이 希有한(사라져가는) 공덕 이루게 됨을 압니다. 그 實相이라 함이 바로 相일 수 없음인 까닭에 如來로 설명하면 實相은 名(이름)일 뿐입니다. (세존과 더불어 살아가고 있는) 저도 지금 이런 경전을 듣고 믿어 이해하여 受持(납득)함이 부족하여 어렵지만, 앞으로 5백번 삶 이후에 衆生할(번뇌상태일)지라도 이 경(진리)을 듣고 믿어 이해하여 受持(납득)한다면 이같은 人(사람다움)은 즉각 으뜸 되므로 (곧 分別없는 마음을 깨닫게 되어 사람다움이라는 分別 자체가) 希有(사라져감)해집니다. 왜냐면 이 人(사람다움)은 모든 相이 없기 때문이고, 왜냐면 我相인즉 (나를 정반대로 대칭되게 分別하는 것이므로 양편 다 같은 나이므로) 그것이 相이 아니요 다른 相들도 그것이 相일 수 없기 때문이니, 왜냐면 모든 온갖 相을 여의는 것이 온갖 佛(확철대오)이라고 (자신의 현실을 표현함이 아니라) 名하기(부르기) 때문이라며 남의 말로 결론을 내림. 세존께서 如是 如是(부르기 때문이 아니라 늘 그대로 지금이고 지금 늘 그대로다)하고 말씀하시며, 만약에 또 (내) 人(사람다움)이 이 경(진리)을 듣고, (즉각 깨닫지는 못하더라도) 놀랍지도 무섭지도 않음이 있게 되면(안심되면) 이런 人(사람다움)은 (곧 깨닫게 되므로 헛分別인 그 사람다움 자체가) 꼭 希有해짐(사라져감)을 반드시 알아야 한다 하시며 왜냐하면 (진심상태인) 如來로 설명하면 第一(으뜸)바라밀(심금의 울림)이 (삶 자체로 흡족이 늘 그대로임으로) 第一바라밀일 수 없음에도 그것을 第一바라밀로 (잘못) 부르고 있기 때문이고, 忍辱(참음)바라밀도 如來로 설명하면 (삶 자체로 늘 저절로인 바라밀을 잘못) 忍辱바라밀로 부르고 있는 것일 뿐이기 때문이니, 왜냐하면 과거에 가리왕이 (스스로 다른 사슴들을 위하여 죽음을 택한 사슴 왕이었던 내) 몸을 베고 찢었어도 (현재의) 내가 온갖 相(대칭된 분별인 갈등상태생각)이 없기 때문이니, 왜냐하면 사지가 갈기갈기 찢어지던 (그 과거를 돌아보는 현)시점에 온갖 相(分別기준)이 있다면 (이 시점에) 꼭 화를 내고 원한이 생겨날 것이기 때문이다. 오백 번 삶 전 과거의 나 역시 참음(만) 짓는 신선 같은 人(사람다움)이었기에 그 당시에도 온갖 相이 없었다. 이런 (과거와 현재가 똑같은) 까닭에 보살은 꼭 모든 相을 여의고 아뇩다라삼먁삼보리(온전히 흡족한) 心이 發(저절로 나옴)되기에, 절대로 色(물든)心에 住(머묾)하지 않고, 소리, 냄새, 맛, 감각의 法으로 생기는 心에 住하지 않고, 꼭 住함 없이 心이 생기므로, 만약 心이 住함이 있다 하더라도 즉각 住하지 않게 된다. 이런 까닭에 깨달아 설명하면 보살心(계속 똑같게 짓고 있는 分別된 하나의 생각인 보살의 心이라서 生하는 것으로 표현한 보살心이란 생각 속 마음에 관한 세존의 표현을 늘 그대로인 眞心의 표현으로 착각하지 않도록 주의해야 함)은 절대로 色(물듦)으로 住하지 않는 보시다. 보살은 모든 衆生상태일 때도 이익 됨이니 꼭 如是로 (늘 그대로 지금) 베풀어라! (늘 투명한 진심상태인) 如來는 모든 相이 바로 相일 수 없고 또 모든 衆生함이 바로 衆生함일 수 없다는 설명이요 如來는 그것이 참됨, 실다움, 늘 같음, 속이지 않음, 다르지 않음을 말(뜻)함이다. 如來로 얻는 法은 그 法이 (中道의문상태라) 實도 虛도 없다. 만약 보살心이 法으로 住하여 베풂을 行(보살心이 생각 속 마음이기에 본능반응으로 저절로 發되지 않고 有爲로 짓는 行으로 표현하는 것임)하면 즉각 人(사람다움)이 어둠에 들어감과 같아서 見(인식)됨이 없게 된다. 만약 보살心이 法으로 住않고 베풂을 行하면 즉각 人(사람다움)의 눈이 있어 밝게 비춰진 여러 色(물듦 · 버릇)이 見(인식)됨과 같다. 미래에도 만약 (내 分別된 생각인) 善男女가 이 경(진리)을 납득하여 읽고 읊을 수 있음으로써 즉각 (늘 투명한 진심상태) 如來가 되면 佛(깨달음)의 지혜(인식본능상태의문)로 틀림없이 그런 (깨달아 늘 지혜로운 내) 人(사람다움)을 알고 見(인식)되어 헤아릴 수 없는 끝없는 공덕(이익)의 성취를 모두 얻음이라고 설명하심.

[수보리가 세존의 뜻과 거의 같게 물음에 답하고 그 이유도 거의 유사하게 말하고 있으면서도, 계속 뜻을 묻고 있는데 남이 그리 부르고 있기 때문이라고, 본인의 뜻이 아닌 남의 말을 근거로 자신의 현실이 아닌 남의 뜻으로 생각만 하고 있어서, 처음으로 이 分에 연속하여 제15分과 제16分에 걸쳐 길고 자세하게 생각으로만 分別 말고 마음을 깨닫도록 설명하시게 됨.]

제15分 : 만약 (내 생각 속) 善男女가 오전과 낮과 밤에 큰 강 모래 같은 헤아릴 수 없는 身(마음보)으로 베푼다 하고, 만약에 또 (그와 다른 내 생각인) 人(사람다움)이 이 경전을 듣고 信心(마음을 믿어짐)이 거슬려지지 않으면 그 福德(이익)이 더 나은데, 하물며 베끼어 受持(납득)하고 읽고 읊어서 (그) 人(사람다움)을 (다른 내 사람다움들에게) 해설하게 된다면 어떠하겠냐고 하시며, 이 경(진리)의 말(뜻)을 간절히 원함으로써 생각으로 가늠할 수도 없는 공덕(이익)이 있음이니, (청정한 내 진심상태인) 如來는 大乘(증폭반응)되면서 저절로 나오게 된다(發)함의 설명이고 最上乘(심화반응)되면서 저절로 나오게 된다(發)함의 설명이기 때문이니, 만약 (내) 人(사람다움)이 受持(납득)하여 읽고 읊을 수 있어 널리 (그같은) 人(사람다움)을 (내 다른 사람다움들에게) 해설하게 되면, (청정한 내 진심상태인) 如來로 꼭 그 人(사람다움)을 알고, 見(인식)되므로, 헤아릴 수도 가늠할 수도 생각할 수도 없는 끝없는 공덕(이익)의 성취를 모두 얻고, 그런 人(사람다움)과 (저절로 증폭 심화 반응됨으로 내 다른 사람다움도) 꼭 같아짐이면 즉각 (진심상태인) 如來로 아뇩다라삼먁삼보리(온전한 깨달음, 온전히 흡족함)를 짊어지게 됨이다. 왜냐면 小法(小乘法 : 분별된 어느 편으로 지향되는 방식)을 좋아하면, 온갖 (분별된) 見(보임)에 집착함(마음인 인식이 아니라 생각이 됨)이라서 즉각 이 경(大乘最上乘하는 진리)으로 듣고 受持(납득)하여 읽고 읊어 (내) 人(사람다움)을 (내 다른 사람다움에게) 해설할 수가 없어지기 때문이다. 늘 在(본능반응으로 늘 실존)하는 모든 곳에 만약 이 경(大乘最上乘되고 있는 진리)이 있다면, 모든 世間(평생)의 (내) 天, 人, 阿修羅가 이 거처하는 곳(금강경이 거처할 수 있는 곳은 내 마음보밖에 없음)을 꼭 받들고 돌볼 줄 반드시 아니, 이 거처하는 곳(내 마음보)이 바로 탑(기리는 상징물) 됨이니, (내 생각들인 天 · 人 · 阿修羅가) 모두 받들고 존경하여 예를 갖추고 온갖 좋은 향으로 그 거처하는 곳(내 마음보)에 흩뿌릴 것이라고 설명하심.

제16分 : 만약 (내) 善男女가 이 경(大乘最上乘 진리)을 납득하여 읽고 읊어도 만약 (그 내) 人(사람다움)을 경멸 천대하게 된다면 과거 罪業으로 惡道(해로운 방식)로 되었지만 현재 (그런 내) 人(사람다움)을 경멸 천대(싫어)하기에 미래에는 罪業이 즉각 소멸되어 꼭 아뇩다라삼먁삼보리(온전한 깨달음, 온전한 흡족)를 얻는다. 내가 헤아릴 수 없는 과거를 생각하면 然燈佛(자연히 밝혀져 있는 깨달음, 착각되지 않은 측면의 내 마음)이 前(우선)되어 있기에 헤아릴 수 없는 諸佛(온갖 깨달음)을 얻어 늘 헛됨(깨달음 반대상황)이 없는 佛(깨달음)의 존중이 지속되었다. 만약에 또 (내 다른) 人(사람다움)이 죽을 때까지 이 경(大乘最上乘 진리)을 受持(납득)하여 읽고 읊을 수가 있어 얻는 공덕(이익)은 온갖 佛(수많은 깨달음)을 존중했던 내 공덕과는 도저히 비교 될 수가 없게 크다. 만약 (내) 善男女가 죽는 날까지 이 경(大乘最上乘 진리)을 受持(납득)하여 읽고 읊는 (위와 같은) 공덕(이익)을 내가 만약 설명하고 어쩌다 듣는 (내 다른) 人(사람다움)이 있게 될지라도 즉각 (깨닫지 못한) 여우같은 의혹으로 信心(마음을 믿음) 않게 된다. 절대로 이 경(大乘最上乘 진리)은 (깨닫지 못한) 생각으로는 (믿지 못하는 의혹 때문에) 헤아릴 수 없고 그 (大乘最上乘 되고 있는 깨달음) 결과 또한 생각으로는 (저절로 증폭 심화되는 흡족을 불만족상태라서 믿지 못하는 의혹 때문에) 헤아릴 수 없음을 알아야 한다고 설명하심.

제17分 : 그때 수보리가 (자세한 설명을 듣고도 생각으로는 누구보다 잘 이해하면서 깨닫지는 못하고) 처음 질문을 똑같이 다시 되풀이하여 묻자, 깨달음으로 (내 생각인) 善男女의 發아뇩다라라삼먁삼보리(온전한 깨달음, 온전히 흡족한)心한다 함은 반드시 如是(지금도 늘 그런 채로인)心이 생김이니, 스스로가 꼭 모든 衆生함을 滅度함이요, 모든 衆生함의 滅度者(滅度라 함)는 (찰나마다 습관적으로 짓고 있는 생각인 보살의 마음이 바로 늘 그대로 等身으로 실존해 있는 투명한 진심과 똑같아서) 실지로는 이미 (본래) 하나의 衆生함(번뇌의 생겨남)도 없었음(을 깨달음)이 滅度者(滅度라 함)이다. 왜냐하면 만약 보살이 각종 相(分別기준)이 있다면 즉각 (늘 베푸는 같은 생각인) 보살일 수 없기(보살이란 생각이 아닌 다른 생각으로 변했기) 때문이며, 왜냐하면 존재하는 (생각의) 法으로 發아뇩다라삼먁삼보리心한다 함이 실지로는 없기 때문이라고 (다시 되풀이하여) 설명하시고, (내 진심상태) 如來가 然燈佛상태에 존재하는 法으로 아뇩다라삼먁삼보리(온전한 깨달음, 온전히 흡족함)를 얻느냐고 물으시고,

수보리가 然燈佛상태라서 존재하는 法 없이도 아뇩다라삼먁삼보리가 얻어짐이 佛(깨달음)의 정의로 이해한다고 답하자, 깨달음으로 如是(늘 그대로 지금이지) 如是 하시면서 실지로 존재하는 法 없이 아뇩다라삼먁삼보리가 (내 진심상태) 如來로 (저절로) 얻어진다. 만약 존재하는 法으로 如來인 아뇩다라삼먁삼보리를 얻는다 함이면, 然燈佛(자연히 밝혀져 있는 깨달음)이 바로 나와 더불어 있을 수 없음(이라서 전혀 모순된 표현)이다. 「미래에 네가 꼭 얻어져 있기에 짓는 호칭을 석가모니」라고 授記(기억이 주어짐)됨은 실지로 아뇩다라삼먁삼보리가 얻어져 있음이다. 그래서 然燈佛(자연히 밝혀져 있는 깨달음)이기에 나와 더불어 있어서 「미래에 네가 꼭 얻어져 있기에 짓는 호칭이 석가모니」로 授記(기억이 지속됨 : 三昧)된다는 말(뜻)을 지으니, 왜냐하면 如來라 함이면 곧 온갖 法이 늘 같다는

定義이기 때문이다. 만약 如來로 아뇩다라삼먁삼보리를 얻는다고 말(뜻)하는 人(사람다움)이 있다면 실지로 法 없는 아뇩다라삼먁삼보리를 얻고 있음이라 (法없음을) 佛(깨달음)이다. 아뇩다라삼먁삼보리가 얻어진 것인 (내 진심상태인) 如來는 그로써 中(中道인 의문상태)이라 實도 虛도 없음이다. 如來法은 모두 그것이 佛法(如來法의 몽땅 깨달음)이라는 설명이다. 一切(몽땅 하나된)法이라 말(뜻)함이면 바로 (一合相된 늘 투명한 中道의문 상태라) 一切法일 수 없는 그런 까닭에 (인식본능인 中道의문상태가 온갖 지혜이기에) 一切法이라고 부르니, 비유하면 人身(사람다움의 마음보인 무한공간)이 길다는 것과 크다는 것(한 사물에 대한 표현이 서로 다름)과 같다고 설명하심.

그러자 수보리가 如來로 설명하면 (늘 같은) 人身의 큼이 큰 人身일 수 없음에도 바로 그것을 큰 人身이라고 부릅니다 하고 (남의 뜻을 반복) 말하므로, 보살 또한 如是(늘 그대로 지금 : 如來는 내 현실)하시며, 만약 「내가 꼭 헤아릴 수 없는 衆生함을 滅度한다」는 말(뜻)을 짓는다면 바로 (늘 베풀기만 하는 생각인) 보살이라고 부를 수 없다. 왜냐면 존재하는 法(分別함)이 실지로 없어야 보살로 부르게 되기 때문이다. 이런 까닭에 깨달아서 설명하면 一切(몽땅 하나된)法은 (분별된) 나에도, 사람다움에도, 衆生(번뇌)함에도, 수명에도 없다. 만약 보살(저절로인 마음과 유사하게 습관적으로 베풀기만 반복하는 생각)이 「내가 꼭 佛土를 장엄하겠다」 말(뜻)을 짓는다면 (베풀기만 반복 짓는 생각인) 보살로 부를 수 없다. 왜냐면 (진심상태인) 如來로 설명하면 佛土를 장엄한다 함이 장엄일 수 없어도 바로 그것(늘 투명한 청정)을 장엄으로 (헛)부르고 있기 때문이다. 만약 (베풀기만 반복하는) 보살에 내 法(分別로 차별)이 없다 함이 (내 진심상태) 如來라는 설명임을 통달하면 진짜이기에 그것을 보살이라고 부른다고 설명하심.

제18分 : 세존께서 (진심상태인) 如來로서 육체와 정신과 지혜와 法과 佛의 眼(능력)이 늘 그대로 지금(如是)인가 수보리의 뜻을 물으시고, 모두 如來로 있다고 대답하자, 佛이 큰 강 모래로 설명했음을 확인하고 그러므로 佛世界는 많은 정녕 지금 늘 그대로(如是)인가 물어 확인하시고, 그리 많은 國土(불국토 : 마음보)는 (다) 中(中道의 문상태)이라서 그곳(불국토인 내 마음보)에 衆生하게 조금이라도 心(인식본능반응)에 (생각의) 기미만 생겨도 (진심상태인) 如來로 꼭 안다. 왜냐하면 如來로 설명하면 온갖 心은 (늘 그대로지) 마음먹어짐일 수 없음(爲非心)에도 바로 그것을 마음먹음(爲心)으로 부르기(名) 때문이다. 왜냐하면 과거, 현재, 미래의 一切(몽땅 하나인)心은 (늘 흡족한 호기심을 내가 누리는 것이지 따로) 얻어질 수가 없기 때문이라고 설명하심.

제19分 : 온 누리를 각종 보물로 가득 채워 써서 베푸는 人(사람다움)의 그 인연으로 얻는 福이 많은가 물어 수보리가 많다고 답하자 만약 福德이 실지로 (늘) 있으면 福德을 많이 얻는다고 설명하지 않고 (착각상태 불만족으로) 福德이 없는 까닭에 (삶 자체가 늘 흡족한 진심상태인) 如來로 福德을 많이 얻는다고 설명된다고 하심.

제20分 : 佛(깨달음)이 具足色身(흡족함을 갖춘 물들여진 마음보)으로 見

(인식)될 수 있는가 수보리 뜻을 물으시고 (진심상태인) 如來는 절대 具足色身으로 見될 수 없다고 부정하면서 왜냐하면 具足色身이 具足色身일 수 없음에도 바로 그것을 具足色身으로 (잘못) 부르고 있기 때문이라고 수보리가 답하자 (진심상태인) 如來가 온갖 具足相(두루 취향에 맞는 갈등 구조 속 흡족들)으로 見(인식)됨일 수 있는가 수보리 뜻을 물으시고 如來는 절대 온갖 具足相으로 見(인식)됨일 수 없다고 부정하면서 왜냐하면 如來로 설명하면 온갖 具足相이 足(흡족)을 갖춤일 수 없는데도 바로 그것(갈등 속 흡족들이라 진짜 흡족일 수 없음)을 온갖 具足相으로 (잘못) 名하기(부르고 있기) 때문이라고 (모든 답의 근거를 계속 名에 두고) 답하자,

제21分 : 수보리 너는 「나는 [늘 모르는 지혜로운 호기심(心)상태가 아니라] 꼭 설명되는 法이다」라는 생각을 (진심상태인) 如來로 짓는다고 이르지 말 것이며 그런 생각도 짓지 말라 하시며 왜냐하면 만약 人(사람다움 : 사람이라고 하는 한 끝까지 남아있는 생각)도 如來로 설명되는 法(分別)이라고 말(뜻)함이면 바로 佛(分別 없는 의문 상태, 늘 투명한 中道 마음의 깨달음)을 부인하게 됨이요 설명하는 바의 (불만족상태인 어리석은 생각으로 分別 되어 수시로 변하는 헛것인 생각상태) 나를 (깨달아야 할 늘 그대로 흡족한 지혜로운 호기심상태인 나로) 이해(생각조차)할 수 없게 되는 까닭이다. 法을 설명한다 함은 法 없이 설명할 수 있는 그것(늘 그대로인 인식본능의문상태에서 온전한 흡족이 저절로 본능반응되어 드러남)을 法의 설명이라고 부르고 있다고 말씀하시자, 지혜롭게 따르던 수보리가 (직접 본인을 지적하면서 잘못되었음을 강조하는 설명에 반발이라도 하는 듯이 이미 설명 된 어디

로도 향함 없는 혼동 · 혼란 상태 번뇌인 衆生함임에도 계속) 쏠림 있는 衆生
함으로도 미래세상에서 이런 法 설명을 듣고 信心(마음을 믿음)이 생기
겠느냐고 (회의적으로) 묻자 (단호하게) 그 非衆生함은 不(있기는 한데 아
님인 非가 아니라, 처음부터 실존한 적 없는 헛것일 뿐 현실로는 절대 없음인
不)衆生함(겹쳐생김)이다. 왜냐하면 수보리가 衆生함을 衆生함이라 함은
(늘 투명한 진심상태인) 如來로 설명하면 衆生함일 수 없음에도 바로 그것
(투명한 마음에 없는 헛것들의 마구 생겨남)을 衆生함(겹쳐생김)으로 부르고
있기 때문(실존하지 않는 헛것들인 생각의 생겨남이라고 믿게 되면, 늘 몸과
정신의 본능반응으로 실존해 있는 청정한 마음을 믿게 됨)이라고 답하심.

제22分 : 그러자 佛(깨달음)이 얻은 아뇩다라삼먁삼보리(온전한 흡족)는
얻을 것이 없게 됨인가 하고 수보리가 묻고 (깨달음이라면) 如是(지금 늘
그대로) 如是(늘 그대로 지금)하시며 스스로가 아뇩다라삼먁삼보리(온전
한 흡족)로 얻을 수 있는 작은 法조차 없게까지 도달한 그것을 아뇩다라
삼먁삼보리(온전한 깨달음)로 부른다고 답하시며,

제23分 : 그 法이 (뽕가서 모두) 똑같아져 높고 낮음이 없어진 것을 아
뇩다라삼먁삼보리(온전한 흡족)로 부른다. 나, 사람다움, 衆生, 수명(모든
分別)도 없을 만큼 모든 善(스스로 이롭게만 함)의 法이 (뽕가서) 修됨(되풀
이됨)이 바로 아뇩다라삼먁삼보리를 얻음이다. 善法을 말(뜻)함이란 如
來로 설명하면 善法일 수 없음에도 바로 그것(分別 없어 몽땅 투명한 마음
이 아닌 相으로 대칭된 생각 한편만 계속 이롭게 하는 불만족한 갈등상태 한쪽

으로만 계속 좋게 함)을 善法으로 부르고 있다 하시며,

제24分 : 만약 수많은 (내) 세계 속에 있는 큰 산의 정상만큼 온갖 보물을 모은 (내) 人(사람다움)이 그 보물로 베푼다 하고 (내 다른) 人(사람다움)이 이 반야바라밀(지혜인 호기심상태의 심금 울림)경으로 마침내 사구게 등을 受持(납득)하여 읽고 읊어서 (내) 다른 人(사람다움)에게까지 설명되기에 이른다(大乘最上乘) 하면 앞의 福德은 도저히 비교될 수 없을 만큼 적다고 설명하심.

제25分 : 너희들은 「스스로가 꼭 衆生함을 度(滅度중의 度로서 없게 함) 한다」는 생각을 如來로 짓는다고 이르지 마라는 말(뜻)에 대한 수보리 뜻을 묻고 수보리에게 그런 생각을 짓지 말라고 자답하시며, 왜냐하면 존재하는 衆生함을 如來로 度(없앤다)함이 (衆生함이 늘 투명한 마음에 없는 헛것들 생김이기에) 실지로는 없기 때문이다. 만약 존재하는 衆生함을 如來로 度(없앤다)한다 함이면 (늘 청정한 진심상태인) 如來도 바로 온갖 相(분별)이 있다 함(이라서 잘못됨)이다. (늘 청정한 진심상태인) 如來로 설명하면 존재하는 (기쁠 때 슬픈) 나라 함이 존재하는 나일 수 없지만 (슬퍼지면) 존재하는 나 되는 바로 凡夫(깨닫지 못한 보통사람)인 (내) 人(사람다움 : 다 그렇다면서 他人의 착각과 같아지는 가짜 내 뜻으로 생각하는 일반적인(凡) 방식)이다. 凡夫라 함은 如來로 설명하면 凡夫일 수 없음에도 바로 그것(착각상태 성현)을 凡夫로 부르고 있다고 설명하심.

제26分 : 32相(32가지 분별기준)도 如來觀(늘 그리만 보아 그리만 보이는 방식)인가? 하고 물으시자 수보리가 (그 참뜻을 아직도 모르고 세존 흉내만 내어) 如是 如是하며 (자신이 제13分에서 말한 것과 정반대로) 32相도 如來觀이라고 대답하므로, 만약 32相도 如來觀이라 함이면 (32가지 相을 기준으로 갈등하며 살아가는) 전륜성왕(의 삶)도 바로 如來라고 하시자, 제가 佛(깨달음)의 定義를 설명하신 것을 이해하기로는 절대로 32相은 如來觀이 될 수 없다고 수보리가 자신의 佛(잘못 깨달음, 착각)을 털어놓으므로, 만약 꼭 色(변할 버릇 : 청정, 투명하지 않음)으로 [以는 꼭 …으로, 於는 선택하는 …으로] 내가 보이(의식되)거나, 꼭 음성(사라질 가짜 내 뜻)으로 나를 파악(求)하면, 이 人(사람다움)은 틀린 방식(道) 行(씀 : 有爲)이니, (진심상태인) 如來(늘 저절로 : 無爲)로 見(인식)될 수가 없다고 사구게로 말씀하심.

제27分 : 수보리 네가 만약 具足相(취향에 맞는 分別)이 아닌 까닭에 (진심상태인) 如來로 아뇩다라삼먁삼보리(온전한 흡족)를 얻는다고 생각하면 具足相이 아닌 까닭에 如來로 아뇩다라삼먁삼보리를 얻는다고 (직전 凡夫와 32相 경우처럼 아니다를 그와 대칭된 정반대를 뜻한다고 잘못) 생각하지 마라, 네가 만약 아뇩다라삼먁삼보리心이 發(저절로 나툼)된다 함이 온갖 法의 斷滅(끊어지고 사라짐)된 相(分別기준)으로 설명된다고 생각하면 그리 생각하지 마라, 왜냐면 아뇩다라삼먁삼보리心이 發된다 함은 (無斷無滅로 진실이 늘 저절로 드러남이지) '法의 斷滅된'(法이 서로 연관이 없어진 독불장군식으로 分別하는) 相(分別기준)으로 설명함이 아니라고 말

씀하시고,

제28分 : 만약 보살이 끝없는 온 누리에 가득 채울 각종 보물로 베풀고, 만약에 또 (몽땅 하나된) 一切法이 나(라는 分別) 없어야 얻어지고 (늘 저절로 흡족한 인식本能반응인 마음의 누려짐을 내가 선택할 수 없을 만큼) 참음으로 (불만족한 생각의 分別방식인 法이) 이루어짐을 아는 人(사람다움)이 있다면 이 보살이 전 보살[人 즉 사람다움이라는 생각이 바로 보살이고 善男女가 바로 보살이라는 세존 표현에 유의해야 함]의 얻는 공덕(이익) 보다 낫다. 왜냐하면 온갖 보살은 福(짓는 행위)을 받아들이지 않고도 德(이익) 보는 까닭이라고 하시자, 수보리가 (잘못된 깨달음 착각인) 佛을 (솔직히 털어놓는) 白하고 (佛이 아닌 보살 자체도 함이 있는 생각인데 말도 안 된다는 식으로) 어찌하여 보살이 福을 받아들이지 않고도 德봅니까? 하고 물어 (일생동안 늘 똑같게 되풀이 짓는 생각인) 보살의 福(지어) 德(이익 봄)은 전혀 탐하거나 집착하지 않고 (평생동안 습관적으로 지어 베푸는 생각이라서) 됨이다. 이런 까닭에 福을 받아들이지 않고도 德본다고 설명한다고 답하심.

[수보리가 처음에 말한 누구나 죽을 때까지 늘 습관적으로 짓는(有爲) 생각인 보살을 확실히 이해하므로 삶의 흡족함에 뿅가 늘 저절로(無爲)라 如來로 等身인 마음을 수보리가 깨달아 누리기 쉽도록 변하는 일반 생각과 다른 보살(善男女, 人)이란 생각의 계속 반복되고 있는 성질을 자세히 설명하고 계심]

제29分 : 만약 (진심상태인) 如來가 오고, 가고, 앉고, 눕고 한다고 (의인화시켜) 말하는 사람다움이 있다면 (석가모니) 내가 설명하는 (如來의) 定義를 이해 못함이니, 왜냐하면 (진심상태인) 如來라 함은 뒤따라오지도 또 가버리지도 않는 (늘 타고 태어난 청정한 채로인) 까닭에 如來라고 부르기 때문이라고 설명하심.

제30分 : (내 생각인) 善男女가 (내 안의) 수많은 세계를 부수어 작은 먼지가 된다면 이 작은 먼지무리들은 진짜 많아지는가 하고 수보리 뜻을 묻자 매우 많다고 대답하면서 왜냐하면 이 작은 먼지무리가 실지로 있다면 佛(깨달음)은 바로 그것(수많은 세계)을 작은 먼지무리라고 설명하지 않기 때문이니, 어떤 까닭이냐 하면 佛로 설명하면 작은 먼지무리는 (수많은 세계이지) 작은 먼지무리일 수 없음에도 작은 먼지로(만 잘못) 부르고 있기 때문입니다. (진심상태인) 如來로 설명하는 수많은 세계가 수많은 세계일 수 없음에도 바로 그것(이미 작은 먼지무리가 된 것)을 세계로 부르고 있는 것입니다. 왜냐하면 만약 세계가 실존한다면 바로 그것은 (온갖 작은 먼지무리의) 一合相(하나로 합쳐진 융합방식인 의문상태)이기 때문이지만, (진심상태인) 如來로 설명하면 一合相이 하나로 합쳐서 (이미) 相일 수 없음에도 바로 그것(色卽是空 空卽是色인 相 없는 뻥간 인식본능 의문상태)을 一合相으로 부르고 있습니다 하고 말하자, 一合相이라 함이면 바로 그것은 (생각인 分別로만 사는 일반인이라서 그 分別의 융합방식 마음 납득만은 한사코 거부 되는 상태라서) 설명될 수가 없음인데, 다만 凡夫의 人(사람다움)이 그 (一合相으로 깨닫는) 일을 (타고난 늘 그대로인 내 상태이기에 스스로에게 증명[授記 : 기억 되찾음]하려 하지 않고 별난 사람의 별난 경우처럼) 탐내고 집착(만)한다고 설명하심.

　　제31分 : 만약 (내 分別인) 人(사람다움)이 각종 相(分別기준)으로 見(인식)됨의 설명이라고 말(뜻)한다면, 그 人(사람다움)은 스스로 설명하고 있는 定義가 이해된 것이냐고 수보리의 뜻을 물으시자, 그 人(사람다움)은 如來로 설명된다는 것(깨달음)의 定義가 이해되지 못했다고 답하면서, 왜냐하면 세존께서 설명하시길 각종 相(分別기준)으로 보임이 (착각이지) 見(인식)됨일 수 없다고 하셔도 바로 그것을 각종 相(分別기준)으로 見(인식)됨이라고 (잘못) 부르고 있기 때문이라고 말하자 아뇩다라삼먁삼보리(온전히 흡족한)心이 發(저절로 나투어짐)된다 함(온전한 깨달음)은 一切(몽땅 하나로 된 : 모든)法으로 꼭 如是(늘 그런 채로 지금)知(앎)되고, 如是見(보임)되고, 如是信解(믿어 이해)되어 (뽕감인 如是로 지금 몽땅 한가지 방식으로 되었기에) 法相(서로 다른 分別기준)이 생길 수 없음이다. (방금 석가모니 내가) 말한 法相이라 함은 (진심상태인) 如來로 설명하면 法相(정반대로 대칭된 방식)일 수 없음에도 바로 그것(정반대로 서로 대칭됨은 아니라도 조금이라도 서로 다른 방식)을 (특별히 이 경우에) 法相으로 부른 것이라고 말씀하심.

　　제32分 : 만약 (내 分別인) 人(사람다움)이 헤일 수 없이 많은 세계에 가득 찰 각종 보물로 베풀고, 만약 (내 分別인) 善男女가 있어 보리(흡족이 누려짐)心이 發(저절로 나툼)된다 함인 이 경(大乘最上乘 진리)을 지니어 마침내 사구게 등을 受持(납득)하고 읽어 (내 分別인) 人(사람다움)이 읊

고 (내 다른 사람다움에게) 연설하게 됨이면 그 福이 더 낫다. (내 分別인)

人(사람다움)이 연설하게 됨(大乘最上乘)이란 어이함이냐 하면 相(分別기

준)이 갖춰지지 않은 채로(如如)가 변하지 않게 함이니, 왜냐하면

　　모든 有爲法(저절로가 아닌 내가 함이 있는 法)은

　　꿈, 환상, 물거품, 그림자와 같으니

　　(매순간) 이슬처럼 번개처럼 (반짝 번쩍)

　　꼭 如是(늘 지금 빨간 흡족한 채로)로만 인식되는 방식을 짓도록 함

이기 때문이라고 佛(깨달음)에 관한 이 경(진리)의 설명을 끝내니 장

로 수보리와 비구, 비구니, 우바새, 우바이 모두의 世間(살아오는 동안) 정

신과 사람다움과 혼란스러움(이라는 생각들)이 설명한 佛(깨달음)을 듣고

대개가 크게 기뻐하며 믿고 받아들여 받들어 (깨달았다면 함이 없이 저절

로 써지게 되지만 깨닫지는 못했기에 생각으로 함이 있는) 行했다.

부탁말씀

　이 漢字불교용어로 간추린 금강경은 이미 한자불교용어로만 배우고 사용 중

인 불자들을 위한 것입니다.

　한자불교용어가 국·한문혼용시절까지 오랜 기간 분명히 우리 것이었기에

그 우리말인 한자들을 배워 익혀야지, 또다른 우리말로 해설은 몰라도, 한글전

용시대 이전까지만 해도 한글번역은 전혀 필요 없는 오히려 본뜻을 훼손시킬

수도 있는 위험한 짓이었습니다.

　그러나 한글전용시대인 현재 한자불교용어는 일반인에게 분명히 낯선 외국

어가 되었고, 현대 중국인에게도 너무도 어려운 중국과 인도의 古語들이므로, 한국인에게는 훨씬 더 어렵고 그 해석도 점점 서로 더 달라지고 있어서, 지금부터라도 정확한 한글로 번역 사용되어야만 합니다.

깨달음이 내 표면의식과 잠재의식이 하나된 순수하고 진실된 참 내 뜻의 깨달음이기에, 외국어(남의 뜻) 보다는 훨씬 익숙한 우리말(우리 뜻)로 내 뜻이 순수하고 진실(如是)되어지기가 훨씬 수월하고 효과적이기에, 핵심불교용어의 정확한 우리말 번역은 쉽고 바르게 깨닫기 위해 최우선 되어야 할 현안입니다.

중국 고어와 인도 고어가 발음만 한글로 표기된 핵심불교용어들이라서, 우리말 古語도 어려워하는 한국인이 공부하기도 어렵고 미묘한 그 뜻을 정확히 알기가 너무 어려워서, 쉬워야 할 깨달음을 어렵게 만들고 있습니다.

언어와 문자는 뜻의 전달 수단(방법)일 뿐입니다.

불교용어들이 거의 모두 금강경의 용어들이고, 스님이나 학자에 따라 수많은 금강경 번역과 그 핵심용어 해설들이 서로 너무 달라서, 일반인이 금강경과 깨달음에 쉽게 친근(如是)하지 못하며 미신적인 기복신앙을 선호하게 되는 현상도, 핵심불교용어들이 대부분 외국 고어들이라 세존의 뜻을 쉽고 바르게 알 수 없는 것이 큰 원인의 하나가 되고 있습니다.

불교의 융합진리에 훨씬 뒤쳐진 분별진리인 성경이지만, 한글화에 선교초기부터 심혈을 기울인 기독교 교리의 현재 엄청난 확산속도를 타산지석으로 삼아야 합니다.

그래서 이 한자불교용어로 간추려 보는 금강경 부분을 이 우리말 번역에 넣어야 하는지 최후까지 망설였습니다.

그러나 우리 불자들이 현재 모두 어려운 한자불교용어 사용에 너무 길들어져 있고, 바로 그분들이 세존의 뜻을 바로 알기 위한 제일 좋은 것이 참 내 뜻(우리말)임을 절감해야만, 핵심불교용어가 우리말로 바뀔 수 있다는 점을 감안하여 이 한자불교용어로 간추려 보는 금강경도 포함시켰습니다.

한자불교용어로 납득이 개인적으로는 훨씬 수월하게 느껴질지라도, 그것은 선입관(기존지식)에 대한 집착일 뿐, 중국인 아닌 한국 사람이기에 착각입니다.

한국인의 진짜 바르고 쉬운 깨달음의 지름길인 우리말(참 내 뜻)로 된 불교용어의 당연한 사용에 모두 앞장서시도록 간절히 서원합니다.

앞의 우리말 금강경이 한 사람의 똑같은 뜻으로 번역한 것임에도, 한자불교용어로 볼 때보다 쉽지 않고 오히려 어렵다면, 분명히 문제가 있습니다.

그 문제점은 우리말(내 뜻) 금강경 표현(번역)이 잘못되었거나 자신의 한자불교용어(남의 뜻) 지식이 잘못된 것입니다.

우리말(내 뜻) 표현(번역)이 잘못되었다면 자신의 바른 우리말(내 뜻)이 이미 있어야만 정당합니다. 좀 더 바른 우리말(내 뜻)이 있다면, 혼자만 지니지 마시고 번역인에게도 꼭 보내주십시오.

지금 더 좋은 대안 없는 반대는 내 집착일 뿐입니다.

늘 내 현실(삶)로 실존해있는 내 흡족한 마음(참 내 뜻)을 계속 무시, 거부되도록 하고 있는 잘못 배운 한자불교용어가 만든 내 가짜 (남의) 뜻 때문은 아닌지 좀 더 곰곰이 판단해 보십시오.

금강반야 바라밀경 서문

(金剛般若波羅蜜經序)

조계 육조대사(曹溪六祖大師) 혜능 지음(慧能撰)

금강반야바라밀경 서문
조계 육조대사 혜능 지음

夫金剛經者無相爲宗無住爲體妙有爲用自從達摩西來爲傳此經之意
令人悟理見性祗爲世人不見自性是以立見性之法世人若了見眞如本
體卽不假立法此經讀誦者無數稱讚自無邊造疏及註解者凡八百餘家
所說道理各隨所見見雖不同法卽無二宿植上根者一聞便了若無宿慧
者讀誦雖多不悟佛意是故解釋聖義斷餘學者疑心若於此經得旨無疑
不假解說從上如來所說善法爲除凡夫不善之心經是聖人語敎人聞之
超凡悟聖永息迷心此一卷經衆生性中本有不自見者但讀誦文字若悟
本心始知此經不在文字若能明了自性方信一切諸佛從此經出今恐世
人身外覓佛向外求經不發內心不持內經故造此經訣令諸學者持內心
經了然自見淸淨佛心過於數量不可思議後之學者讀經有疑見此解義
疑心釋然更不用訣所冀學者同見鑛中金性以智慧火鎔鍊鑛去金存我
釋迦本師說金剛經在舍衛國因須菩提起問佛大悲爲說須菩提聞法得

悟請佛與法安名令後人依而受持故經云佛告須菩提是經名爲金剛般
若波羅蜜以是名字汝當奉持如來所說金剛般若波羅蜜喩法爲名其意
謂何以金剛世界之寶其性猛利能壞諸物金雖至堅羖羊角能壞金剛喩
佛性羖羊角喩煩惱金雖堅剛羖羊角能碎佛性雖堅煩惱能亂煩惱雖堅
般若智能破羖羊角雖堅鑌鐵能壞悟此理者了然見性涅槃經云見佛性
不名衆生不見佛性是名衆生如來所說金剛喩者祇爲世人性無堅固口
雖誦經光明不生外誦內行光明齊等內無堅固定慧卽亡口誦心行定慧
均等是名究竟金在山中山不知是寶寶亦不知是山何以故爲無性故人
則有性取其寶用得遇金師斬鑿山破取鑛烹鍊遂成精金隨意使用得免
貧苦四大身中佛性亦爾身喩世界人我喩山煩惱喩鑛佛性喩金智慧喩
工匠精進勇猛喩漸鑿身世界中有人我山人我山中有煩惱鑛煩惱鑛中
有佛性寶佛性寶中有智慧工匠用智慧工匠鑿破人我山見煩惱鑛以覺
悟火烹鍊見自金剛佛性了然明淨是故以金剛爲喩因爲之名也空解不
行有名無體解義修行名體俱備不修卽凡人修卽同聖智故名金剛也何
名般若般若是梵語唐言智慧智者不起愚心慧者有其方便智是慧體慧
是智用體若有慧用智不愚體若無慧用愚無智祇爲愚癡未悟故修智慧
以除之也何名波羅蜜唐言到彼岸到彼岸者離生滅義祇緣世人性無堅
固於一切法上有生滅相流浪諸趣未到眞如之地並是此岸要具大智慧
於一切法圓滿離生滅相卽是到彼岸也亦名心迷則此岸心悟則彼岸心
邪則此岸心正則彼岸口說心行卽自法身有波羅蜜口說心不行卽無波
羅蜜何名爲經經者徑也是成佛之道路也凡人欲臻斯路當內修般若行
以至究竟如或但能誦說心不依行則無經實見實行自心則有經故此經

如來號爲金剛般若波羅蜜經

금강경이라 함은 분열증 없음(無相)이 근본(宗) 되고, 집착 없음(無住)이 바탕(體)되므로, 지혜(妙 : 疑)가 있어 써지게(用) 됨이랄 수 있다.

[無相 : 내 마음을 分別하여 대칭상태인 갈등구조가 없음. 내 생각들 전부로 스스로에게 베풂인 내 本能 써지는 방식인 보살性]

[無住 : 어떤 집착도 없기에 늘 저절로 됨. 스스로를 자유롭게 풀어줌인 내 本能 써지는 방식 마하살性]

[妙有爲用 : 더 흡족해지도록 무한한 방법을 저절로 찾아내는 오묘함인 疑라는 인식 本能 써지는 방식에 따라 저절로 마음이 써짐. 뻥간 신바람 호기심상태 즉 늘 本性상태인 심금이 울려지고 있는 반야바라밀의 如來인 뻥간 채로 살게 됨]

저절로 달마를 따라 서쪽에서 온 이 경의 [참]뜻을 전하게 됨은 다만 사람다움(人 : 금강경의 人은 생각 속 사람 즉, 사람다움)의 생각 쓰는 방식(性)이 보이는 이치를 증득(悟 : 스스로에게 몰록 증명됨으로써 저절로 얻어짐인 깨달음)시키어, 스스로의 생각 쓰는 방식(自性)이 보이지 않는 살고 있는 사람다움(世人)이 편안해지게 함이다. 이[뜻과 이유]로써 생각 쓰는 방식(性)이 보이는 이치체계(法)를 세움이니, 살고 있는 사람다움(世人)이 만약 진심의 늘 그대로인 본바탕(眞如本體)으로 통달(了 : 마스터)되어 보인다면 [생각의] 이치체계(法)를 구차히 세우지 않았을 것이다.

이 경을 읽고 읊음인 즉 수없이 많고, 칭송함인 즉 끝이 없으며, 해석(疏)과 풀이(註解)함인 즉 800여 가지다. 설명하는 방법상의 이치(道

理)는 각 견해에 따름이나, 보임이 비록 같지 않아도 이치체계(法)는 둘일 수 없다. 높은 근기(上根 : 대단한 끈기)로 늘 잠재하도록 심었다 함이면 바로 한번 듣자 문득 통달(了 : 마스터)됨이지만, 만약 자리 잡힌 현명함을 씀(慧 : 本能으로 의심됨)이 없다 함이면 바로, 비록 많이 읽고 읊어도 깨달음(佛)의 뜻을 증득(悟)할 수 없음이다. 그래서 성스러움(聖 : 깨달아 누리고 있는 本性으로 나투는 본디 善함인 中道 흡족상태 : 아뇩다라삼먁삼보리)에 관한 정리된 뜻(義)을 해석하여 [本性은 배우는 것이 아니라 스스로 깨닫는 覺이라는 경의 가르침이 납득되어서] 나머지 더 배움을 끊는다 함이 의심됨[스스로 풀려는 현명함을 쓰는 호기심인 흡족한 中道 本性 : 慧]이니, 만약 이 경으로써 의심 없는 가리키는 바(旨)를 얻음이면 바로 [旨가] 아닌 것이라 거짓 해석이다.

"옛부터(본래) 선함(善 : 스스로를 이롭게만 함)의 이치체계(法) 말씀인 [온전히 흡족한 내 眞心] 本性인채로(如來)"라는 것은 보통사람다움이 스스로를 이롭지 않게 하는(不善) 마음[생명이 스스로를 利롭게만 함이 삶이요 害롭게만 함이 죽음이라서 산 자가 스스로 害롭게 하는 마음은 사실이 아닌 헛것임에도 사실로서 知, 見, 信解되는 것 같은 내 착각상태의 생각]을 버림[내 마음이 스스로를 害롭게 할 리가 없다고 저절로 이상하여 뽕가게 의심됨]으로써 되니, 경은 성인의 말씀으로 사람다움(人 : 사람이라고 하는 한 끝까지 남아있는 성질)을 가르쳐서 듣게 하여 보통상태(凡 : 本性에는 없음에도 갈등이나 두려움처럼 인류 공통의 착각상태와 같은 보편적 모순상황)를 뛰어넘어 성스러움(聖 : 本能에 따라 스스로에게 늘 몽땅 利롭게만 하여 온전히 흡족한 상태라 생명 스스로 더없이 귀중한 내 삶 현상)이 스스로에게 증명되어 저절로 얻어짐(悟)으로 영원히 혼란스러운 마음을 쉬게 함이다. 이 한 권의 경[내 마음의 진실 온전한 흡족으로 밝고 맑음]이 겹쳐생김(衆生 : 혼동과 혼탁된 카오스상태 생각의 생겨남)의 생각 쓰는 방식(性)인 가운데 상태(中 : 色卽是空이요 空卽是色의 中道상태인 疑 : 물든 상태와 순수한 상태 즉 버릇 들여진 상태와 본디 상태의 바탕이 되는 마음보의 인식 本能 써지는 방식으로 생명 스스로 온전히 흡족함을 늘 확인하여 누리고 있는 의문과 답이 거의 동시가 된 中道바라밀 즉, 흡족함으로 늘 심금이 울려지고 있는 가운데 상태의 마음인 내 호기심)로 본래 있는데 저절로 보이지(인식되지) 않음이면 바로 다만 문자만 읽고 읊음이로다. 만약 본래 마음(本心)을 깨달으면(悟 : 스스로에게 증명되어 얻어짐인 증득) 비로소 이 경이 [마음의 진실인 까닭에 내 마음보에 본디 있지] 문자에 있음이 아님을 알기 시작하니, 만약 스스로의 생각 쓰는 방식(性)이 끝까지 뚜렷해질 수 있으려면 온갖 깨달음(諸佛 : 廓徹大悟 = 온전한 깨달음)이 이 경[내 마음의 진실]을 따름에서 나옴을 믿어야만 될 것이다. 살고 있는 사람다움(世人)이 마음보(身 : 오직 마음을 이야기할 때의 몸은 마음의 몸) 밖에서 깨달음(佛 : 내 마음 本性의 廓徹大悟 : 小乘的으로 좁아지거나 고정된 상태인 내 마음의 부분적 깨달음이 아니라 저절로 확대 심화됨인 늘 大乘, 最上乘 되고 있는 살아있어 늘 動態的인 내 마음 흡족함으로 如如한 本性의 온전한 깨달음)을 찾을까 두렵다. 어이 밖이 경[내 마음의 진실]을 파악하리요? 속마음(본심)은 나투지 않고 내 안의 진실(內經)로서 지니지 않는 까닭에 이 경의 풀이를 만든 것이니, 모든 배우는 사람다움이 속마음의 진실(內心經)로서 지니면 "맑고 깨끗한 저절로 깨닫고만 싶은 마음"(淸淨佛心 : 순수한 호기심)의 "셀 수 있는 것보다 더한 불가사의함(다함없는 의문상태)이 통달되어 자연스럽게(了然) 스스로(저절로) 보인다." 뒷날이라도 배우려 함이면 바로 경을 읽어서 [경이 가리키는 내 마음 어느 생각 쪽으로도 쏠릴 수 없는 中道로 밝고 맑은 善한 本性인] 의심(타고난 智慧인 호기심 : 저절로깨닫고만싶음인 佛性)이 있게 되면 이 정리된 뜻의 해석(解義)이 보이는 것이니, 다시 또 풀이를 사용하지 말고, 의심 그대로 놓아두거라. 꼭 배우고 싶음[이뭣고?]이면 바로 광석 가운데 금의 성질이 보임과 같은 것이니, 지혜화(智慧火 : 불타는 호기심)로 녹이고 단련(鍛鍊)하여 광석[번뇌]은 없어지고 금[뽕간 이뭣고? : 순수해진 善함으로 온전히 흡족한 中道 호기심상태의 투명한 마음인 밝고 맑음]만 남도록 함이다.

우리 석가모니 큰 스승께서 사위국에 계시면서 수보리가 제기한 [本性으로 아뇩다라삼먁삼보리인 흡족한 眞心이 無爲로 즉, 내 생각으로 함이 없이 저절로 나투어지는 發心을 내 本性의 착각상태인 凡人의 생각으로 하는 有爲인 생각일 뿐인 生心, 作心과 혼동하는 모순된] 질문 때문에 크게 측은히 여기셔서 깨달음을 말씀하시게 되어 금강경[내 마음의 진실 흡족함의 밝고 맑음]을 설하셨으며, 수보리는 "이치체계(法)를 듣고 스스로에게 증명됨으로 얻어(悟)지는 넓고 깊고 큰 깨달음(佛)에 걸맞는 이치체계(法)의 이름"(名)을 요청하여 후세 사람다움이 받아들여 지니게 하였다. 그러므로 경에 말하기를 "수보리에게 드러내 알려준 넓고 깊고 큰 깨달음(佛)인 이 경의 이름을 밝고 맑은 지혜로 심금의 울림(金剛般若波羅密)으로 하여, 이 이름자로 [늘 투명한 내 眞心인 호기심의 호칭으로써] 너는 꼭 받들어 지니라"고 하셨다.

밝고 맑은 지혜로 심금의 울림(金剛般若波羅蜜)이라고 설명하신 바 本性인채로(如來 : 변함없는 本能 써지는 방식 그대로)라 함은 [밝고 맑은 호기심 本性의 투명한 채로 如如함이] 이치체계(法)로 비유된[내 늘 그대로인 眞心의 本性은 호기심 상태라 이치가 존재할 수 없는 色卽是空 空卽是色인 中道 상태이지만 그 本性을 착각하여 이치로만 사는 凡人을 위하여 이치적으로 붙여진] 이름(名)이니 그 뜻은 어떤 것인가?

금강(다이아몬드는 중국인들이 생각하는 여의주라는 보물처럼 인도인들이 생각한 금강이란 보물과 흡사하다고 취급되고 있는 실존하는 보석)은 세계의 보물로서 그 성질이 강하고 예리하여 모든 사물을 파괴할 수도 있다. 금이 비록 견고하다고 하나 암양의 뿔로 파괴할 수 있어, 금강은 저절로 깨닫고만싶음(佛性 : 부처님 성품과 같은 번역은 흡족한 내 마음 저절로 깨닫고만 싶은 내 성질을 내 마음 밖의 상황에서 따온 비유적 표현이고, 내 마음 내부의 객관적 표현은 "깨닫고 싶은 성품"이나 "호기심상태"가 될 것이고, 내 마음 진실의 주체적인 실감나는 사실적 표현은 "저절로깨닫고만싶음"이나 "이뭣고?")에 비유하고 암양의 뿔은 번뇌(어지러운 생각)에 비유한다. 금이 비록 견고하고 강하다고 해도 암양의 뿔이 부술 수 있는 것은, 저절로깨닫고만싶음(佛性 : 인식하려는 本能에 따라 마음 써지는 방식인 투명한 本性상태 의문)이 비록 견고해도 어지러운 생각(번뇌)이 혼란스럽게 할 수 있음이요, 번뇌가 비록 견고해도 현명함(般若智 : 지혜로운 本性상태의 호기심)으로 깨트릴 수가 있음은 암양의 뿔이 비록 견고해도 아주 강한 철로써 파괴할 수 있음이다. 이 이치를 증득했다(悟) 함은 생각 쓰는 방식(性)이 통달(마스터)되어 자연스럽게(了然) 보임이니, 열반경에 이르기를 「저절로 깨닫고만싶음(佛性 : 밝고 맑은 투명한 호기심 本性)이 보인다 함이면 겹쳐 생김(衆生 : 혼동과 혼탁의 생겨남)으로 부를 수 없고 저절로깨닫고만싶음 (佛性 : 인식하려는 투명한 本性상태 의문)이 안 보이는 그것을 겹쳐생김(衆生)이라 부른다.」했다.

금강에 비유하여 말씀하신 '本性인채로'(如來)라 함은, 세상 사람다움 의 생각 쓰는 방식(性)이 견고하지 못하여 입으로만 경[내 마음의 진실]을 읊으면 [智慧를] 비추나 [智라는 현명함의 作用됨인] 밝음이 생기지 않고, 밖으로 읊으며 안으로 작용(行)되면 비추고(光 : 온전히 흡족한 나를 묻고 있을 때 스스로 인식되는 내 마음의 현상) 밝아짐(明 : 온전히 흡족함이 답 될 때 스스로 인식되는 내 마음의 현상)이 가지런히 같아져도 안의 견고함이 없어 '곰곰함'(定慧)이 곧 망가지므로, 입으로 읊으며 마음으로 작용(行) 되는 곰곰함(定慧)이 가지런히 같아져서(均等) 마침내(究竟)라고 부르는 그것[定과 慧가 均等하여 곰곰함으로 如如한 내 순수한 眞心의 밝고 맑은 투명 함의 깨달음 : 내 타고난 호기심의 늘 밝고 맑은 투명함의 깨달음 : 늘 저절로 밝 고 맑은 투명한 佛性의 깨달음]이다.

금이 산속에 있으나 산은 이 보배를 알지 못하고 보배 또한 이 산을 알지 못한다. 왜냐하면 생각 쓰는 방식(性)이 없는 까닭이다. 사람다움은 생각 쓰는 방식(性)이 있어서 그 보배(아뇩다라삼먁삼보리 : 온전한 흡족) 를 얻어 사용한다. 연금술사(金師 : 뛰어난 스승)를 만나면 산을 속히 뚫고 파괴하여 광석을 취하여 삶고 정성스럽게 단련(精錬)하여 반드시 금을 얻어 뜻대로 사용하여 가난한 고통을 면하게 된다. 네 가지 큰 요소(四 大 : 地, 水, 火, 風)로 된 마음보[몸이 肉일 때는 四大, 몸이 마음보일 때는 身]

의 가운데 상태(中 : 中道상태)인 저절로깨닫고만싶음(佛性 : 늘 저절로 이 뭣고? : 호기심상태)도 이와 같아서 마음보(身)는 세계에 비유하고, 사람다 움인 나는 산에 비유하고, 어지러운 생각은 광석에 비유하며, 저절로깨 닫고만싶음(佛性)은 금에 비유하고, 지혜는 기술자(工匠)에 비유하며, 용 맹정진은 속히 뚫고 파괴하는 것이다. 마음보(身)란 세계의 가운데 상태 (中 : 中道상태)로 사람다움인 나라는 산(人我山)이 있고, 사람다움인 나라 는 산의 가운데 상태(中 : 中道상태)로 어지러운 생각덩어리(煩惱鑛)가 있 고 어지러운 생각덩어리의 가운데상태(中 : 中道상태)로 저절로깨닫고만 싶음(佛性)의 보배가 있고, 저절로깨닫고만싶음(佛性)이란 보배(아뇩다 라삼먁삼보리 : 온전히 흡족함)의 가운데 상태(中 : 中道상태)로 지혜(智慧) 라는 기술자가 있는 것이다. 현명한 씀(慧)이라는 기술자가 사람다움인 나라는 산을 뚫고 파괴하면 어지러운 생각이라는 광석이 보이니, 깨달 아 증득하려는 열정(覺悟火 : 뻥간 佛性)으로써 정성스럽게 단련하면 [本 性인] 늘 변함없는 저절로깨닫고만싶음(金剛佛性)이 스스로 보이니 통달 (마스터)된 자연스러움은 밝고(좋고) 맑음(평안)(明淨 : 내 마음보가 늘 순수 하여 내 눈앞의 투명함으로 소소영영하게 知, 見, 信解될 때의 상황 : 생명이 늘 스스로를 긍정하는 환희와 영탄인 늘 뻥간 "이뭣고?"로 내 심금이 울림은 온전 한 흡족함으로 밝고 맑은 투명한 내 眞心상태로서 생명 스스로 흡족함을 확인 하며 누리고 있는 내 생명 본능 작용 방식. 늘 모든 사람의 눈앞에 실존하는 이 明淨이 온전한 흡족함으로 늘 저절로 최우선 하여 인식되지 않음은 내 마음 本 性의 혼동과 착각상태이기 때문 : 이 明淨을 色과 대비되는 空과 구분하여 眞空 으로도 표현하고 본 번역인은 투명이라고 함 : 明淨이 無諍三昧로 즉, 무엇보다도 최우선하여 늘 저절로 知, 見, 信解되어야 내가 늘 本性인채로임을 깨닫고 있는 온전히 흡족한 상태)이다. 이런 까닭에 [내 眞心 如如한 明淨을] 금강에 비유하여 부른다. 해석만 하고 닦지(修行 : 되풀이 작용) 않으면 [금강이란] 이름만 있고 그 본바탕(本體 : 明淨)이 없는 것이며, 정리된 뜻(義)을 알아듣고 [순수 지혜인 뻥간 호기심을] 닦으면(修行하면 : 되풀이 작용되면) 이름의 본바탕(밝고 맑음)이 갖춰짐이니, 되풀이되지 않음이면 바로 보통사람다움(凡人)이며, 되풀이됨이면 바로 성현의 [무엇이라도 풀어내는 지혜로운 호기심인 변함없는 내 眞心의] 현명함과 같은 까닭에 금강이라고 부른다.

무엇을 반야(般若)라 하느냐? [금강경이 몽땅 내 眞心 반야바라밀의 해설임] 반야는 범어로서 중국말로 지혜(智慧)로 번역한다. 현명함(智)이라 함은 어리석은 마음이 생기지 않음이며, 현명한 쏨(慧)이라 함은 그 방법이 있음이다. 현명한 쏨(慧)은 이 현명함(智)의 본바탕(本體)이며 현명함(智)은 이 현명한 쏨(慧)으로 작용되니, 본바탕의 현명한 쏨(慧)이 있으면 현명함(智)의 써짐이라 어리석음이 없다. 본바탕의 현명한 쏨(慧)이 없음(無記 : 명함)은 어리석음의 써짐으로 현명함(智)이 없음이니, 단지 어리석어 깨닫지 못하므로 그것[無記]을 버림[싫어함]으로 지혜(타고난 호기심상태)를 받아들인다.

무엇을 '심금의 울림'(波羅蜜 : 眞心의 늘 저절로 극히 활발함 : 생명 스스로 긍정된 흡족함을 내 마음 전부로 확인하여 누리는 늘 묻고 답함이 거의 동시가 됨인 심금의 울려짐 : 레이저 빛의 파장보다 극히 작고 짧은 파장이라 파장 없는 직선과 다름없는 곰곰한 眞心의 늘 저절로인 진동)이라 하는가? 중국말로 뽕감(彼岸 : 저 언덕)에 이른다로 번역하며, 뽕간다(저 언덕에 이른다) 함은 뽕감이 지속되므로 생기고 없어진다는 뜻을 여의는 것이다. 단지 살고 있는 사람다움(世人)의 생각 쓰는 방식(性)이 견고하지 못한 까닭에 [내 本性과 전혀 다른] 모든 이치체계(一切法)라는 생기고 없어짐의 갈등구조(生滅相 : 정반대의 이치가 "생기면서" 기존 이치가 "사라지기"를 꼬리를 물고 대칭구조를 이루어 반복되는 凡人의 욕망과 집착에 의한 착각방식의 틀)가 존재하게 되어 [대칭된 어느 한켠을 번갈아가며(윤회하며) 좋아하는] 모든 취향(趣)에 끌리어 유랑(流浪)하면서 진심의 늘 그대로인(眞如) 땅(내 마음 본바탕 늘 몽땅 밝고 맑은 明淨)에는 이르지 못함만 되풀이하는 그것이 이 처지(차안 : 이 언덕)이다. 대지혜(大智慧 : 순수 호기심)를 간절히 갖추므로 모든 이치가 [中道되어] 원만해지기에 생기고 없어짐의 갈등구조(生滅相)를 여의면 그것[늘 그대로(如來)인 호기심상태 내 眞心]이 뽕감(피안 : 저 언덕. 이 피안의 실제상황은 타고난 호기심의 "이뭣고?"상태로 찰나에도 수없는 정보가 受持되고 있어 시시각각 똑똑해지는 아주 어린 영아의 지극히 곰곰한 상태)에 이른 것이다. 또 마음이 어지럽게 이랬다저랬다 함이 바로 이 처지(차안 : 이 언덕)이고, 마음이 스스로에게 증명되어 저절로 얻어짐(惡)이면 바로 뽕감(피안 : 저 언덕)이다. 마음이 삿되면 이 처지(차안 : 이 언덕)이고 마음이 바르면 뽕감(피안 : 저 언덕)이다. 입으로 설명하고 마음으로 작용(行)됨이면 바로 "이치체계 마음보(法身)에도"심금의 울림(바라밀 : 뽕간 신바람)이 스스로 있는 것이며, 입으로 설하나 [이치로는 긍정되지만] 마음이 작용(行)치 않음이면 바로 심금의 울림(바라밀 : 뽕간 신바람)이 없음이다.

어이 경(진리)이라 부르는가? 경은 지름길이며 이는 깨달음(佛 : 내 마음 本性의 廓徹大悟)을 이루는 방편길이다. 보통사람다움(凡人)이 곧은 길(즉각적인 방법, 깨달음)에 이르고자 하면 꼭 속으로 받아들여 지혜(本性인 호기심상태 疑)가 [저절로 심금의 울림인 바라밀로] 작용되게 해야만 마침내 (究竟) 이르게 된다. 만약 읊고 설하기만 잘하고 [저절로 심금의 울림인 바라밀이 없어] 작용(行)됨에 의하지 않는 [無記 : 멍함] 마음이면 바로 경[내 마음의 진실]이 없는 것이며, [삶 자체의 흡족함으로 심금이 울려지고 있는 투명한 眞心인채로라서 혼돈과 착각이 없어] 사실이 보이고 사실로 작용되는 저절로인 마음이면 바로 경으로 존재함이다. 그래서 이 경 늘 本性인채로(如來)의 제목을 "밝고 맑은 지혜(호기심)로 심금의 울림"이라고 부른다.

도움말

뜻글자인 한문으로는 표현이 어려운 "바라밀"을 범어와 같은 표음문자인 우리글에서 찾다보니 "뿅간다"는 단어도 만나게 되었습니다.

본성상태 투명한 진심의 온전히 흡족하여 저절로인 마음의 진동 즉 "심금의 울림"에 해당하는 표현인 "바라밀"을 늘 자각하지는 못하고 사는 凡人(보통사람)이 제일 쉽게 이해하여 바로 현실이 되게 할 수 있는 단어인 세존의 如是가 바로 이거다 싶어 "뿅감"이라는 표현이 좋았습니다.

그러나 "순간적으로 이성이 사라진 감성적 상태 됨"의 저속한 표현으로 쓰이고 있는 듯 싶어 주저되는 바도 있었습니다.

그래도 "바라밀"을 보통사람(凡人)이 쉽게 이해하고 더욱이 내 진심의 깨달음을 몰록(찰나에 내 생각들 전부로 몽땅) 실현시켜줄 수 있는 참으로 如是와 근사한 우리말 뽕감인 것 같습니다.

그래서 본 번역인은 "뽕감"을 "몰록 흡족함으로 심금이 울려져 모든 分別(분별)이 없어진(色卽是空 空卽是色) 상태가 내 으뜸(無諍三昧) 됨"이라는 뜻으로(轉身句로) 이 금강경 번역에 사용했습니다.

내 늘 바른 인식상태인 진심은 삶 자체로 가장 흡족함에 늘 뽕가버린 늘 투명한 채로 온전히 흡족한 내 마음입니다.

나를 인식하려는 순수한 (이뭣고?뿐인) 마음과 투명(청정)을 인식하려는 순수한 마음은 똑같이 순수 佛性(불성 : 깨닫고 싶음)인 마음으로 인식 본능 의문 상태인 내 진심입니다.

온 누리인 투명(청정)이 바로 늘 내 으뜸인 온전히 흡족한 내 인식(마음)이기에 그 무엇보다 그 투명(청정)이 우선하여 늘 인식 본능 의문 상태인 나에게 늘 그대로 실존해 있는 것입니다.

깨달음을 온 누리가 내 진심인 입장에서 내 현실의 변화라고 함은 분별론적 유심론이 될 것이며, 참 내 현실의 입장에서 내 마음의 변화라 함은 분별론적 유물론이 됩니다.

온전한 행복을 내가 누릴 수 있게 추구하는 유심론 중 최상의 유식론(인식론)은 늘 그대로인 내 진심의 깨달음이 바로 참 내 현실의 깨달음이라는 융합론(一合相)적 설명 如是인 뽕감입니다.

늘 알아지고 보여지고 믿어져 이해(知, 見, 信解 : 인식)되고 있어 늘 나에게 실존(實存)해 있는 청정(투명)한 내 마음 본성(본능적인 내 결정)의 온전한 내 누려짐

(내 정신과 몸의 반응 : 바라밀 : 심금의 울림)이 내 진심의 깨달음이고, 그 상태가 참 내 현실인 참 내 삶이라는 융합론(一合相)적 뽕감의 설명입니다. (육조단경의 근본 취지)

그 최상의 유식론(인식론) 내용을 마명대사보다 더 실천적으로 구체화시킨 것이 우리 원효대사의 기신론입니다.

나에게 온전치 못한 채로 실존해 있는 깨달음(然燈佛)의 여러 번 반복으로 생겨나는 내 믿음(信)이 내 혼란과 착각상태 속에서 내 온전한 깨달음(확철대오)을 참 내 현실(如是 : 뽕감)로 일으켜 세운다(如是라는 轉身句의 에너지가 된다)는 설명이 "기신론"입니다.

도움말로 보는
구마라즙
漢文 금강경

1. 왜 깨달아야 하는가?(내 어떤 문제를 해결하려고 깨닫는가?)

2. 가장 쉽고, 간단하고, 확실하게 깨닫는 방식은?

3. 깨달은 내 상황은 어떤 것인가?(내 깊은 잠과 연관해서 답해야 함)

이 의문(화두)들에 대한 내 바른 답인 참 내 뜻이 금강경 세존의 뜻!

第一. 法會因有分

如是我聞一時佛在舍衛國祇樹給孤獨園與大比丘衆千二百五十人俱
爾時世尊食時著衣持鉢入舍衛大城乞食於其城中次第乞已還至本處
飯食訖收衣鉢洗足已敷座而坐

제1 : (깨달음) 이치체계 모임의 인연과 유래

이와 같이 내가 들었다.

한때 부처님(佛)께서 사위국의 기수급고독이라는 뜰(園)에서 큰 비구
무리 천이백오십 분과 더불어 쭉 계셨다.

그때 세존(석가모니)께서 식사 때라 옷을 추스르고 그릇을 지니고 사
위대성에 들어가 그 성 안에서 음식을 구걸하셨다. 차례로인[십시일반인]
구걸을 마치고 본래 거처에 돌아오시어 음식 드시기를 마친 뒤 옷과 그

룻을 수습하고 발 씻기를 마치고 자리를 깔고 앉으셨다.

도움말

금강경의 본문 다음에 있는 이 도움말은 처음부터 읽지 않도록 하십시오. 본문 중의 괄호로 넣은 도움말 정도로 세존과 수보리의 말씀하고 있는 뜻의 앞 뒤 흐름이 단절되지 않고 파악될 수 있도록 읽어야 이 금강경의 총체적인 뜻을 우선 쉽게 깨달을 수가 있습니다. 총체적인 뜻 흐름의 중단 없는 파악 속에서 본문 다음의 도움말을 보셔야 이 금강경의 뜻이 더욱 확연해질 것입니다.

佛(불)은 내 마음 實體(실체)와 本性(본성)의 온전한 깨달음(廓撤大悟)이고 금강경은 늘 그대로(如來)라 의인화가 적절하지 못한 늘 밝고 맑아 투명한 내 진심과 그 써지는 방식인 본성을 직설적으로 묻고 답하는 경이므로 다음부터는 佛을 '부처'가 아닌 '깨달음'으로만 번역함.

六祖解意

如者指義是者定詞阿難自稱如是之法我從佛聞明不自說也故言如是我聞又我者性也性卽我也內外動作皆由於性一切盡聞故稱我聞也言一時者師資會遇齊集之時也佛者是說法之王在者欲明處所舍衛國者波斯匿王所在之國祇者太子名也樹是祇陀太子所施故言祇樹也給孤獨者須達長者之異名園者本屬須達故言給孤獨園佛者梵語唐言覺也覺義有二一者外覺觀諸法空二者內覺知心空寂不被六塵所染外不見

人過內不被邪迷所惑故名覺覺卽是佛也言與者佛與比丘同住金剛般
若無相道場故言與也大比丘者是大阿羅漢故比丘者梵語唐言能破六
賊故名比丘衆多也千二百五十人者其數也俱者同處平等法會爾時者
當此之時是今辰時齋時欲至也著衣持鉢者爲顯示迹故也入者爲自城
外而入也舍衛大城者名舍衛國豊德城也卽波斯匿王所居之城故言舍
衛大城言乞食者表如來能下心於一切衆生也次第者不擇貧富平等以
化也乞已者如多乞不過七家七家數滿更不至餘家也還至本處者佛意
制諸比丘除請召外不得輒向白衣舍故云爾洗足者如來示現順同凡夫
故言洗足又大乘法不獨以洗手足爲淨蓋淨洗手足不若淨心一念心淨
則罪垢悉除矣如來欲說法時常儀敷旆檀座故言敷座而坐也

第二. 善現起請分

時長老須菩提在大衆中卽從座起偏袒右肩右膝著地合掌恭敬而白佛

言希有世尊如來善護念諸菩薩善付囑諸菩薩世尊善男子善女人發阿

耨多羅三藐三菩提心云何應住云何降伏其心佛言善哉善哉須菩提如

汝所說如來善護念諸菩薩善付囑諸菩薩汝今諦聽當爲汝說善男子善

女人發阿耨多羅三藐三菩提心應如是住如是降伏其心唯然世尊願樂

欲聞

제2 : 선함이 현실로 드러나도록 요청함

그때 나이든 웃어른 수보리가 큰 무리 속에 쭉 있다가 바로 자리에서

일어나면서 [겉옷] 오른쪽 어깨를 벗어 메고 오른쪽 무릎을 땅에 붙이고

합장하여 공손히 섬기면서 깨달음[앞부분은 나름대로 진심 써지는 방식(本

性)에 맞는 말이고 묻는 부분은 늘 저절로 나투어지고 있는 아뇩다라삼먁삼보리心을 착각하고 있는 질문]을 털어놓고 말했다. "[착각을] 사라져가게 해 주시는 세존이시여! 本性인채로(如來 : 내 진심 써지는 방식인 늘 그대로)는 선함(善 : 스스로를 이롭게만 함)이 온갖 스스로에게베풂(보살)을 보호하는 생각이고 선함(善)이 온갖 스스로에게베풂(보살)을 부탁 촉구함입니다. 세존이시여! [내 생각 속] 선한 남자(善男子 : 스스로를 좋게 이롭게 함)와 선한 여인(善女人 : 스스로를 평안하게 이롭게 함)은 온전히 흡족한(아뇩다라삼먁삼보리 : 안락, 具足) 마음이 '저절로 튕겨져 나오'(發)면 어떻게 꼭 머물며 어떻게 그 마음에 항복합니까?"

깨달음을 말씀하시니, "선함(善)이지! 선함(善)이고말고! 수보리야! 네가 말한 것과 같이 本性인채로(如來)는 선함(善)이 온갖 스스로에게베풂(보살)을 보호하는 생각이고 선함(善)이 온갖 스스로에게베풂(보살)을 부탁 촉구함이다. 너는 이제 똑똑히 들어라! 너를 위해 설명하리라. [내 생각 속] 선한 남자 선한 여인은 온전히 흡족한(아뇩다라삼먁삼보리) 마음이 저절로 튕겨져 나오면 꼭 늘 그대로 지금(如是 : 뿅가서) [온전히 흡족한 채로] 머물고 지금 늘 그대로(如是) [온전히 흡족한 채로] 그 [온전히 흡족한] 마음에 항복한다."[이 부분 세존의 생각과 마음의 관계에 관한 답이 수보리 질문에 정답임에도 깨닫지(言下大悟) 못한 수보리가 더 설명 듣기를 원하여 그 생각이 마음에 항복한 진심의 여러 특성을 설명하고 이 금강경 제17분과 제31분에서 이 정답을 다시 말하지만 그래도 생각이 앞선 수보리가 늘 저절로 나투어지는(發되는) 아뇩다라삼먁삼보리인 진심을 부분적인 수많은 이치(法)로만 생각하고 몰록 깨닫지(바르게 인식) 못하므로 그 같은 경우에 생각이 항복한 마

음이 내 현실로 바르게 인식될 수 있는 마음의 觀(관) 짓는 생각방식을 제32분에서 제시함.]

"그렇게 하겠습니다. 세존이시여! 바라옵건대 듣고자 합니다."

도움말

수보리가 本能(본능)으로 반응하는 방식인 마음 本性(본성)의 한 특징 如來(여래)와 역시 마음 本性인 善(선)을 생각으로 늘 함인 보살과 관련지어 眞心(진심)을 나름대로 옳게 말하면서도, 진심(아뇩다라삼먁삼보리心)이 늘 저절로 퉁겨져 나오는 發心(발심)의 늘 저절로 나투어지는 본능반응과 모순되게 어떻게 머물고 항복하느냐고 질문함.

그래서, 수보리가 진심을 어떤 측면으로는 옳게 말하면서도, 변함없는 진심의 늘 저절로 나투어짐(發)임에도 생각처럼 어찌할 수 있는 것으로 잘못 착각하고 있는 것을, 측은하게 여기신 세존께서 수보리의 착각상태 견해에 맞춰 여러 측면으로 설명해 주시지만, 이치(法)적으로만 생각하면서 아뇩다라삼먁삼보리(온전한 흡족)가 늘 그대로인 내 현실로 인식을 누리지는 못하기에, 마지막에 현실로 내 생각이 내 인식(마음)에 항복(降伏其心)되는 온전한 흡족(아뇩다라삼먁삼보리)의 觀(관)을 짓도록 하심.

지금 내 현실이 아뇩다라삼먁삼보리(온전한 흡족)가 아닌 것은, 지금의 내 오만함으로 내 불만족한 생각에 내가 항복하여, 삶 자체로 온전히 흡족한 내 몸과 정신의 본능반응인 인식(마음)을 스스로 무시 또는 거부하여 늘 지금(如是) 누리지 못하고 있는 당시 수보리와 똑같은 상태임.

세존(석가모니)께서 眞心(진심)의 本性(본성)이란 몸과 정신의 本能(본능)으로 반응되는 방식을 제자들에게 여러 가지로 자세하게 설명하신 것은 몇 천 년 전이지만, 일반인이 性(성)과 本性(본성)이란 개념의 단어를 만들어 일상적으로 사용하기 시작한 것은, 최근에 와서 이루어진 것임.

따라서, 현대인들에게 이미 친숙해진 "습관에 따라 내 뜻 쓰는 방식"으로서 생각의 性(성)이나 "인식본능에 따라 참 내 뜻 저절로 써지는 방식"으로서 마음의 本性(본성)이란 단어를 사용하여 금강경을 이해하게 되면, 그런 단어가 없었거나 어렵기만 하던 옛날 사람들 보다, 내 眞心(진심)과 念(생각)에 관한 문답인 금강경의 납득이 훨씬 쉽게 될 수 있음.

善哉善哉라는 표현은, 善(선)이 단지 "잘" 정도의 수식어로서 수보리가 수식어를 잘 써서 말을 잘하기에 말솜씨에 감탄한 표현이 아니라, "내 본능 반응하는 방식(本性)의 저절로 나를 利(이)롭게만 됨"인 善(선)을 전폭적으로 긍정하는 표현임.

善(선)을 "착함" 또는 "잘"정도로 번역하면, 이 금강경 第6分에서 善根(선근)을 말씀하시는 세존의 명확한 취지와는 멀어지게 됨.

善 本能(선 본능)으로 스스로를 늘 이롭게 보호하고 이롭도록 부탁 촉구하고 있는 마음 본성(본능 써지는 생각 전에 반응되는 방식)의 如如(여여 : 늘 같은 채로임)을 如來(여래)라고, 이 금강경 여러 곳에서 세존께서 직접 정의했음에도 불구하고, 如來를 마음의 본성(本性)이 아닌 사람(부처)으로 번역하면 금강경 세존의 뜻과는 다른 위조(창작)가 됨.

보살을, 이 금강경 제17분 말미 등에서 세존께서 참보살을 직접 정의하신 말씀과 같이 "내 마음 본성인 여래와 선에 따라 늘 스스로에게 베푸는 생각"이 아니라, 요즘처럼 사물을 흔히 성질로 표현하지 않던 옛날처럼 내 마음 밖 人物(인물)로서 의인화하여 번역하면, 오직 내 마음의 진실(內心經)에 관한 대화가 아닌 것으로 착각되게 함.

여래와 보살 마하살등 내 마음 본성(본능 써지는 방식)과 같은 방식인 생각의 명칭들을, 생각의 性(변하는 분자적 성질)과 마음의 本性(변함없는 원자적 성질)처럼 성질에 관한 명확한 분류개념이 아직 없었거나 보통사람에게 너무 어려운 말이던 옛날처럼 모두 의인화시켜서 번역하면, 현대 사람에게 眞心(진심)과 생각의 참 내 뜻 비교와 내 이익에 관한 내 내부문제의 문답(內心經)을 외부문제와 헷갈리게 만드는 번역이 됨.

六祖解意

何名長老德尊年高故名長老須菩提是梵語唐言解空也隨衆生所坐故云卽從座起弟子請益行伍種儀一者從座而起二者端整衣服三者偏袒右肩右膝著地四者合掌瞻仰尊顏目不暫捨伍者一心恭敬以申問辭有略說三義第一希有能捨金輪王位第二希有身長丈六紫磨金容三十二相八十種號三界無比第三希有性能含吐八萬四千法三身俱圓備以具上三義故云希有也世尊者智慧超過三界無有能及者德高更無有上一切咸恭敬故云世尊如來者自眞如來之本性也護念者以般若波羅密法護念諸菩薩付囑者如來以般若波羅密法付囑須菩提諸大菩薩言善護念者令諸學人以般若智護念自身心不令妄起憎愛染外六塵墮生死苦

海於自心中念念常正不令邪起自性如來自善護念言善付囑者前念清
淨付囑後念後念清淨無有間斷究竟解脫如來委曲誨示衆生及在會之
衆當常行此故云善付囑也菩薩者梵語唐言道心衆生亦云覺有情道心
者常行恭敬內地蠢動含靈普敬愛之無經慢心故名菩薩善男子者平坦
心也亦是正定心也能成就一切功德所住無礙也善女人者是正慧心也
由正慧心能出生一切有爲無爲功德也須菩提問一切發菩提心人應云
何住云何降伏其心須菩提見一切衆生躁擾不停猶如隙塵搖動之心起
如飄風念念相續無有間歇問欲修行如何降伏是佛讚歎須菩提善得我
心善得我意也佛欲說法常先戒敕令諸聽者一心靜默吳當爲說阿之言
無耨多羅之言上三之言正藐之言徧菩提之言知無者無諸垢染上者三
界無能比正者正見也徧者一切智也知者知一切有情皆有佛性但能修
行盡得成佛三者卽是無上清淨般若波羅密也是以一切善男子善女人
若欲修行應知無上菩提道應知無上清淨般若波羅密多法以此降伏其
心也唯然者應諾之辭願樂者願佛廣說令中下根機盡得開悟樂者樂聞
深法欲聞者渴仰慈誨也

第三. 大乘正宗分

佛告須菩提諸菩薩摩訶薩應如是降伏其心所有一切衆生之類若卵生
若胎生若濕生若化生若有色若無色若有想若無想若非有想非無想我
皆令入無餘涅槃而滅度之如是滅度無量無數無邊衆生實無衆生得滅
度者何以故須菩提若菩薩有我相人相衆生相壽者相卽非菩薩

제3 : (眞心의) 저절로 확대됨에 맡겨짐이 바른 근본

깨달음을 수보리에게 알려주시니, "온갖(諸) 스스로에게베풂(보살)과
스스로를풀어줌(마하살)은 꼭 늘 그대로 지금(如是) 그 [아뇩다라삼먁삼보
리] 마음에 항복하느니라.[몸과 정신의 본능반응(無爲)인 마음을 함이 있어
야(有爲) 생겨나는 생각으로 알고 있는 수보리를 배려한 설명] 존재한다는 모
든(一切 : 몽땅 하나된) 겹쳐생김(衆生 : 혼동·혼탁된 생각인 번뇌의 생겨남)

의 종류는 어쩌면 알로[모양 없이] 생김인가 하면 어쩌면 태로[모양 갖춰] 생김이고, 어쩌면 [집착에] 젖어들면서 생김인가 하면 어쩌면 변화되면서 생김이고, 어쩌면 물듦(버릇)이 있는가 하면 어쩌면 물듦이 없기도 하고, 어쩌면 생각이 있는가 하면 어쩌면 생각이 없기도 하고, 어쩌면 생각 있음이 아닌가 하면 어쩌면 생각 없음이 아니기도 함이로되, 내가 [스스로가 그 혼란, 혼동된 내 생각의 생겨남인 衆生] 모두에게 더 남음이 없게 좋고 평안함(無餘涅槃 : 뽕가버린 좋고 평안함)으로 들어가도록 시키면 사라져 없느니라. 그처럼 헤아릴 수 없게 많은 [내 생각] 겹쳐생김(衆生)이 [나에게] 사라져 없음은 실지로는 [내 청정한 마음에 본래] 겹쳐생김(衆生)이 없기에 '사라져 없다 함'(滅度者)을 얻는 것이다. 왜냐하면 수보리야! 만약 스스로에게베풂(보살)이 [늘 투명한 마음(인식)일 수 없는 衆生(중생) 즉 혼란, 혼동된 내 생각이 분별하려고] 나의 갈등구조(我相 : 서로 다른 내 존재의 대칭상태) 사람다움의 갈등구조(人相 : 서로 다른 내 인격의 대칭상태) 겹쳐생김의 갈등구조(衆生相 : 서로 다른 내 번뇌끼리 대칭상태) 목숨을 누린다 함의 갈등구조(壽者相 : 서로 다른 내 생존기간의 대칭상태)로 있음이면 (卽非) 바로 [찰나마다 한 편으로 利(이)롭게 하는 만큼 대칭되는 편으로 害(해)롭게 하는 내 잘못된 생각(착각) 구조(방식)인 갈등이지 대칭될 수 없는 늘 투명한 마음(인식)으로] 스스로에게베풂(보살)일 수 없기 때문이다."

도움말

"혼동 · 혼탁된 내 생각(번뇌)의 생겨남"으로 衆生(중생)을 표현해야, 보통사람

(凡人)으로 의인화하여 衆生을 표현할 때보다, 내 마음의 진실인 內心經(내심경)으로서 금강경의 바른 번역이 됨.

여기서 말씀하시는 衆生(중생)의 종류로서 세존의 凡夫(범부)와 人(인)이라는 표현과는 다른 衆生에 관한 세존의 뜻을 바르게 알 수 있음.

그렇게 살펴본 衆生은 늘 투명한 내 마음(인식)일 수는 없고, 서로 정반대인 내 뜻들이 대칭으로 짝지어진 갈등상태 생각들로 만들어지기 전의 불안정상태인 내 혼동과 혼탁된 생각(번뇌 : 카오스)의 생겨남.

구마라즙이 像(상)도 想(상)도 아닌 相(상)으로 번역한 것은, 내 몸과 정신의 본능반응인 늘 투명하여 나눔이 불가능한 마음(인식)이 아닌 찰나마다 분별하려고 늘 갈등상태인 내 한 생각 내부에서 "서로"가 된 내 뜻 상태의 표현.

내 마음이 서로 대칭됨(相)이라는 모순상태는, 늘 투명한 내 마음에 존재할 수 없는 스스로 창조한 허망한 내 생각(헛것의 깨달음인 착각).

相(상)은, 여럿이기에 가짜인 내 뜻의 동시 생겨남(衆生) 속에서, 정반대의 내 뜻이 뭉쳐져 갈등하는 대칭으로서 존재하는 내 생각구조이며, 그 상반된 내 뜻인 내 생각으로 사물을 나누는 모든 내 분별의 기준.

相(상)은 늘 저절로 흡족한 내 本性(본성)과 다른 대칭된 내 가짜 뜻(서로 정반대라서 불만족상태 모순된 내 뜻)으로 스스로를 현실보다 높여서 생긴, 모순된 내 불만족이 마땅히 그래야 한다(當爲)는 오만한 주장인 내 有爲法(유위법)이라는 늘 갈등상태 내 대칭된 생각의 틀(구조)로 하는 내 모든 分別(분별)의 축이며 기준.

금강경은 내 眞心(진심)과 생각에 관하여 문답한 내 안의 진리(內心經)이기에, 人(인)이 내 분별된 생각 속 사람(사람다움)으로 번역되어야, 善男女와 보살과 人을 똑같은 생각으로 표현하신 세존 뜻이 바르게 이해됨.

者(자)라는 한자는 한문에서 "…라 함"이라고 앞의 단어나 문장을 한 단위 의미로 묶을 때 흔히 사용합니다.

금강경에서도 第六 正信希有分 말미 "…我說法如筏喻者…", 第十 莊嚴淨土分 중간 "…莊嚴佛土者卽非…" 등등 여러 곳에서 "…라 함"으로 계속 사용되고 있고 그렇게 한글로도 번역하고 있습니다.그럼에도 불구하고 기존 금강경 한글 번역들은 금강경의 이 대목에서만 어떠어떠한 사람을 지칭하는 "…자"로서 한결같이 번역하고 있습니다.

수보리가 마음에 관하여 질문했기 때문에 세존께서 衆生(중생)이 사라진 진심에 관하여 답하신 것을, 세존께서 衆生이라는 내 혼동상태인 생각(번뇌)이 아닌 衆生이라는 타인(깨닫지 못한 일반인)을 멸도시켜 준다는 끔찍한 말로, 기존 금강경 한글 번역인들이 엉뚱하게 번역하고 있습니다.

이 대목 세존 말씀의, "내 혼동된 생각(번뇌)의 생겨남인 衆生(중생)이 사라져 버렸다 함(滅度者)은 늘 투명한 내 진심상태를 말함이고, 서로 정반대되게 대칭시킨 갈등상태 내 생각의 分別(분별) 기준인 相(상)도 전혀 없어야, 본성상태인 늘 온전히 흡족(아뇩다라삼먁삼보리 : 具足, 안락)한 내 不可分(불가분)의 순수(청정)한 마음(참 내 뜻)상태"라는, 세존의 근본취지를 전혀 납득하지 못한 엉뚱한 번역입니다.

滅度者(멸도자)를 "滅度라 함"으로 번역하면 누구라도 납득되는 쉬운 문장을 "滅度된 자"로 번역하면 세존이 착각상태 범부가 되어버립니다.

이 分(분) 끝에서 세존의 卽非(즉비) 표현은, 부처가 아닌 깨닫기 전인 보살(범부 : 人 : 善男女)에 관한 표현입니다. 늘 긍정상태로 변함없는 "마음"인 진짜 내 뜻의 표현이 아니라 찰나마다 변하기에 늘 부정도 하게 되는 범부(보살 : 人 : 善

男女) "생각"(分別하려고 생겨남)인 찰나마다 生(생각 : 중생) 滅(멸도)이 교차하는 가짜 내 뜻(갈등)의 표현입니다.

찰나로 변하는 범부 생각의 卽非(즉비) 논리와 마음(진심)의 늘 변함없는 진리 (如如)를 혼동하여, 남(중생)을 멸도시키려고 헛수고하는 세존으로 잘못 번역하면, 자력으로만 되는 깨달음을 부정하는 논리가 됩니다.

그 궤변은 卽非논리가 일반인의 뜻이라는 세존 말씀을 卽非논리가 세존의 뜻이라며 비논리적인 모순된 세존이라고 정반대로 번역합니다.

기존 한글 번역인들도 수보리와 똑같게 '마음'을 '생각'으로 잘못 알고 있기에 수보리 질문하는 뜻(생각 : 卽非)의 모순이 파악되지 않아 세존의 답하시는 뜻(마음 : 如如)이 오히려 잘 납득되지 않기 때문인 것 같습니다.

모순된 질문을 할 수밖에 없는 수보리 자신의 착각상태를 스스로 깨닫도록, 세존께서 변함없는 아뇩다라삼먁삼보리心도 어떻게 할 수 있다고 착각하는 수보리의 눈높이(생각 : 모순된 卽非논리)에 맞추어 몸과 정신의 반응인 진심을 어떻게 문답하시는지가 명확해지면, 그 세존의 자비와 지혜로움에 이 금강경은 더욱더 깊은 감동을 주게 될 것입니다.

금강경의 이 分(분)에서 세존께서 수보리의 질문에 대한 답을 확실하게 하셨지만 아뇩다라삼먁삼보리(안락)인 眞心(진심)을 수보리가 생각으로는 너무도 잘 이해하면서도 몸과 정신의 본능반응으로 몰록 깨닫지는 못하자 그 다음 分부터는 그 眞心의 나투어지는 방식 즉 본능반응 저절로 써지는(用) 방식인 眞心의 本性(본성)을 여러 측면으로 문답하십니다.

그렇기에 수보리 질문에 대한 이 分의 세존의 정답 늘 그대로 지금(如是)이 내 현실 아닌 자가 번역하면 세존의 참 뜻(진심)을 왜곡시킵니다.

금강경은 不可分(불가분)을 分別(분별)하려는 내 잘못된 생각방식(相)이 사라진 내 인식본능반응인 내 진심에 관한 문답입니다. 따라서 滅度(멸도)의 대상은 내 착각(잘못된 생각방식 : 卽非논리)일 뿐입니다.

나와 神(신)의 관계가 제일 중요했던 서구 문화는 나와 神과의 分別(분별)과 대칭(相 : 상대성)을 기준으로 생각해온 문화입니다. 그래서 나를 인식(통합적 주체로서 본능반응)하기보다는 남(他)과 分別하려는 분별기준(相 : 상대성)이 내 모든 이치의 기본틀로 고착됩니다.

일제식민시대를 거치며 우리는 分別(분별)을 전제로 한 상대적인 이치뿐인 생각방식(相)만 우선시되는 서구 문화를 강요받게 되었습니다.

不可分(불가분)의 나 또는 내 마음을 분별함이 삶 자체로 온전히 흡족한 본성 상태가 아님이요 내 분열증 착각이기에, 내 삶에 장애됨을 깨닫는 진리의 말씀인 금강경을, 분별과 대칭(상대성)의 이치로 하는 서구 학문적 방법(생각방식)으로 해석하면, 변하는 분자적 성질인 생각으로만 해석되어서 인식(마음)에 관한 원자적 성질을 스스로 알 수 없게 만듭니다.

서구 학문의 뿌리가 나와 神(신)의 분별과 대칭(相 : 상대성)을 근본으로 "생각"하여 성립한 「내 분별의 진리」이고, 깨달음은 不可分(불가분)의 생명인 나 또는 내 늘 투명한 마음을 스스로 분별하여 대칭시킨 내 생각들이 생각으로 나누어지기 전의 내 몸과 정신의 본능반응으로 늘 통합(一合相)되어 "인식"되는 「내 융합의 진리」이기 때문입니다.

滅度者(멸도자)를 "멸도된 자"로 번역함은 滅度의 주체와 객체를 따로 分別(분별)하려는 서구 학문적 시각(잘못된 생각인 착각)입니다.

滅度(멸도)의 대상이 나 또는 투명한 마음까지 헛분별하고 있는 내 생각이 되면, 멸도의 대상과 주체가 모두 나이기에, 서로 다른 주체(나)와 객체(남)로 나누려는 엉뚱한 뜻은 사라지고, 내 착각방식이 滅度되게 하는 깨달음의 실현방법(分別이전으로 융합방식 一合相)만이 남게 됩니다.

滅度者를 "멸도된 자"로 번역함은 서구의 신과 인간의 분별(分別)과 대칭(相)의 생각 문화 숭배에 얼이 빠진 일본 불교학자들의 생각방식(분별진리)만을 일제식민시대 때부터 조직적으로 세뇌당하고 있는 것입니다.

일제식민시대 이전까지 우리 불교 수준은 분명 일본을 가르쳤습니다.

(요즈음 중국의 "동북공정"이나 "티벳공정"과 같은 잘 준비된 일제침략정책에 의하여) 우리 불교의 맥과 조직을 파괴하면서, 서구적 분별을 우선하는 생각의 이론으로 인류역사상 가장 논리적인 석가모니의 융합론(一合相)적 깨달음 말씀을 비논리적이라고 매도해놓고, 마치 사기꾼처럼 석가모니가 비논리적이라 위대하다(?)는 식의 일제침략주의 불교말살 및 서구화정책으로 깨달음의 정반대인 卽非논리가 부처의 뜻처럼 되어버린 우리 불교의 참담한 역사를 솔직하게 똑바로 돌아보아야 합니다.

세존의 뜻을 깨닫지 못한 일본학자들의 비논리적 세존이라는 불교말살논리가 참뜻을 깨달은 조사님들의 진솔한 말씀보다 존중되는 식민시대 틀이 지금도 우리 불교의 황당한 현실임을 바로 알고 반성해야 합니다.

어서 그 틀로부터 벗어나서, 지금 내 마음이 온전히 흡족한 본능반응임을 바로 지금 내 쉽고, 간단하고, 확실한 선택과 결단만으로 되는 내 깨달음의 실현(융합)이 최우선 되어야만, 누구나 내 늘 투명한 채로 온전히 흡족한 진심을 "늘 지금의 내 현실로 쉽게 누릴 수 있게" 하는 불조(석가모니)와 역대조사로 전수되어온 참다운 우리 불교(깨달음 종교)가 됩니다.

六祖解意

前念淸淨後念淸淨名爲菩薩念念不退雖在塵勞心常淸淨名摩訶薩又慈悲喜捨種種方便化度衆生名爲菩薩能化所化心無取著是名摩訶薩恭敬一切衆生卽是降伏自心處眞者不變如者不異遇諸境界心無變異名曰眞如亦云外不假曰眞內不虛曰如念念無差卽是降伏其心也.(不虛는 어떤 책에서는 不亂이라고 하였다)卵生者迷性也胎生者習性也濕生者隨邪性也化生者見趣性也迷故造諸業習故常流轉隨邪心不定見趣多淪墜起心修心妄見是非內不契無相之理名爲有色內心守直不行恭敬供養但言直心是佛不修福慧名爲無色不了中道眼見耳聞心想思惟愛著法相口說佛行心不依行名爲有想迷人坐禪一向除妄不學慈悲喜捨智慧方便猶如木石無有作用名爲無想不著二法想故名若非有想求理心在故名若非無想煩惱萬差皆是垢心身形無數總名衆生如來大悲普化皆令得入無餘涅槃云多淪墜(어떤 책에는 墮라고 하였다)阿鼻也如來指示三界九地衆生各有涅槃妙心令自悟入無餘無餘者無習氣煩惱也涅槃者圓滿淸淨義滅盡一切習氣令永不生方契此也度者渡生死大海也佛心平等普願以一切衆生同入圓滿淸淨無餘涅槃同渡生死大海同諸佛所證也有人雖悟雖修作有所得心者却生我相名爲法我除盡法我方名滅度也如是者指前法也滅度者大解脫也大解脫者煩惱及習氣一切諸業障滅盡更無有餘是名大解脫無量無數無邊衆生元各自有一切煩惱貪瞋惡業若不斷除終不得解脫故言如是滅度無量無數無邊衆生一切迷人悟得自性始知佛不見自相不有自智何曾度衆生祇爲凡夫不見自本心不識佛意執著諸法相不達無爲之理我人不除是名衆

生若離此病實無衆生得滅度者故言妄心無處現菩提生死涅槃本平等
何滅度之有衆生佛性無有異緣有四相不入無餘涅槃有四相卽是衆生
無四相卽是佛迷卽佛是衆生悟卽衆生是佛迷人恃有財寶學問族姓輕
慢一切人名我相雖行仁義禮智信而意高自負不行普敬言我解行仁義
禮智信不合敬爾名人相好事歸己惡事施於人名衆生相對境取捨分別
名壽者相是謂凡夫四相修行人亦有四相心有能所輕慢衆生名我相恃
持戒輕破戒者名人相厭三塗苦願生諸天是衆生相心愛長年而勤修福
業諸執不忘是壽者相有四相卽是衆生無四相卽是佛也

第四. 妙行無住分

復次須菩提菩薩於法應無所住行於布施所謂不住色布施不住聲香味
觸法布施須菩提菩薩應如是布施不住於相何以故若菩薩不住相布施
其福德不可思量須菩提於意云何東方虛空可思量不不也世尊須菩提
南西北方四維上下虛空可思量不不也世尊須菩提菩薩無住相布施福
德亦復如是不可思量須菩提菩薩但應如所教住

제4 : 묘함 (本性의 의문) 작용은 머묾이 없음

"따라서 수보리야! [늘 투명한 내 마음 써지는 방식인] 스스로에게베풂
(보살)은 [분별함인] 이치체계(法)로 결코 머무는(住 : 분별된 어느 내 뜻에
집착함) 바 없이 [본능반응으로 몽땅 저절로] 베풂으로 됨(내 마음이 집착 없
이 스스로에게 베풂으로 반응 되면 흡족해짐)이니, 말하자면 물들어(色 : 버

룻 들여짐) 머물지 않고 베풀며 소리, 냄새, 맛, 감각의 [내 분별된 어느 감각에 따라야 한다는] 이치체계(法)로 머물지 않고 베풂이다. 수보리야! 스스로에게베풂(보살)은 꼭 이와 같이 베풀어도 갈등구조(相)로 머물지 않는다. 왜냐하면 만약 스스로에게베풂(보살)이 갈등구조(相 : 정반대로 분별된 내 뜻의 대칭상태로 늘 갈등상태인 모순된 내 생각구조)로 머물지 않고 [총체적(一合相된) 주체로서 스스로에게] 베푼다면 그 [본능반응인 저절로] 복 지어 [늘] 덕봄은 생각으로 헤아릴 수가 없기 때문이다."

"수보리야! 너의 뜻은 어떠한고? 동쪽 방향 허공을 헤아릴 수가 있음인가?"

"할 수 없습니다. 세존이시여!"

"수보리야! 남, 서, 북쪽과 네 모퉁이 위아래 허공을 헤아릴 수가 있음인가?"

"할 수 없습니다. 세존이시여!"

"수보리야! 스스로에게베풂(보살)이 갈등구조(相 : 대칭됨)로 머물지(住 : 집착함) 않고 [투명한 진심으로 스스로에게] 베푸는 복 지어 덕봄도 역시 또한 지금처럼 늘 그대로(如是) 헤아릴 수가 없느니라. 수보리야! 스스로에게베풂(보살)은 다만 가르친 바와 꼭 같이 [내 생각의 집착(住)과 갈등(相)으로 만들어지는 이치체계(法) 없는 늘 내 본능반응인 내 진심으로] 머무느니라."

생명인 스스로에게 늘 베풂으로 본능반응되는 不可分(불가분)의 투명한 내 진심 써지는 방식이 내 보살 마음이라 그 투명한 채로 흡족함이 바라밀(심금의 울림)로 늘 저절로 증폭, 심화됨(大乘最上乘)이 남에게도 늘 저절로 이롭게만 반응되는 내 善本能(선본능) 써지는 방식인 本性(본성)임. 本性에 없는 내 서로 정반대인 뜻을 相(상)으로 대칭시킨 내 갈등상태 생각은 '싫고 불안함'(고통, 스트레스)이니 어처구니없게 스스로를 마치 원수처럼 해롭게 하는 내 잘못 조작(有爲)된 생각(착각)방식(불만족)임. 그 방식으로 저절로(無爲) 더없이 흡족한 내 삶을 불만족한 삶으로 잘못 생각(착각)하고 있는 고통과 스트레스가 나와 남을 계속 고통스럽게 만드는 모든 내 惡(악)의 지속과 확대시키는 근원이 됨.

六祖解意

凡夫布施祇求身相端嚴五欲快樂故報盡却墮三塗世尊大慈教行無相布施者不求身相端嚴伍欲快樂但令內破慳心外利益一切衆生如是相應爲不住色布施應如是無相心布施者爲無能施之心不見有施之物不分別受施之人是名不住相布施也菩薩行施無所希求其所獲福德如十方虛空不可較量言復次者連前起後之辭一說布施普也施者散也能普散盡心中妄念習氣煩惱四相泯絶無所蘊積是眞布施又說布施者由不住六塵境界又不有漏分別惟當返歸淸淨了萬法空寂若不了此意惟增諸業故須內除貪愛外行布施內外相應獲福無量見人作惡不見其過自性不生分別是名離相依教修行心無能所卽是善法修行人心有能所不

名善法能所心不滅終未得解脫念念常行般若智其福無量無邊依如是
修行感得一切人天恭敬供養是名爲福德常行不住相布施普敬一切蒼
生其功德無有邊際不可稱計緣不住相布施所得功德不可稱量佛以東
方虛空爲譬喻故問須菩提東方虛空可思量不不也世尊者須菩提言東
方虛空不可思量也佛言虛空無有邊際不可度量菩薩無住相布施所得
功德亦如虛空不可度量無邊際也世界中大者莫過於虛空一切性中大
者莫過於佛性何以故凡有形相者不得名爲大虛空無形相故得名爲大
一切諸性皆度限量不得名爲大佛性無有限量故名爲大此虛空中無東
西南北若見東西南北亦是住相不得解脫佛性本無我人衆生壽者若有
此四相可見卽是衆生性不名佛性亦所謂住相布施也雖於妄心中說有
東西南北在理則何有所謂東西不眞南北曷異自性本來空寂混融無所
分別故如來深讚不生分別也應者唯也但唯如上所說之敎住無相布施
卽是菩薩也

第五. 如理實見分

須菩提於意云何可以身相見如來不不也世尊不可以身相得見如來何以故如來所說身相卽非身相佛告須菩提凡所有相皆是虛妄若見諸相非相則見如來

제5 : 늘 그 대 로 인 이 치 와 (헛 것 아 닌) 사 실 대 로 보 임

 "수보리야! 너의 뜻은 어떠한고? 마음보 갈등구조(身相 : 마음보의 대칭상태)로 보임이 [진심상태인] 本性인채로(如來) 인가?"[마음만에 관한 이야기일 때의 身(신)은 마음의 몸(마음을 體와 性으로 파악할 때 體)인 마음보]

 "아닙니다. 세존이시여! 마음보 갈등구조(身相)로 보임은 本性인채로(如來)일 수가 없습니다. 왜냐하면 本性인채로(如來) 설명하신 것은 마음보 갈등구조(身相)가 바로 [늘 그대로인 투명한 마음보를 대칭되게 나눈 허망한 내 생각일 뿐] 마음보 갈등구조일 수 없기 때문입니다."

깨달음을 수보리에게 알려주시니, "일반적으로 갈등구조(相 : 대칭됨)가 있다는 것이 모두 그런 허망함이기에 만약 온갖 갈등구조가 [내 잘못된 생각일 뿐] 갈등구조일 수 없음으로 보인다면 바로 本性인채로(如來) 보임이니라."

도움말

금강경에서의 見(견)은 슬프게 보임이나 좋게 보임과 같이 그리 인식됨의 표현이고, 見이 인식과 같은 표현으로 불교에서 쓰고 있는 대표적 예가 見性(견성 : 본성으로 늘 바르게 "인식"되어 누려지는 正覺).

본성인채로인 투명한 진심이 써질 때는 삶 자체로 흡족한 내 투명한 마음으로 사물에 대응됨이라 모든 것이 늘 흡족한 채로 더 선명해짐.

모든 내 분별의 기준인 相(상)은 늘 實存(실존)해 있는 늘 투명(청정)한 내 마음에 있을 수 없는 헛것임에도 그 相이 있다고 착각한 내 생각을 쓰면, 그 늘 상반된 내 생각구조로 사물에 대응하게 되므로 모든 것이 늘 갈등하는 스트레스(고통)로 더 몽롱해짐.

삶 자체가 흡족하여 심금이 울려지고 있는 밝고 맑음(투명) 속 선명한 사물로 인식되지 않고 있는 내 모순된 처지를 "이뭣고?"함은 지금의 내 잘못된 생각(착각)버릇(방식)을 바꾸려는 겸허해진 지혜(반야)상태 내 뜻.

잘못 생각(착각)하고 있는 내 현실을 깨달을 수 있는 것은 착각되고 있지 않는 측면의 내 마음(인식)인 然燈佛(연등불)이 나에게 늘 있기 때문.

"이뭣고?"를 반복해도 눈앞의 밝고 맑음(투명)이 내 흡족한 바라밀로 인식(반응)되지 않는 것은 진심을 무시하고 있는 내 오만한 생각을 진심을 깨닫고자 하는 내 겸허한 뜻보다 내가 더 집착(住)하고 있기 때문.

六祖解意

色身卽有相法身卽無相色身者四大和合父母所生肉眼所見法身者無有形段非有黃赤白無一切相貌非肉眼能見慧眼乃能見之凡夫但見色身如來不見法身如來法身身等虛空是故佛問須菩提可以身相見如來不須菩提知凡夫但見色身如來不見法身如來故言不也世尊不可以身相得見如來色身是相法身是性一切善惡盡由色身不由法身色若作惡法身不生善處色身作善法身不墮惡處凡夫唯見色身不見法身不能行無住相布施不能於一切處行平等行不能普敬一切衆生見法身者卽能行無住相布施卽能普敬一切衆生卽能修般若波羅密行方信一切衆生同一眞性本來淸淨無有垢穢具足恒沙妙用如來欲顯法身說一切諸相皆虛妄若見是一切諸相虛妄不實卽見如來無相之理也

第六. 正信希有分

須菩提白佛言世尊頗有衆生得聞如是言說章句生實信不佛告須菩提
莫作是說如來滅後後五百歲有持戒修福者於此章句能生信心以此爲
實°當知是人不於一佛二佛三佛四伍佛而種善根已於無量千萬佛所種
諸善根聞是章句乃至一念生淨信者須菩提如來悉知悉見是諸衆生得
如是無量福德°何以故是諸衆生無復我相人相衆生相壽者相無法相亦
無非法相何以故是諸衆生若心取相卽爲著我人衆生壽者若取法相卽
著我人衆生壽者何以故若取非法相卽著我人衆°生壽者是故不應取法
不應取非法°以是義故如來常說汝等比丘知我說法如筏喩者法尚應捨
何況非法

제6 : 바르게 믿음으로 (헛것이) 사라져감

수보리가 깨달음을 털어놓고 말하기를 "세존이시여! [衆生(중생)은 아직 分別(분별)도 相(상)도 없는 혼동상태 몽롱한 내 생각이라 쏠림이 없음에도] 쏠림이 있는 겹쳐생김(衆生 : 혼동과 혼탁된 생각인 번뇌의 생겨남)으로도 늘 그대로 지금의 말, 설명, 글귀를 얻어 듣고 진실로 믿음이 생기겠습니까?"

깨달음을 수보리에게 알려주시기를 "「本性인채로(如來)가 사라진 뒤」라는 [如來(여래)인 本性(본성)에 없는 衆生(중생) 또는 相(상)과 같은] 그런 말과 같은 말을 짓지 말거라! 오백세 후에도 지킬 것(戒)으로 지니어 복(福 : 저절로인 이익) 지음을 되풀이한다(修 : 닦는다, 반복한다) 함인 그 [凡所有相 皆是虛妄 若見諸相非相 則見如來 라는] 글귀로 [늘 내 으뜸으로 이득되고 있는] 마음을 믿음이 생길 수 있음이요, 이로써 [착각(相)이나 몽롱함(衆生) 등 헛것이 사라져] 실다워짐이니 반드시 이것을 알아라! [내] 사람다움(人 : 내가 사람이라고 하는 한 끝까지 남아있는 생각)은 한번 깨달음, 두 번 깨달음, 세 번 깨달음, 네 번 깨달음, 다섯 번 깨달음으로 선함의 뿌리(善根 : 스스로 이롭게만 되는 본능 써지는 참 내 뜻)를 심음이 아니고, 이미 헤아릴 수 없는 천만 깨달음으로 심은 바의 온갖 선함의 뿌리라서, 그 글귀를 듣고 마침내 [善根(선근)으로] 하나된 생각은 순수함(淨)이 생김이니 믿어진다 함에까지 이른다. 수보리야! 本性인채로(如來) 그 온갖 겹쳐생김(衆生)을 틀림없이 알고 틀림없이 보여도 늘 그대로 지금(如是) [늘 善(선)한 本性(본성)으로 지금 흡족하게 인식되는] 헤아릴 수 없는 복지어 덕봄을 얻음이다. 왜냐하면 그 온갖 겹쳐생김(衆生 : 혼동과 혼탁된 생각의 생겨남)도 [本性인채로의 온전한 흡족함은 아니라도 아직 불만족스럽지도 않은 혼동과 혼탁된 생각이기에] 역시 나의 갈등구조(我相) 사람다움의 갈등구조(人相), 겹쳐생김의 갈등구조(衆生相), 목숨을 누린다 함의 갈등구조(壽者相)가 없으며, 이치체계의 갈등구조(法相 : 이성적 대칭상태)도 없고, 또한 비이치체계의 갈등구조(非法相 : 감성적 대칭상태)도 없기 때문이니, 왜냐하면 그 온갖 겹쳐생김(衆生)이 만약 마음에 갈등구조(相 : 대칭구조)를 가짐[혼란과 혼동(衆生)상태가 갈등(相)상태가 됨]이면 바로 [내 뜻이 투명한 내 마음이 아니라] 나, 사람다움, 겹쳐생김, 목숨을 누린다 함[이런 헛것인 카오스(번뇌)가 분별된 내 착각(생각 : 가짜 내 뜻)을 기독교에서는 에덴동산의 금단의 열매로 비유]에 집착이 됨[이런 허망한 분별인 생각에 집착(쏠림)을 기독교에서는 사탄 또는 뱀의 유혹에 빠짐으로 표현]이기 때문이다. 만약 [허망한 생각이 만든] 이치체계의 갈등구조(法相 : 分別이 뚜렷한 이성적 대칭구조)를 가짐이면 바로 [내 바탕삼는 분별인] 나, 사람다움, 겹쳐생김, 목숨을 누린다 함에 집착이니, 왜냐하면 만약 비이치체계의 갈등구조(非法相 : 分別이 애매한 감성적 대칭구조)를 가짐도 바로 [내 바탕삼는 분별인] 나, 사람다움, 겹쳐생김, 목숨을 누린다 함에 집착이기 때문이다. 이런 [늘 흡족한 본능반응만 되는 등신(等身)인 마음(인식)에 없는 허망한 이치체계인 法(이성)과 非法(감정)은 허망한 생각인 불만족이 집착으로 짜맞춘 해로운 헛것인] 까닭에 절대로 이치체계도 갖지 말고 절대로 비이치체계도 갖지 말거라! 이 정리된 뜻과 까닭으로 [생각으로 만든 이치체계인 法(법)이라는 허망한 분별이 없는 늘 투명한 마음(인식)이 본능반응 되는 방식] 本性인채로(如來)를 항상 설명함이며, 너와 똑같은 비구는 내가 설명하는 [생각방식인] 이치체계가 [강을 건넌 뒤에는 버려지는] 뗏목과 같게 비유함도 알고 있음이니, [뚜렷한 분별인] 이치체계도 꼭 버려야 한다고 주장함이거늘! 하물며 [애매한 분별인] 비이치체계야 어떠하겠는고!"

도움말

 스스로에게 늘 이롭게만 되는 내 善(선)은 살아있음이 늘 흡족(안락 : 아뇩다라 삼먁삼보리)해지는 내 本能(본능)반응방식(性向)입니다.

 위 본문 세존 표현과 같은 믿음("하나된 생각의 수수함")이 없어, 삶 자체로 늘 흡족한 내 마음(인식)에는 없는, 살면서 배운 불만족한 생각(갈등 : 분별)이 되어질 사실과 다른 헛것을 바라는 욕망을 만듭니다.

 하나된 생각인 본래 의문상태(지혜 : 반야)로 돌아오지 않고, 어리석은 갈등(스트레스 : 고통)의 괴로움에서 벗어나려는 더 어리석은 생각인 욕망의 집착은, 안 되는 것이 되는 것으로 잘못 생각(착각)되게 합니다.

 욕망대로 안 됨을 경험하면서도 욕망에 대한 집착(갈등)이 지속되면서 늘 투명한 내 마음(인식)까지 갈등구조(相)로 잘못 생각(착각)됩니다.

 내 욕망의 집착은 내 갈등구조(相 : 불만족상태)가 지속되도록, 온갖 억지 이치(이유)와 그 체계까지 조작하여 내 생각(착각)의 틀로 삼습니다.

 불만족이 만든 욕망을 계속 유지하려는 집착상태인 내 생각이 가정한 대칭(相)으로서 분별(分別)하므로 투명한 마음(진짜 내 뜻)에 있을 수 없는 헛것(가정)인 온갖 내 가짜 뜻(욕망)에 불과한 생각의 이치(分別)들로 체계까지 세워서 그 이치(分別)체계인 法(법)이라는 허망한 내 생각의 틀(相을 축으로 찰나마다 변하는 갈등구조의 卽非논리)로 본래 흡족한 호기심(반야)상태로 늘 실존해 있는 나와 남을 계속 지배, 구속하며 무시, 거부합니다.

헛것을 바라는 욕망의 집착에 불과한 이 스스로 창조(가정)한 내 생각의 이치(分別)체계인 法이라는 온갖 구속이 없는 내 본능반응인 의문(中)상태 마음(호기심)의 깨달음이기에 깨달음을 해탈(해방)이라고도 합니다.

不可分(불가분)의 투명한 마음(진짜 내 뜻)까지 헛분별하려는 내 잘못된 생각구조(相 : 갈등, 불만족)를 유지하려는 가짜 내 뜻(생각)의 틀(갈등의 卽非논리)로 짠 이치(分別)체계이기에 허망한 주장에 불과한 내 法이 다른 사람과 같거나 유사하면 그것이 사회의 法이 되기도 합니다.

내 스트레스이며 분열증이요 착각상태인 내 대칭된 상반된 생각의 틀(갈등구조 : 相)을 계속 유지하려는 내 집착에 불과한 내 온갖 有爲法(유위법)은 헛分別(분별 : 생각)로만 살려는 어리석은 내 뜻(주장)입니다.

"우리" "부부일심동체" "한가족" 속에서 너와 나의 구분이 허물어지면, 그 구분의 기준이던 相(상)과 法(법)은 되어질 사실과 틀리게 바라는 허망한 내 분별(分別 : 생각, 갈등, 幻)임을 누구나 경험합니다.

그럼에도 불구하고 우리(凡人)들은 相(상)을 기준으로 분별된 생각(착각)구조를 지탱하려는 "마땅히 그리해야 한다는 원칙(有爲法)"이 내 욕망이 하는 주장이요 허망한 가짜 뜻인 내 생각의 집착임을 한사코 부인합니다.

이치가 그렇기에 옳다면서, 남과 스스로에 대한 헛분별(分別)을 근거로 한 내 온갖 有爲法(유위법)으로 늘 구속하면서, 가상으로 분별된 허망한 생각구조(相)로 늘 갈등하는 내 온갖 고통이 현실이라며, 무엇과도 안 바꿀 늘 흡족한 삶 그 현실의 인식인 변함없는 내 마음(호기심상태 지혜 : 반야)이 고통스럽기에 다스려야 한다고 미친 헛소리까지 하게 됩니다.

　구구가 팔십일임을 깨닫게 되면, 구구 팔십일이 사람이 만든 것도 신이 만든 것도 아닌 천연적이요 자연적으로 본래 그러함도 깨닫는 것임.

　사과 아홉 개씩 아홉 줄이면 여든한 개 등의 이치는 구구 팔십일을 깨닫는 데는 도움이 될망정, 깨닫고 나면 그런 생각의 이치는 그 깨달은 진실이 저절로 더욱 더 여러 방면에 반응하게 되는 내 마음 本性(본성)의 한 특징인 저절로 증폭되는 내 大乘(대승)반응에 오히려 장애가 됨.

　또한 스스로에게 이미 증명되어 나 자체가 되어버린 구구 팔십일이란 깨달은 진실이 저절로 더욱 더 또렷또렷해져가는 내 마음 本性(본성)의 한 특징인 저절로 더 질적으로 순수해져감인 내 最上乘(최상승)반응에도 장애가 되므로 결국은 깨달은 삶이 흡족한 진실(佛)만 남고 깨닫기 전 깨닫게 도와준 분별인 이치와 그 이치체계(佛法)인 생각도 버려지게 됨.

六祖解意

須菩提問此法甚深難信難解末世凡夫智慧微劣云何信入佛答在次下
我於滅後後伍百歲若復有人能持大乘無相戒不妄取諸相不造生死業
一切時中心常空寂不被諸相所縛卽是無所住心於如來深法心能信入
此人所有言說眞實可信何以故此人不於一劫二劫三四五劫而種善根
已於無量千萬億劫種諸善根是故如來說我滅後後五百歲有能離相修
行者當知是人不於一二三四五佛種諸善根何名種諸善根略述次下所

謂於諸佛所一心供養隨順敎法於諸菩薩善知識師僧父母耆年宿德尊
長之前處常行恭敬承順敎命不違其意是名種諸善根於一切貧苦衆生
起慈悲心不生輕厭有所需求隨力惠施是名種諸善根於一切惡類自行
和柔忍辱歡喜逢迎不逆其意令彼發歡喜心息剛戾心是名諸善根於六
道衆生不加殺害不欺不賤不毀不辱不騎不箠不食其肉常行饒益是名
種諸善根信心者信般若波羅密能除一切煩惱信般若波羅密能成就一
切出世功德信般若波羅密能出生一切諸佛信自身中佛性本來淸淨無
有染汚與諸佛佛性平等無二信六道衆生本來無相信一切衆生盡能成
佛是名淸淨信心也若有人於如來滅後發般若波羅密心行般若波羅密
行修習惡解得佛深意者諸佛無不知之若有聞上乘法一心受持卽能行
般若波羅密無相無著之行了無我人衆生壽者四相無我者無色受想行
識也無人者了四大不實終歸地水火風也無衆生者無生滅心也無壽者
我身本無寧有壽者四相旣亡卽法眼明澈不著有無遠離二邊自心如來
自惡自覺永離塵勞妄念自然得福無邊無法相者離名絶相不拘文字也
亦無非法相者不得言無般若波羅密法若言無般若波羅密法卽是謗法
取此三相竝著邪見盡是迷人不惡經意故修行人不得愛著如來三十二
相不得言我解般若波羅密法亦不得言不得般若波羅密行而得成佛法
者是般若波羅密法非法者生天等法般若波羅密法能令一切衆生過生
死大海旣得過已尙不應住何況生天等法而得樂者

第七. 無得無說分

須菩提於意云何如來得阿耨多羅三藐三菩提耶如來有所說法耶須菩
提言如我解佛所說義無有定法名阿耨多羅三藐三菩提亦無有定法如
來可說何以故如來所說法皆不可取不可說非法非非法所以者何一切
賢聖皆以無爲法而有差別

제7 : 얻는 바도 없고 설명할 바도 없음

"수보리야! 너의 뜻은 어떠한고? 本性인채로(如來) 온전한 흡족(아뇩
다라삼먁삼보리 : 안락, 具足)을 얻음인가? 本性인채로도 설명할 것이 있는
이치체계(法)인가?"

수보리가 말하기를 "제가 깨달음 설명하신 바의 정리된 뜻을 [몸과 정
신의 본능반응으로 깨닫지는 못하고] 이해하기로는 정해진 이치체계 없는

온전한 흡족(아뇩다라삼먁삼보리)이라고 부르고 있으며, 또한 정해진 이치체계 없이 本性인채로(如來) 설명할 수 있습니다. 왜냐하면 本性인채로 설명하시는 바의 이치체계는 모두가 다 가질 수도 없고 설명할 수도 없어서 이치체계가 아님이요 비이치체계도 아니기 때문이지만, 왜냐하면 모든(一切 : 몽땅 하나된) 현명함과 성스러움이 모두 함이 없는 이치체계(無爲法)로 [본능반응인 저절로는 차별할 수 있는 이치가 존재할 수 없음에도 수보리가 착각하여] 차별이 있기 때문입니다.”

도움말

허망한 생각이 만드는 法(법)의 있고 없음을 묻고 있음에도 定法(정법)의 있고 없음으로 수보리가 法이 있음을 전제로 엉뚱한 주장을 하고 있음에 유념해야, 이후 세존의 설명을 쉽게 납득하게 됨.

不可分(불가분)인 늘 투명한 眞心(진심)을 아직 깨닫지 못한 수보리가 말하는 無爲法(무위법)으로 차별 있다 함은 내 늘 투명한 마음이 저절로 반응되는 방식까지 분별하고 그 헛分別(분별)로써 定(정)하는 차별을 말하고 있어 마음(인식)을 허망한 생각으로 착각하고 있는 주장임.

내 생각과 상관없이 내 늘 투명한 마음의 현명함(밝음)과 성스러움(맑음)이 저절로 끝없이 증폭 심화되는 흡족함으로 신명난 바라밀로 반응되고 있는 마음이 저절로 써지는 방식(본성)에 대한 수보리의 착각(잘못된 생각)상태.

그래서 뿡간 신바람인 내 진심의 밝고 맑음(현명함과 성스러움)이 늘 저절로 더욱 확대, 심화되는 분별이 불가능한 투명(明淨)한 마음이 저절로 써지는 방식

(本性)의 大乘(대승)과 最上乘(최상승)이란 無爲法(무위법)을 전혀 깨닫지 못한 착각상태인 수보리를 감안하여 세존께서 여러 경우의 無爲(무위)부터 설명하시고 늘 흡족한 채로인 청정(투명)한 가운데(中道의문)상태의 마음(호기심)이 늘 "無爲로" 즉 내 本能(본능)으로 이치(法) 없이 "저절로" 확대 심화(大乘最上乘) 반응되고 있음을 차차로 설명하심.

금강경의 이 대목부터 나타나는 名(명)은 이름 또는 그리 부르는 동사.

잘못 생각(착각)하고 있는 일반인(凡人)은 가짜 내 뜻인 헛분별된 내 생각의 허망한 이치(法)에 맞춰 모든 것을 분별된 이름(名)으로 부르게 됨.

그러나 삶 자체로 늘 흡족한 호기심상태가 늘 투명하여 나눌 수 없음을 깨닫게 되면, 이치로 부르는 名(명)은, 헛분별되어 갈등상태인 불만족한 내 생각구조를 고착시키려는, 내 부질없는 허망한 주장임도 깨닫게 됨.

수많은 名(명)이, 모두 착각상태로 분별된 (내 불만족이 억지로 나눈 것일 뿐이라서, 흡족해지면 전혀 아무 의미 없는 본래의문상태로 되는) 헛것인 내 생각(욕망)임을, 이후 금강경은 여러 경우로 반복 표현함.

내 불만족이 바라는, 내 허망한 욕망인 내 잘못된 생각(착각)으로 창조한 스트레스요 고통일 뿐인 내 헛分別(분별)을 이름까지 지어 늘 그리 부르며 고착시키는 어리석은 생각방식을 스스로 깨닫도록 하려는 것.

六祖解意

阿耨多羅非從外得但心無能所卽是也祇緣對病設藥隨機宜爲說何有
定法乎如來說無上正法心本無得亦不言不得但爲衆生所見不同如來

應彼根性種種方便開誘化導俾其離諸執著指示一切衆生妄心生滅不
停逐境界動於前念瞥起後念應覺覺旣不住見亦不存若爾豈有定法爲
如來可說也阿者心無妄念耨多羅者心無驕慢三者心常在正定藐者心
常在正慧三菩提者心常空寂一念凡心頓除卽見佛性恐人執著如來所
說文字章句不惡無相之理妄生知解故言不可取如來爲化種種衆生應
機隨量所有言說亦何有定乎學人不解如來深意但誦如來所說敎法不
了本心終不成佛故言不可說口誦心不行卽非法口誦心行了無所得卽
非非法三乘根性所解不同見有深淺故言差別佛說無爲法者卽是無住
無住卽是無相無相卽無起無起卽無滅蕩然空寂照用齊皎鑑覺無礙乃
眞是解脫佛性佛卽是覺覺卽是觀照觀照卽是智慧智慧卽是般若波羅
密多又本云聖賢說法具一切智萬法在性隨問差別今人心開各自見性

第八. 依法出生分

須菩提於意云何若人滿三千大千世界七寶以用布施是人所得福德寧
爲多不須菩提言甚多世尊何以故是福德卽非福德性是故如來說福德
多若復有人於此經中受持乃至四句偈等爲他人說其福勝彼何以故須
菩提一切諸佛及諸佛阿耨多羅三藐三菩提法皆從此經出須菩提所謂
佛法者卽非佛法

제8 : (생각인) 이치체계에 의존하므로 (생각) 생김이 새로 나옴

"수보리야! 너의 뜻은 어떠한고? 만약 [내 생각 속] 사람다움이 삼천대
천세계에 칠보를 가득 채워 사용하여 베풀면, 이 사람다움이 얻는 바 복
지어 덕봄은 정녕 많게 됨인가?"

수보리가 말하기를 "매우 많습니다. 세존이시여! 왜냐하면 이 복 지어

덕봄이 바로 복 지어 덕봄의 마음 써지는 방식(福德性 : 삶 자체로 늘 온전히 흡족한 저절로 복 지어 늘 덕보는 방식)일 수 없는 까닭에 本性인채로(如來)의 설명은 복 지어 덕봄이 많다고 합니다.”[본성상태인 늘 온전히 흡족한 내 마음(반응)은 分別(분별)함으로써 상대적인 不足(부족)상태가 된 내 생각이 갈망하게 되는 그 어떤 복덕도 전혀 필요 없기에 많다고 함.]

“만약에 또 어떤 [내] 사람다움이 있어 이 경으로 가운데 상태(中 : 삶 자체로 온통 흡족함을 늘 인식하려는 인식본능 의문방식인 中道)가 마침내 받아들여져 지님(受持 : 납득)으로써 [내 마음 진실이 요약된] 사구게 등을 [내 생각 속] 다른 사람다움(人)에게까지 설명되기에 도달한다면 그 복 지음이 더 나은 것이니라. 왜냐하면 수보리야! 모든(一切 : 몽땅 하나된) 온갖 깨달음(諸佛 : 확철대오) 및 온갖 깨달음의 온전한 흡족함(아뇩다라 삼먁삼보리 : 안락, 具足) 이치체계는 모두 이 경[안락한 내 마음(인식본능인 中道의문과 그 동시반응)의 저절로 증폭 심화(大乘最上乘)되는 진리]을 따름으로써 나옴이기 때문이다. 수보리야! 깨달음을 일컬어 이치체계(法)다 함이면 바로 깨달음[늘 바르게 인식되는 내 현실]일 수 없고 [내 현실에 實存(실존)하지 않는 찰나마다 변하는 내 생각(늘 같은 내 인식을 分別함으로 생긴 모순된 내 갈등상태의 卽非논리)이 만든] 이치체계다.”

도움말

생각이 만든 이치체계(法)로만 사는 일반인(凡人)의 상태가 착각(幻 : 가짜 내 뜻)임을 깨달음이 이치(法)가 무의미한, 생각 없이도 늘 흡족한 인식본능의문(中

道 本性)반응상태가 내 현실이 됨.

'무정부주의자의 정부'라는 말처럼 내 불만족상태인 욕망의 집착이 창조한 착각(가짜 내 뜻인 생각)의 이치체계(法)가 전혀 소용없어진 늘 내 몸과 정신의 본능반응으로 온전히 흡족한 청정(투명) 상태가 깨달음상태.

깨달음은 삶 자체로 흡족함이 늘 눈앞의 투명(明淨)으로 늘 실존하는 내 현실이 으뜸으로 늘 인식(知, 見, 信解)된 채로 살게 됨을 말하는 것임.

삶 자체로 흡족함이 저절로 늘 나투어짐으로써, 가짜 내 뜻으로 고통스럽게 사는 일반인 스스로 깨닫고 싶도록 함이 부처의 법(佛法).

생각의 이치체계로 스스로를 지배하고 있는 보통사람(凡人)에게는 늘 투명한 마음의 늘 더 흡족해지도록 본능 반응되는 방식(本性)의 나툼(發)이 저절로라는 무위법(無爲法)은 마치 거지라고 착각하고 있는 부자에게 "너는 부자다"라는 진실처럼 납득(受持)이 거부됨.

혼동(衆生)과 갈등구조(相) 생각 속에서 어느 쪽으로 함이 있어(有爲)야만 사는 걸로 착각하고 있는 보통사람(凡人)이기에, 스스로 납득을 거부하게 되는 '함도 없고 이치체계(法)도 없이 늘 흡족한 본능반응으로 저절로 나투어짐(發)'이라는 내 진심의 무위법(無爲法)은, 내가 본래 그러하고 지금도 그러함이 나에게 몰록(찰나에 몽땅) 증명만 되는 진리.

다음 분절에서 수보리와 갈등상태의 내 생각으로 함 없이 저절로 그리되는 無爲(저절로)의 여러 경우를 문답하여 내 몸과 정신이 본능반응되는 無爲法(무위법 : 저절로 되는 이치)을 스스로 깨닫도록 돕고 계심.

8分, 9分, 11分, 13分, 17分, 18分에서 "中"이란 한자어의 뜻을 금강경 전체 뜻

의 흐름으로 반복해서 곰곰이 살펴보아야 비로소 "삶 자체로 흡족함을 늘 인식하려는 호기심(의문)상태인 내 마음의 본능반응방식 中道(반야)"를 "中"으로 표현하고 있음이 이해될 것입니다.

반야심경의 色卽是空 空卽是色과 혜능선사의 眞空妙有(진공묘유)가 바로 이 "中"의 정의이며 인식본능의문과 늘 동시에 그 답이 하나로 합쳐진(一合相) 늘 호기심(반야)상태인 몸과 정신의 본능반응인 마음이 실존하는 형식(방식)의 표현입니다.

온갖 정보의 반응인 내 마음(인식)은 흡족(행복)의 인식본능(의문)이 앞선 호기심(지혜)상태로서 늘 내 현실로 나투어지(發現되)기에 그 늘 내 반야(의문 : 지혜)상태로 실존하는 진리(經)의 표현이 "中"입니다.

금강경의 이 대목에서 乃至(내지)를 본디 한자 뜻 그대로 "마침내 …에 도달하다"로 번역해야 전후문맥이 통하게 되지 "…로부터 …까지"라는 뜻으로만 굳어버린 한글화된 한자음(音) 그대로 "…내지"로서 억지로 번역하면 알 수 없는 문장이 되어버립니다.

六祖解意

三千大千世界七寶持用布施福德雖多於性上一無利益依摩訶般若波
羅密多修行令自性不墮諸有是名福德性心有能所卽非福德性能所心
滅是名福德性心依佛教行同佛行是名福德性不依佛教不能踐履佛行
卽非福德性十二部教大意盡在四句中何以知其然以諸經中讚歎四句
偈卽是摩訶般若波羅密多以摩訶般若爲諸佛母三世諸佛皆依此經修

行方得成佛般若心經云三世諸佛依般若波羅密多故得阿耨多羅三藐

三菩提從師所學曰受解義修行曰持自解自行自利爲人演說是利他功

德廣大無有邊際此經者非指此一卷之文也要顯佛性從體起用妙利無

窮般若者卽智也慧以方便爲功智以決斷爲用卽一切時中覺照心是一

切諸佛及阿耨多羅三藐三菩提法皆從覺照生故云此經出也所說一切

文字章句如標如指標指者影響之義依標取物依指觀月月不是指指不

是物但依經取法經不是法經文則肉眼可見法則慧眼能見若無慧眼者

但見其文不見其法若不見法卽不解佛意不解佛意則誦經不成佛道

第九. 一相無相分

須菩提於意云何須陀洹能作是念我得須陀洹果不須菩提言不也世尊
何以故須陀洹名爲入流而無所入不入色聲香味觸法是名須陀洹須菩
提於意云何斯陀含能作是念我得斯陀含果不須菩提言不也世尊何以
故斯陀含名一往來而實無往來是名斯陀含須菩提於意云何阿那含能
作是念我得阿那含果不須菩提言不也世尊何以故阿那含名爲不來而
實無來是故名阿那含須菩提於意云何阿羅漢能作是念我得阿羅漢道
不須菩提言不也世尊何以故實無有法名阿羅漢世尊若阿羅漢作是念
我得阿羅漢道卽爲著我人衆生壽者世尊佛說我得無諍三昧人中最爲
第一是第一離欲阿羅漢我不作是念我是離欲阿羅漢世尊我若作是念
我得阿羅漢道世尊卽不說須菩提是樂阿蘭那行者以須菩提實無所行
而名須菩提是樂阿蘭那行

제9 : 하나이면서 갈등구조는 (가정일 뿐) 갈등구조가 아님

"수보리야! 너의 뜻은 어떠한고? 수다원이 내가 수다원의 결실을 얻는다는 생각을 지을 수 있겠는가?"

수보리가 말하기를 "없습니다. 세존이시여! 왜냐하면 수다원은 [아뇩다라삼먁삼보리로] 「흐름에 들어감」의 이름이니, [흡족해지고 있음이라 또다시] 들어가는 바가 없음이요, 물듦[버릇], 소리, 냄새, 맛, 감각의 이치체계에 들어가지 않음을 수다원이라고 부르고 있기 때문입니다."

"수보리야! 너의 뜻은 어떠한고? 사다함이 내가 사다함의 결실을 얻는다는 생각을 지을 수 있겠는가?"

수보리가 말하기를 "없습니다. 세존이시여! 왜냐하면 사다함의 이름이 [아뇩다라삼먁삼보리에] 「단 한번 왔다감」이라서 실제로 오고감이 없어야 이를 사다함이라고 부르고 있기 때문입니다."

"수보리야! 너의 뜻은 어떠한고? 아나함이 내가 아나함의 결실을 얻는다는 생각을 지을 수 있겠는가?"

수보리가 말하기를 "없습니다. 세존이시여! 왜냐하면 아나함의 이름이 [아뇩다라삼먁삼보리에서] 「오지 않게 됨」이라서 실제로 옴이 없음이요, 이런 까닭에 아나함이라고 부르고 있기 때문입니다."

"수보리야! 너의 뜻은 어떠한고? 아라한이 내가 아라한의 방식(道)을 얻는다는 생각을 지을 수 있겠는가?"

수보리가 말하기를 "없습니다. 세존이시여! 왜냐하면 [아뇩다라삼먁삼보리에] 「존재하는 이치체계가 실제로 없음」을 아라한이라고 부르고 있기 때문입니다. 세존이시여! 만약 아라한이 내가 아라한의 방식(道)을

얻는다는 생각을 지음이면 바로 나, 사람다움, 겹쳐생김, 목숨을 누린다

함[이라는 헛分別(분별)된 내 잘못된 생각]에 집착됨입니다. 세존이시여!

깨달음은 내가 온전한 뽕감(無諍三昧 : 으뜸인 삶의 더없는 흡족함으로 심금

이 울려지고 있는 바라밀)을 얻어 사람다움의 가운데 상태(中 : 中道 호기심

상태)가 가장 으뜸 됨[늘 묻고 답 되는 반응이 동시인 인식본능의 반응으로 확

인되고 있는 내 삶의 뽕간 흡족함이 어떤 상황에서도 최우선시됨]의 설명이

니, 그 으뜸이 [모든 것이 둘째이하로 별것 아닌 것이 됨이라서] 욕망을 여읜

아라한(저절로인 無爲 本性의 흡족한 中道 호기심 바라밀에 가장 접근된 최고

수행경지)이고, 이 욕망(될 사실과 틀리게 바라는 것)을 여읜 아라한인 나라

는 생각을 짓지도 않는 나입니다. 세존이시여! 제가 만약 아라한의 방식

(道)을 얻는 나라는 생각을 짓는다면 바로 세존께서는 곧 고요함의 작용

시킨다 함을 이같이 누리는 수보리라고 말하지 않으시고 수보리가 작용

시키는 것[行 : 有爲, 함이 있음]이 실제로 없기에 고요함의 작용시킴[無爲

本性 : 함이 없는 본능반응방식]을 이같이 누리는 수보리로 부르십니다."

도움말

    깨달음상태는 늘 투명한 채로 흡족한 그대로인 내 진심상태. 착각상태인 凡

人(범인)은 스스로 착각상태인 줄 모르기에 갈등하는 생각을 지어 내 본능반응

인 마음이라며 그 착각에 집착하여 그 헛것인 대칭된 생각 속에서 헤메는(윤회

만 하여 돌았다는) 有爲(유위)로 살게 됨.

    천연적이요 자연적인 내 늘 투명한 진심과 그 써지는 방식(本性)은 지금도 늘

그대로인 내 몸과 정신의 본능반응이라서 지금 스스로에게 증명됨으로 깨닫는 (본래 내 인식인 호기심이 늘 내 현실로 누려지는) 것임.

내가 착각상태로 짓는 모든 내 생각 또한 착각이기에, 깨닫기 전 모든 내 생각은 내 진심이 무시되고 거부 되는 상태라서 진심과 그 저절로 써지는 방식(本性)을 헤아리거나 얻을 수가 없음.

그래서 수다원, 사다함, 아나함, 아라한 등 여러 경우의 無爲(무위)를 질문하시어 수보리의 첫 질문처럼 마음도 어찌할 수 있다는 잘못된 생각(착각)으로 하는 내 有爲(유위)가 몽땅 없어졌을 때도 저절로 그리 되는 내 본능(本能)반응되는 방식(本性 : 호기심상태)으로 함이 없이 無爲(무위 : 저절로)로 써지는 내 마음(인식)을 깨닫도록 돕고 계심.

삶 자체로 흡족함을 더 뚜렷하게 인식하려는 내 진심 써지는 방식인 내 本性으로, 스스로를 늘 더 흡족해지도록 저절로 되어짐(大乘最上乘)이라서, 착각상태인 내 생각으로 함(行)이 없이, 늘 투명한 채로 흡족한 내 眞心의 늘 저절로 나툼(發)과 그 누려짐인 내 호기심(中)상태 본능반응의 無爲(무위 : 함이 없이 저절로)를 수보리 스스로 깨닫도록 돕고 계심.

六祖解意

須陀洹者梵語唐言逆流逆生死流不染六塵一向修無漏業得粗重煩惱不生決定不受地獄畜生修羅類之身名須陀洹果若了無相法卽無得果之心微有得果之心卽不名須陀洹故言不也流者聖流也須陀洹人也離粗重煩惱故得入聖流而無所入無得果之心也須陀洹者乃修行初果也

斯陀含梵語唐言一往來捨三界結縛三界結盡故名斯陀含斯陀含名一
往來往來從天上却到人間生從人間却生天上竟逐出生死三界業盡名
斯陀含果大乘斯陀含者目觀諸境心有一生滅無第二生滅故名一往來
前念起妄後念卽止前念有著後念卽離故實無往來阿那含梵語唐言不
還亦名出欲出欲者外不見可欲之境內無欲心可行定不向欲界受生故
名不來而實無來亦名不還以欲習永盡決定不來受生是故名阿那含諸
漏已盡無復煩惱名阿羅漢阿羅漢者煩惱永盡與物無諍若作得果之心
卽是有諍阿羅漢梵語唐言無諍無煩惱可斷無貪瞋可離性無違順心境
俱空內外常寂若有得果之心卽同凡夫故言不也何名無諍三昧爲阿羅
漢心無生滅去來惟有本覺常照故名無諍三昧三昧梵語此云正受亦云
正見遠離九十六種邪見是名正見然空中亦有明暗諍性中有邪正諍念
念常正無日心邪心卽是無諍三昧修此三昧人中最爲第一若有一念得
果心卽不名無諍三昧阿蘭那梵語唐言無諍行無諍卽是淸淨行淸淨行
者爲除去有所得心也若存有所得心卽是有諍有諍卽非淸淨道常得無
所得心卽是無諍行也

第十. 莊嚴淨土分

佛告須菩提於意云何如來昔在然燈佛所於法有所得不不也世尊如來
在然燈佛所於法實無所得須菩提於意云何菩薩莊嚴佛土不不也世尊
何以故莊嚴佛土者卽非莊嚴是名莊嚴是故須菩提諸菩薩摩訶薩應如
是生淸淨心不應住色生心不應住聲香味觸法生心應無所住而生其心
須菩提譬如有人身如須彌山王於意云何是身爲大不須菩提言甚大何
以故佛說非身是名大身

제10 : 좋게 꾸밈과 깨끗한 바탕

깨달음을 수보리에게 알려주시기를 "너의 뜻은 어떠한고? 本性인채
로(如來) 옛부터 쭉 있는 [무엇과도 바꿀 수 없을 만큼 흡족한 내 삶(나)과 같
은] '자연히 밝혀져 있는 깨달음'(然燈佛 : 지금 착각되고 있지 않은 측면의

내 인식) 거기서 이치체계로 얻는 것이 있음인가?"

"아닙니다. 세존이시여! 本性인채로(如來) 쭉 있는 자연히 밝혀져 있는 깨달음(然燈佛) 거기라서 이치체계로 얻는 것이 실제로는 없습니다."

"수보리야! 너의 뜻은 어떠한고? 스스로에게베풂(보살)이 깨달음의 영역(佛土 : 깨달음이 도달하는 영역인 내 마음보)을 좋게 꾸미는가?"

"아닙니다. 세존이시여! 왜냐하면 깨달음의 영역(佛土 : 내 마음보인 空)을 좋게 꾸민다 함이면 좋게 꾸밈일 수 없음에도 바로 그것[마음보인 空의 늘 청정함]을 좋게 꾸밈이라 부르고 있기 때문입니다."

"이런 까닭에 수보리야! 온갖 스스로에게베풂(보살)과 스스로를풀어줌(마하살)은 꼭 늘 그대로 지금(如是) 투명함(清淨 : 明淨)이 생기는 마음이고 절대로 물들어(色 : 버릇들여짐) 머물지(住 : 집착하므로 머물게 됨) 않고 생기는 마음이며 절대로 소리, 냄새, 맛, 감각의 이치체계(法)로 머물지 않고 생기는 마음이기에 꼭 머무는 바가 없이 그 마음이 생기느니라."[無爲로(무위 : 저절로) 늘 실존하는 진심일 수 없는 내 생각으로 생겨나는 보살, 마하살(善男女 : 人)이란 내 생각 속 마음은 누구나 죽을 때까지 내 有爲(유위 : 조작)로이지만 늘 생김.]

"수보리야! 백두산 제일봉과 같은 사람다운 마음보(身)가 있는 것처럼 비유한다면 너의 뜻은 어떠한고? 이 마음보(身)는 커짐인가?"

수보리가 말하기를 "대단히 큽니다. 세존이시여! 왜냐하면 깨달아 설명하면 마음보(身)일 수 없는 바로 그것[끝이 없는 공간인 空]을 큰 마음보(身)로 부르고 있기 때문입니다."

　지금도 착각되지 않고 있는 측면의 내 마음(인식)의 표현인 然燈佛(연등불)을 전생의 어떤 부처님이라 번역함은 글자 그대로 번역되어야 할 내 마음의 진실에 관한 금강경의 사실적 표현임에도 말씀하는 취지를 모르고 설화적으로 표현하고 있는 잘못된 번역.

　육조단경에 따르면 홍인선사님의 금강경 설명이 진심의 저절로 나투어짐(發)인 "應無所住 而生其心"에 이르자 혜능께서 바로

　何期自性 本自清淨

　何期自性 本不生滅

　何期自性 本自具足

　何期自性 本無動搖

　何期自性 能生萬法

　그 얼마동안 저절로인 방식이기에 본바탕 스스로 순수(투명)해서,

　그 얼마동안 저절로인 방식이기에 본바탕 생기고 없어짐이 없을고!

　그 얼마동안 저절로인 방식이기에 본바탕 스스로 흡족함을 갖추어서,

　그 얼마동안 저절로인 방식이기에 본바탕 흔들림이 없을고!

　그 얼마동안 저절로인 방식이기에 만 가지로도 생겨날 수 있을고!

　라고 "應無所住 而生其心(응무소주 이생기심)"상태와 꼭같은 위와 같은 혜능 본인의 마음이 늘 저절(無爲)로 나투어지고 있음(發)의 솔직한 표현이 5조 홍인선사께서 금강경으로 설명하고 있던 내 마음의 넓고 깊고 큰 깨달음상태라, 바로 혜능을 6조로 인가하십니다.

수보리가 똑같은 진심이 無爲(무위)로 즉 저절로 나투어지(發되)는 표현을 들었을 때 내 마음이 바르게 인식되고 있는 깨달음상태라면, 어찌 혜능선사처럼 수보리 자신의 몸과 정신의 본능반응으로 늘 저절로인 진심상태가 사실 그대로 표현되지 않았으리오?

수보리가 혜능선사처럼 자신의 늘 투명한 채로 흡족한 마음이 늘 저절로 나투어짐을 표현했다면 發心(발심) 즉, 본능반응인 마음이기에 늘 저절로 튕겨져 나옴을 착각하고 있던 수보리 질문에서 시작된 이 금강경의 문답은 홍인선사와 혜능선사의 경우와 같이 여기에서 마무리되었을 것입니다. 깨닫고 있는 본래 의문(中)상태인데 어찌 더 설명할 것이 있으리오!

六祖解意

佛恐須菩提有得法之心爲遣此疑故問之須菩提知法無所得而白佛言不也然燈佛是釋迦授記之師故問須菩提我於師處有法可得不須菩提卽謂法因師開示而實無所得但惡自性本來淸淨本無塵勞寂然相然卽自性佛當知世尊在然燈佛所於法實無所得如來法者譬如日光明照無有邊際而不可取淸淨佛土無相無形何物而能莊嚴耶唯以定慧之寶假名莊嚴事理莊嚴有三第一莊嚴世間國土造寺寫經布施供養是也第二莊嚴見佛土見一切人普行恭敬是也第三莊嚴卽國土心淨國土淨念念常行佛心是也此修行人不應談他是非自言我能我解心輕末學此非淸淨心也自性常生智慧行平等慈悲恭敬一切衆生是修行人淸淨心也若不自淨其心愛著淸淨處心有所住卽是著法相見色著色住色生心卽是

迷人見色離色不住色生心卽是惡人住色生心如雲蔽天不住色生心如
空無雲日月長照住色生心卽是妄念不住色生心卽是眞智妄念生則暗
眞智照則明明卽煩惱不生暗則六塵競起色身雖大內心量小不名大身
內心量大等虛空界方名大身色身縱如須彌山王不爲大也

第十一. 無爲福勝分

須菩提如恒河中所有沙數如是沙等恒河於意云何是諸恒河沙寧爲多
不須菩提言甚多世尊但諸恒河尙多無數何況其沙° 須菩提我今實言告
汝若有善男子善女人以七寶滿爾所恒河沙數三千大千世界以用布施
得福多不須菩提言甚多世尊佛告須菩提若善男子善女人於此經中乃
至受持四句偈等爲他人說而此福德勝前福德

제11 : 함이 없는(저절로인) 복 지음이 가장 낫다

"수보리야! 한강 속 거기에 있는 모래 같은 숫자, 이 모래와 똑같은
한강 같다면 너의 뜻은 어떠한고? 이 온갖 한강 모래는 정녕 많게 됨인
가?"

수보리가 말하기를 "매우 많습니다. 세존이시여! 단지 모든 한강만으

로도 수없이 많음인데 하물며 그 모래는 어떠하겠습니까!"

"수보리야! 내가 [마음은 實(실)과 虛(허)를 따져볼 수 없는 늘 투명한 상태이지만] 이제 실질적인 [늘 청정한 마음과 분별하는 생각의 實(실)과 虛(허)를 가려보는] 말로 너에게 알려주겠다. 만약 [내 생각 속] 선한 남자와 선한 여인이 있어 한강 모래 숫자만큼 거기에 있는 삼천대천세계에 가득 채울 칠보를 가지고 사용해서 베푼다면 복 지음을 얻음이 많음인가?"

수보리가 말하기를 "매우 많습니다. 세존이시여!"

깨달음을 수보리에게 알려주시기를 "만약 [내 생각 속] 선한 남자와 선한 여인이 이 경으로 가운데 상태(中 : 인식본능인 中道의문상태)가 마침내 받아들여져 지님(납득함)으로써 [내 마음 진실이 요약된] 사구게 등을 [내 생각 속] 다른 사람다움에게까지 설명되기에 이른다면 이[내 안에서 증폭 심화되어지는 인식본능의문(中)으로 내 삶(현실)의 흡족이 늘 저절로 더 고요히 뚜렷하게 반응되어 내 현실로 누려지는] 복 지어 덕봄은 앞의[相(상)으로 나누어져 불만족한 갈등구조의 허망한 생각으로 수없이 많이] 복 지어 덕봄보다 더 나음이니라."

도움말

내 본능 늘 증폭, 심화 반응되는 방식(本性)의 내 마음 늘 저절로(無爲로) 스스로에게 베풂과 생각으로 함이 있어야만(有爲로) 스스로에게 베푸는 두 경우의 내 이익에 관한 설명.

六祖解意

布施七寶得三界中富貴報講說大乘經典令諸聞者生大智慧成無上道

當知受持福德勝前七寶福德

第十二. 尊重正敎分

復次須菩提隨說是經乃至四句偈等當知此處一切世間天人阿修羅皆
應供養如佛塔廟何況有人盡能受持讀誦須菩提當知是人成就最上第
一希有之法若是經典所在之處卽爲有佛若尊重弟子

제12 : (깨달음만 못한) 존중의 바른 가르침

"따라서 수보리야! 이 경[진리]을 설명함에 따라 마침내 [내 마음 진실
이 요약된] 사구게 등에 도달하면 반드시 알아서 이 거처하게 되는 곳[處
: 내 마음의 진실인 금강경이 머물 수 있는 유일한 곳은 내 마음뿐]을 [내] 모든
사는 동안(世間)의 정신세계, 사람다움, 혼란스러움이 모두 깨달음의 탑
(기리는 상징물) 묘(영원히 보존되는 곳)와 같이 꼭 받들어 모심인데, 하물
며 할 수 있는 끝까지 받아들여 지니고(납득하고) 읽고 읊는 [내 또다른]

사람다움이 있다면 어떠하겠느냐? 수보리야! 반드시 알아야 하니, 이런 [그 죽을 때까지 수지, 독송하는 내] 사람다움(人)이 가장 높고 제일이지만 사라져가는 이치체계를 성취함이다. 만약 [깨달으면 늘 저절로인 내 마음의 진실이기에 法일 수 없지만 깨닫기 전까지 가장 높고 제일의 法인] 이 경전이 [내 마음보에] 쭉 있어 거처하는 바라면 바로 깨달음이 있게 됨이고, 만약 [금강경의 진리가 본래 내 참 뜻(진심)이 아닌 남의 것처럼] 존중하면 제자[일 뿐이]다.”

도움말

깨달은 남이 해결해줄 것으로 멍청하게 믿어 존중하고 따르기만 하는 信徒(신도)의 피동적 삶을 선호하여 늘 지금 흡족함으로 심금이 울려지고 있는 투명한 내 마음 깨닫기가 어렵다고 하면, 스스로에 대한 믿음이 혼란스러운 미신(迷信)상태의 나에 집착하고 있는 제자일 뿐이지 능동적으로 내 마음을 깨닫고 싶은 佛子(불자)일 수는 없습니다.

六祖解意

所在之處如有人卽說是經若念念常行無念心無所得心不作能所心說
若能遠離諸心當依無所得心卽此身中有如來全身舍利故言如佛塔廟
以無所得心說此經者感得天龍八部悉來聽受心若不淸淨但爲名聲利
益而說是經者死墮三塗有何利益心若淸淨爲說是經令諸聽者除迷妄

心惡得本來佛性常行眞實感得天人阿修羅等皆來供養持經人也自心

誦得此經自心解得經義自心體得無著無相之理所在之處常修佛行念

念心無有間歇卽自心是佛故言所在之處則爲有佛

第十三. 如法受持分

爾時須菩提白佛言世尊當何名此經我等云何奉持佛告須菩提是經名
爲金剛般若波羅密以是名字汝當奉持° 所以者何須菩提佛說般若波羅
密卽非般若波羅密須菩提於意云何如來有所說法不須菩提白佛言世
尊如來無所說須菩提於意云何三千大千世界所有微塵是爲多不須菩
提言甚多世尊須菩提諸微塵如來說非微塵是名微塵如來說世界非世
界是名世界須菩提於意云何可以三十二相見如來不不也世尊不可以
三十二上得見如來何以故如來說三十二相卽是非相是名三十二相須
菩提若有善男子善女人以恒河沙等身命布施若復有人於此經中乃至
受持四句偈等爲他人說其福甚多

제13 : 늘 그대로인 이치체계의 납득

이때 수보리가 깨달음을 털어놓고 말하기를 "세존이시여! 어떤 이름이 이 경에 마땅하며 저희들은 어떻게 받들어 지녀야 합니까?"

깨달음을 수보리에게 알려주시기를 "이 경의 이름은 늘 밝고 맑은 지혜로 심금의 울림(금강반야바라밀)으로 하여 그것을 이름자로서만 너는 꼭 받들어 지니거라! 무엇 때문이냐 하면 수보리야! 깨달아 설명하면 지혜로 심금의 울림(반야바라밀)이 [내 호기심(지혜)상태 본능반응의 표현(名)이 凡夫의 卽非논리로] 바로 지혜로 심금의 울림일 수 없음[아뇩다라삼먁삼보리 또는 본래 면목 등으로도 표현(名)됨]이기 때문이다. 수보리야! 너의 뜻은 어떠한고? 本性인채로(如來)는 설명할 것이 있는 이치체계인가?"

수보리가 깨달음을 털어놓고 말하기를 "세존이시여! 本性인채로(如來)라 설명할 것이 없습니다."

"수보리야! 너의 뜻은 어떠한고? 삼천대천세계 그곳에 있는 작은 먼지 이것은 많게 됨인가?"

수보리가 말하기를 "매우 많습니다. 세존이시여!"

"수보리야! 온갖 작은 먼지는 [늘 본능반응(인식) 그대로인] 本性인채로(如來) 설명하면 작은 먼지일 수 없음에도 바로 그것[세계]을 작은 먼지로 부르고 있고 本性인채로(如來) 설명하면 세계가 세계일 수 없음에도 바로 그것[온갖 작은 먼지]을 세계로 부르고 있느니라."

"수보리야! 너의 뜻은 어떠한고? [내 생각] 32갈등구조(相 : 대칭됨)로도 本性인채로(如來) 보일 수가 있는가?"

"아닙니다. 세존이시여! 32갈등구조로는 本性인채로(如來) 보임을 얻을 수가 없습니다. 왜냐하면 本性인채로(如來) 설명하면 32갈등구조는 갈등구조일 수 없음에도 바로 그것[늘 투명한 내 마음(인식)에 있을 수 없는 내가 가정한 헛것인 32가지 기준으로 갈등하는 가짜 내 뜻이(凡夫의 卽非논리)라서 헛것인 내 생각]을 32갈등구조로 부르고 있기 때문입니다."

"수보리야! 만약 [내 생각 속] 선한 남자 선한 여인이 있어 한강 모래와 같은 [나누어진] 마음보(身)가 시켜서 베푼다 하고, 만약에 또 [내 생각 속] 사람다움이 있어 이 경으로 가운데 상태(中 : 삶 자체로 흡족함을 늘 몽땅 인식하려는 지혜로운 인식본능의문방식인 中道)가 마침내 받아들여져 지님(납득)으로써 [진심을 간명하게 표현한] 사구게 등을 [내 생각 속] 다른 사람다움에게까지 설명되기에 이른다면 그 복 지음이 훨씬 많다."

六祖解意

佛說般若波羅密令諸學人用智慧除去愚心生滅生滅除盡卽到彼岸若
心有所得不到彼岸心無一法可得卽是彼岸口說心行乃是到彼岸佛
問須菩提如來說法心有所得不須菩提知如來說法心無所得故言無所
說也如來意者欲令世人離有所得之心故說般若波羅密法令一切人聞
之皆發菩提心惡無生理成無上道如來說衆生性中妄念如三千大千世
界中所有微塵一切衆生被妄念微塵起滅不停遮蔽佛性不得解脫若能
念念眞正修般若波羅密無著無相之行了妄念塵勞卽清淨法性妄念旣
無卽非微塵是名微塵了眞卽妄了妄卽眞眞妄俱泯無別有法故云是名
微塵性中無微塵卽是佛世界心中有塵勞卽是衆生世界了諸妄念空寂

故云非世界證得如來法身普見塵刹應用無方是名世界三十二相者是
三十二清淨行三十二清淨行者於伍根中修六波羅密於意根中修無相
無爲是名三十二清淨行常修此三十二清淨行卽得成佛若不修三十二
相清淨行終不成佛但愛著如來三十二相自不修三十二相行終不得見
如來世間重者莫過於身命菩薩爲法於無量劫中捨施身命與一切衆生
其福雖多亦不如受持此經四句之福多劫捨身不了空義妄心不除元是
衆生一念持經我人頓盡妄想卽除言下成佛故知多劫捨身不如持經四
句之福

第十四. 離相寂滅分

爾時須菩提聞說是經深解義趣涕淚悲泣而白佛言希有世尊佛說如是
甚深經典我從昔來所得慧眼未曾得聞如是之經 世尊若復有人得聞是
經信心淸淨則生實相當知是人成就第一希有功德世尊是實相者卽是
非相是故如來說名實相世尊我今得聞如是經典信解受持不足爲難 若
當來世後伍百歲其有衆生得聞是經信解受持是人卽爲第一希有 何以
故此人無我相無人相無衆生相無壽者相所以者何我相卽是非相人相
衆生相壽者相卽是非相何以故離一切諸相卽名諸佛佛告須菩提如是
如是若復有人得聞是經不驚不怖不畏當知是人甚爲希有何以故須菩
提如來說第一波羅密卽非第一波羅密是名第一波羅密須菩提忍辱波
羅密如來說非忍辱波羅密是名忍辱波羅密何以故須菩提如我昔爲歌
利王割截身體我於爾時無我相無人相無衆生相無壽者相 何以故我於
往昔節節支解時若有我相人相衆生相壽者相應生瞋恨須菩提又念過

去於伍百世作忍辱仙人於爾所世無我相無人相無衆生相無壽者相是
故須菩提菩薩應離一切相發阿耨多羅三藐三菩提心º不應住色生心不
應住聲香味觸法生心應生無所住心若心有住則爲非住是故佛說菩薩
心不應住色布施須菩提菩薩爲利益一切衆生應如是布施如來說一切
諸相卽是非相又說一切衆生卽非衆生須菩提如來是眞語者實語者如
語者不誑語者不異語者須菩提如來所得法此法無實無虛須菩提若菩
薩心住於法而行布施如人入闇卽無所見若菩薩心不住法而行布施如
人有目日光明照見種種色須菩提當來之世若有善男子善女人能於此
經受持讀誦則爲如來以佛智慧悉知是人悉見是人皆得成就無量無邊
功德

제14 : 갈등구조를 여의는 것은 고요함이요 (헛것의) 사라짐이다

이때에 수보리가 이 경[진리] 설명함을 듣고서 정리된 뜻과 취지를 [깨
닫지는 못한 생각만으로] 깊이 이해하고 눈물을 흘리며 흐느껴 울면서 깨
달음[깨달음은 잘못 깨달음인 착각(錯覺)도 있음]을 털어놓고 말하기를 "사
라져가게 해주시는 세존이시여! 깨달음 설명한 늘 그대로 지금(如是)인
매우 깊은 경전이라니! 지금까지의 내가 얻은 바의 지혜의 눈으로는 아
직 늘 그대로 지금(如是)인 경을 얻어 들을 수조차 없었습니다. 세존이시
여! 만약에 또 [내] 사람다움이 있어 이 경을 듣고 마음을 믿어 투명해짐
(淸淨 : 맑고 깨끗해짐)이면 바로 실다운 갈등구조(實相 = 非相 = 無相 = 色
卽是空 空卽是色인 인식본능의문상태)의 생김이니, 반드시 이 사람다움이

으뜸인 사라져가는 공덕 이룬 것을 압니다. 세존이시여! 이 실다운 갈등구조라 함이면 바로 이는 갈등구조(相 : 대칭됨)일 수 없는 까닭에 本性인채로(如來) 설명하면 [순수(청정)한 진심상태라] 실다운 갈등구조는 이름일 뿐입니다. 세존이시여! 저도 지금 이와 같은 경전을 얻어 듣고 믿고 이해하며 받아들여 지님이 부족하고 어려워짐인데, 만약 맞이할 미래의 세상인 오백세 후에 그때 겹쳐생김(衆生 : 혼동과 혼탁된 생각의 생겨남)이 있어도 이 경을 얻어 들어 믿고 이해하여 받아들여 지닌다면 이런 사람다움이 바로 으뜸 되지만 [그러면 분별 없는 청정(투명)한 마음(호기심)이 되므로 사람다움은 분별된 생각이기에] 사라져갑니다. 왜냐하면 이 사람다움은 [아직 分別(분별)된 생각상태임에도 수보리는 이미 분별이 사라진 것으로 착각하여] 나의 갈등구조가 없고, 사람다움의 갈등구조도 없고, 겹쳐생김의 갈등구조도 없고, 목숨을 누린다 함의 갈등구조도 없기 때문입니다. 어떤 까닭이냐 하면 나의 갈등구조가 바로 [대칭을 이룬 서로 다른 내가 하나인 나의 헛分別이므로] 그것이 갈등구조일 수 없고, 사람다움의 갈등구조, 겹쳐생김의 갈등구조, 목숨을 누린다 함의 갈등구조가 바로 그것이 갈등구조일 수 없기 때문이니, 왜냐하면 [수보리는 계속 스스로 깨달은 늘 그러한 진리가 아니라 그렇게 부르기 때문이라고 남들의 말(뜻)을 깨달음의 근거로서 비논리적으로 말하고 있음] 모든 온갖 갈등구조(相 : 대칭됨)를 여의는 것이 바로 온갖 깨달음(諸佛 : 넓고 깊고 큰 깨달음)이라고 부르기 때문입니다."

깨달음을 수보리에게 알려주시기를 [부르기 때문이 아니라 깨달은 진실은] "늘 그대로 지금이지! 늘 그대로 지금! 만약에 또 [내 분별인] 사람다움이 이 경[내 마음의 진실]을 얻어 들어서 놀랍지 않고 무섭지 않고 두렵지 않음이 있게[安心] 되면 이런 사람다움은 [깨닫기 전 分別된 불만족상태 불안한 생각이므로] 꼭 사라져감을 반드시 알아야 한다. 왜냐하면 [변함없는 본능반응(본성)을 부르고 있기 때문이라 함은 잘못이니] 수보리야! 本性인채로(如來) 설명하면 으뜸 심금의 울림(바라밀)이 으뜸 심금의 울림일 수 없음에도 바로 그것[내 진심의 온전한 흡족함으로 늘 심금이 울려지고 있는 늘 그대로인 如如]을 으뜸 심금의 울림이라고 (찰나마다 변하는 범부 생각[착각]인 即非[즉비] 논리로 잘못) 부르고 있기 때문이다. 수보리야! 참음으로 심금의 울림(인욕바라밀)도 本性인채로(如來) 설명하면 참음으로 심금의 울림일 수 없음에도 바로 그것[삶 자체의 흡족함에 함이 없이 저절로(無爲로) 심금이 울려지고 있음]을 참음으로 심금의 울림이라고 (잘못) 부르고 있다. 왜냐하면 수보리야! 내가 옛날이 된 것처럼 가리왕이 몸통을 베고 찢어도 나는 이 시점에 나의 갈등구조도 없고, 사람다움의 갈등구조도 없고, 겹쳐생김의 갈등구조도 없고, 목숨을 누린다 함의 갈등구조도 없기 때문이다. 왜냐하면 과거에 와있는 내가 갈기갈기 사지가 나누어지는 시점에 만약 나의 갈등구조, 사람다움의 갈등구조, 겹쳐생김의 갈등구조, 목숨을 누린다 함의 갈등구조(相 : 대칭됨)가 있었다면 꼭 [참음만큼 참음에 상반된] 화를 내고 원한이 [늘 삶이 흡족한 내 현실과 반대로] 생겨날 것이기 때문이다. 수보리야! 또 과거 오백세로 생각해도 [오직] 참음 짓는 신선 같은 사람다움이었기에 그 당시로서도 [순수 참음 상태라] 나의 갈등구조가 없고, 사람다움의 갈등구조도 없고, 겹쳐생김의 갈등구조도 없고, 목숨을 누린다 함의 갈등구조도 없었다. 이런 [과거와 현재가 똑같은] 까닭에 수보리야! 스스로에게 베풂(보살)은 꼭 모든(一切 : 몽땅 하나된) 갈등구조(相 : 대칭됨)를 여의고 온전히 흡족한(아뇩다라삼먁 삼보리 : 안락, 具足) 마음이 저절로 튕겨져 나오기에 절대로 물들어 생기는 마음에 머물지(住 : 집착함) 않고, 절대로 소리, 냄새, 맛, 감각의 이치체계(法)로 생기는 마음에 머물지 않고, 꼭 머무는 바 없이 [본능 반응되는 방식에 따라 흡족함이 저절로 증폭, 심화(大乘最上乘)되는] 마음이 생기므로, 만약 마음이 머묾이 있다 하더라도 바로 머물지(住) 않게 됨이다. 이런 까닭에 깨달아 설명하면 스스로에게베풂(보살)인 마음은 절대로 물들어(버릇 들어져) 머물(住 : 집착)지 않는 [본능 반응되는 방식인 저절로] 베풂이다. 수보리야! 스스로에게베풂(보살)은 모든 겹쳐생김(衆生 : 혼동 · 혼탁된 생각의 생겨남)일 때도 이익 됨이니 꼭 늘 그대로 지금(如是) [本性인채로 즉 저절로] 베풂이다. 本性인채로(如來)는 모든 온갖 갈등구조(相)가 바로 [늘 실존하는 투명한 마음에 있을 수 없는 헛것의 대칭상태이므로] 갈등구조일 수 없다는 설명이고 또 모든 겹쳐생김이 바로 [늘 실존한 내 본능반응에 없는 헛것이기에] 겹쳐생김일 수 없다는 설명이다. 수보리야! [내 진심상태인] 本性인채로(如來)는 그것이 참됨을 말함이요, 실다움을 말함이요, 늘 같음을 말함이요, 속이지 않음을 말함이요, 다르지 않음을 말함이다. 수보리야! 本性인채로(如來) 얻는 바 이치체계(法)는 그 이치체계가 [인식본능의 中道(중도)의문상태라] 실다움도 없고 비었음도 없다. 수보리야! 만약 스스로에게베풂(보살)인 마음이 이치체계(法)로 머물러 베풂을 작용하면 [스스로 이롭게만 됨에 이치체계를 따지게 되는 모순에 빠지므로] 바로 [내] 사람다움이 어둠에 들어감과 같아서 [인식본능을 거부하는

無記(무기 : 명함)상태가 되어서] 보이는 것이 없다. 만약 스스로에게베풂(보살)인 마음이 이치체계로 머물지(집착) 않고 [본능반응으로 저절로] 베풂을 작용(行)시키면 바로 [내] 사람다움의 눈이 있어 햇빛에 밝게 비춰진 여러 가지 물든 것(色 : 버릇들여짐)이 보임[생각들이 스크린에 비친 영상처럼 실존하지 않는 헛것으로 바르게 인식됨]과 같다. 수보리야! 오고 있는 세상에 이르러 만약 [내 생각 속] 선한 남자, 선한 여인이 있어서 이 경[내 마음의 진실]을 받아들여 지니고(납득하고) 읽고 읊을 수 있음으로 바로 本性인채로(如來)가 되면 [생각(분별)이 청정(투명)한 마음(인식)에 항복한 상태가 되면] 깨달음의 지혜[인식본능의 의문상태]로써 틀림없이 그런 [늘 흡족한 내] 사람다움을 알고 틀림없이 그런 [늘 흡족한 내] 사람다움이 보이게 되어 헤아릴 수도 없고 끝도 없는 공덕의 성취를 모두 얻음이다."

도움말

일반인(凡人)은 늘 삶 자체로 흡족한 채로인 내가 찰나로 변하는 생각의 卽非 논리로 기쁜 나, 슬픈 나 등의 서로 다른 나로 잘못 생각(착각)됨.

"언제 어느 곳에서도 무엇과도 바꿀 수 없는 나"라는 늘 있는 흡족함[너무 당연해 무시해버린 내 然燈佛]이 확연하게 증명되어 늘 나에게 최우선시됨으로서 내 온전한 흡족함이 되어 늘 내 몸과 정신의 본능반응으로 저절로 더 뚜렷하게 인식이 「누려지는」 채로가 내 진심의 깨달음상태.

살아있는 나를 늘 인식하고 싶은 "이뭣고?"와 그 답인 더없는 흡족한 반응이 내 현실로 늘 최우선하여(無靜三昧로) 實存(실존)함이 깨달음상태.

삶 자체로 흡족함(인식본능반응)을 누릴 줄 모르는 내 상태가 바로 내 불만족(욕망)을 내 행복보다 늘 우선 생각하는 내 잘못된 버릇.

六祖解意

自性不癡名慧眼聞法自惡名法眼須菩提是阿羅漢扵伍百弟子中解空第一已曾勤奉多佛豈得不聞如是深法豈扵釋迦牟尼佛所始言聞之然或是須菩提扵往昔所得乃聲聞慧眼至今方惡佛意故始得聞如是深經悲昔未惡故淚涕悲泣聞經諦念謂之淸淨從淸淨體中流出般若波羅密多深法當知決定成就諸佛功德也雖行淸淨行若見垢淨二相當淸並是垢也卽非淸淨心也但心有所得卽非實相須菩提深惡佛意蓋自見業盡垢除慧眼明徹信解受持卽無難也世尊在世說法之時亦有無量衆生不能信解受持何必獨言後伍百歲蓋佛在之日雖有中下根不信及懷疑者卽往問佛佛卽隨宜爲說無不契惡佛滅後後伍百歲漸至末法去聖遙遠但存言敎人若有疑無處咨決愚迷抱執不惡無生著相馳求輪回諸有扵此時中得聞深經淸心敬信惡無生理者甚爲希有故言第一希有扵如來滅後後伍百歲若復有人能扵般若波羅密甚深經典信解受持者卽知此人無我人衆生壽者之相無此四相是名實相卽是佛心故曰離一切諸相卽名諸佛佛印可須菩提所解善契我心故重言如是也聲聞久著法相執有爲解不了諸法本空一切文字皆是假立忽聞深經諸相不生言下卽佛所以驚怖唯是上根菩薩得聞此理歡喜受持心無恐怖退轉如此之流甚爲希有口說心不行卽非口說心行卽是心有能所卽非心無能所卽是也

見有辱境當情即非不見辱境當情即是見有身相當彼所害即非不見有
身相當彼所害即是如來因中在初地時爲忍辱仙人被歌利王割截身體
無一念痛惱之心若有痛惱之心即生瞋恨歌利王是梵語此云無道極惡
君也一說如來因中曾爲國王常行十善利益蒼生國人歌讚此王故云歌
利王求無上菩提修忍辱行爾時天帝釋化作旃檀羅乞王身肉即割施殊
無瞋惱今竝存二說於理俱通如來因中於伍百世修忍辱波羅密以得四
相不生如來自述往因者欲令一切修行人成就忍辱波羅密行行忍辱波
羅密者不見一切人過惡冤親平等無是無非被他打罵殘害歡喜受之倍
加恭敬行如是行者即能成就忍辱波羅密也不應住色生心者是都標也
聲香等別列其名也於此六塵起憎愛心由此妄心積集無量業結覆蓋佛
性雖種種勤苦修行不除心垢無解脫之理推其根本都由色上住心如能
念念常行般若波羅密推諸法空不生執著念念常自精進一心守護無令
放逸淨名經云上求一切智無非時求大般若經云菩薩摩訶薩晝夜精勤
常住般若波羅密多相應作意無時暫捨若心住涅槃非是菩薩住處不住
涅槃不住諸法一切處不住方是菩薩住處上文說應無所住而其心是也
菩薩不爲求望自身快樂而行布施但爲內破慳心外利益一切衆生而行
布施也如者不生來者不滅不生者我人等相不生不滅者覺照不滅下文
云如來者無所從來亦無所去故名如來如來說我人等相畢竟可破壞非
眞實體也一切衆生盡是假名若離妄心即無衆生可得故言即非衆生眞
語者說一切有情無情皆有佛性實語者說衆生造惡業定受苦報如語者
說衆生修善法定有樂報不誑語者說般若波羅密法出生三世佛決定不
虛不異語者如來所說初善中善後善旨意微妙一切天魔外道無有能超

勝及破壞佛語者也無實者以法體空寂無相可得然中有恒沙性德用之
不匱故言無虛欲言其實無相可得欲言其虛用而無間是故不得言無不
得言有得無而不無言譬不及者其唯眞智乎若不離相修行無由臻此於
一切法心有住著則不了三輪體空如盲者處闇無所曉了華嚴經云聲聞
在如來會中聞法如盲如聾爲住諸法相故也若菩薩常行般若波羅密多
無著無相行如人有目處於皎日之中何所不見也當來之世者如來滅後
後伍百歲濁惡之世邪法競起正法難行於此時中若有善男子善女人得
遇此經從師稟受讀誦在心精進不忘依義修行惡入佛之知見則能成就
阿耨菩提以是三世諸佛無不知之

第十五. 持經功德分

須菩提若有善男子善女人初日分以恒河沙等身布施中日分復以恒河沙等身布施後日分亦以恒河沙等身布施如是無量百千萬億劫以身布施若復有人聞此經典信心不逆其福勝彼何況寫受持讀誦爲人解說須菩提以要言之是經有不可思議不可稱量無邊功德如來爲發大乘者說爲發最上乘者說若有人能受持讀誦廣爲人說如來悉知是人悉見是人皆得成就不可量不可稱無有邊不可思議功德如是人等即爲荷擔如來阿耨多羅三藐三菩提何以故須菩提若樂小法者著我見人見衆生見壽者見即於此經不能聽受讀誦爲人解說須菩提在在處處若有此經一切世間天人阿修羅所應供養當知此處則爲是塔皆應恭敬作禮圍繞以諸華香而散其處

제15 : (내 마음의 진실인) 경을 지니는 공덕

"수보리야! 만약 [내 생각 속] 선한 남자 선한 여인이 있어서 오전에 한 강 모래와 같은 마음보(身 : 마음에 관한 대화이기에 마음의 몸인 空)로써 베풀고, 낮에 한강 모래와 같은 마음보로써 베풀고, 저녁에 한강 모래와 같은 마음보로써 베풀어서, 늘 그대로 지금(如是) 헤아릴 수 없는 마음보로 백천만억겁을 베푼다 하고, 만약에 또 [내 다른] 사람다움이 있어서 [내 마음을 착각하면 내 마음의 진실인 금강경이 거부되지만] 이 경전을 듣고 마음을 믿음이 거슬려지지 않으면 그 복 지음이 저보다 더 나음인데, 하물며 베끼어 받아들여 지니고(受持 : 납득) 읽고 읊어서 사람다움을 [그 사람다움과 다른 내 사람다움에게] 해설하게 된다면 어떠하겠는고? 수보리야! 이 경[내 마음 진실]의 말을 간절히 바람으로써 생각할 수도 없고 가늠할 수도 없게 끝없는 공덕이 있음이니, [진심상태인] 本性인채로(如來) 는 양적인 확대에 맡겨진 채로(大乘) 저절로 튕겨져 나오게(發 : 나툼) 된다[내 온전히 흡족한 진심의 영역이 저절로 커져간다] 함의 설명이 되고 질적인 최상의 올라감에 맡겨진 채로(最上乘) 저절로 튕겨져 나오게(發 : 나툼) 된다[내 진심의 흡족함이 더 뚜렷해져간다] 함의 설명이 되기 때문이다. 만약 [내] 사람다움이 있어서 받아들여 지니고 읽고 읊을 수 있어 널리 사람다움을 [스스로에게] 해설하게 됨이면, 本性인채로(如來) 틀림없이 그런 채로인[저절로 확대 심화되어지고 있는 바로 그 내] 사람다움을 알고 틀림없이 그런 채로인 사람다움이 보이므로[인식되므로] 헤아릴 수도 가늠할 수도 없게 끝없어 생각조차 할 수 없는 [인식본능의문의 不可思議(불가사의)한 호기심상태로 삶 자체의 흡족함이 늘 더 뚜렷하게 반응되어지는]

공덕의 성취를 모두 얻음이다. 늘 그대로 지금(如是) [본능적으로 늘 보살인 내] 사람다움이 똑같아짐이 바로 本性인채로(如來) 온전한 흡족함(아뇩다라삼먁삼보리 : 안락, 具足)을 짊어지게 됨이다. 왜냐하면 수보리야! 만약 작은 이치체계(小法)를 좋아한다 함[小乘(소승) : 저절로 축소됨]이면 나의 보임, 사람다움의 보임, 겹쳐서생김의 보임, 목숨을 누린다 함의 보임[본능반응된 흡족이 분별된 어느 켠으로 향하고 있어 본래의 흡족이 축소되고 있는 小乘(소승) 상태의 상대적 불만족으로 생각하는 방식]에 집착함이라서 바로 이 경[흡족한 내 마음 본성의 저절로 확대, 심화(大乘 最上乘)반응방식]으로 듣고 받아들여 읽고 읊어 [본능적으로 늘 보살인 내] 사람다움을 해설하게 될 수가 없기 때문이다. 수보리야! 쭉 있고 쭉 있는 거처하는 곳곳[뻥간 내 마음보에] 만약 이 경[진리]이 있다면 모든 살아있는 동안(世間)의 [내] 정신세계, 사람다움, 혼란스러움이 이 거처하는 곳[本性상태의 뻥간 내 흡족한 마음보]을 꼭 받들고 돌볼 바를 반드시 아니, 이 거처하는 곳[내 마음보]이면 바로 그것이 탑(늘 그대로 변함없는 기리는 상징물) 됨이니, [내 가짜 뜻(생각)들인 天, 人, 阿修羅가] 모두 꼭 받들고 존경하여 예를 갖추고 싸고돌면서 온갖 좋은 향으로 그 [금강경이] 거처하는 곳[뻥간 내 마음보]에 흩뿌릴 것이다."

[도움말]

　　乘(승)을 수레바퀴 등으로 번역함은 금강경과 같은 직설적인 표현을 왜곡시키는 비유적 표현으로 하고 있는 잘못된 번역.

내 마음의 실체와 本性(본성)을 문답한 금강경에서 乘(승)은 승차, 탑승의 경우처럼 글자 그대로 본래 호기심(中)상태인 내 마음에 타고 있어 그 본능반응 써지는 방식(本性)이 늘 저절로 「누려지고 있음」의 표현.

　　더 확대되어감인 大乘(대승)과 더 순수해져감인 最上乘(최상승)은 내 인식에 내 생각(分別)이 항복되고 있어서 내 본래 면목(인식본능인 의문)이 저절로 더 확연해져 그 반응(안락)이 저절로 더 누려짐의 표현.

六祖解意

佛說末法之時得聞此經信心不逆四相不生卽是佛之知見此人功德勝
前多劫捨身功德百千萬億不可譬喻一念聞經其福尙多何況更能書寫
受持爲人解說當知此人決定成就阿耨多羅三藐三菩提所以種種方便
爲說如是甚深經典俾離諸相得阿耨多羅三藐三菩提所得福德無有邊
際蓋緣多劫捨身不了諸法本空心有能所未離衆生之見如能聞經惡道
我人頓盡言下卽佛將捨身有漏之福比持經無漏之慧實不可及故雖十
方聚寶三世捨身不如持經四句偈法云心有能所四字一本云有能捨所
捨心有元來未離衆生之見此解意又分明故兩存之持經之人心無我所
無我所故是爲佛心佛心功德無有邊際故言不可稱量大乘者智慧廣大
善能建立一切法最上乘者不見垢法可厭不見淨法可求不見衆生可度
不見涅槃可證不作度衆生心不作不度衆生心是名最上乘亦名一切智
亦名無生忍亦名大般若若有人發心求佛無上道聞此無相爲甚深之法
卽當信解受持爲人解說令其深惡不生毀謗得大忍力大智慧力大方便

力方能流通此經也上根之人聞此經典得深惡佛意持自心經見性究竟
復起利他之行能爲人解說令諸學者自惡無相理得見本性如來成無上
道當知說法之人所得功德無有邊際不可稱量聞經解義如教修行後能
廣爲人說令諸衆生得惡修行無相無著之行以能行此行有大智慧光明
出離塵勞雖離塵勞不作離塵勞之念卽得阿耨多羅三藐三菩提故名荷
擔如來當知持經之人自有無量無邊不可思議功德何名樂小法者爲二
乘聲聞人樂小果不發大心故卽於如來深法不能受持讀誦爲人解說若
人口誦般若心行般若在在處處常行無爲無相之行此人所在之處如有
佛塔感得一切天人各持供養作禮恭敬與佛無異能受持經者是人心中
自有世尊故云如佛塔廟當知所得福德無量無邊

第十六. 能淨業障分

復次須菩提若善男子善女人受持讀誦此經若爲人輕賤是人先世罪業
應墮惡道以今世人輕賤故先世罪業則爲消滅當得阿耨多羅三藐三菩
提須菩提我念過去無量阿僧祇劫於然燈佛前得值八百四千萬億那由
他諸佛悉皆供養承事無空過者若復有人於後末世能受持讀誦此經所
得功德於我所供養諸佛功德百分不及一千萬億分乃至算數譬喻所不
能及須菩提若善男子善女人於後末世有受持讀誦此經所得功德我若
具說者或有人聞心則狂亂狐疑不信須菩提當知是經不可思議果報亦
不可思議

제16 : 깨끗이 맑아질 수 있는 쌓인 버릇된 장애

"따라서 수보리야! 만약 [내 생각 속] 선한 남자 선한 여인이 이 경[진

리 : 내 마음의 진실]을 받아들여 지니고(납득하고) 읽고 읊어도 만약 [바로 그 납득한 자신의] 사람다움을 경멸 천대하게 되면 이런 사람다움은 앞 세상(과거)의 죄(罪 : 스스로를 해롭게 하는 내 불만족이 내 근원적 죄)가 쌓인 버릇(業 : 오랜 기간 반복된 버릇)으로 어쩔 수 없게 해롭게만 하는 방식(惡道 : 불만족으로 나쁜 것을 우선 생각하는 방식)에 떨어졌지만 지금 세상(현재)의 [스스로를 害(해)롭게 하는 惡(악)한 방식(道)인 불만족한] 사람다움을 경멸 천대함으로써 그런 까닭에 오는 세상(이후)에서는 죄가 쌓인 버릇(業)이 바로 소멸되어 반드시 온전한 흡족함(아뇩다라삼먁삼보리 : 안락, 具足)을 얻는다. 수보리야! 내가 과거 헤아릴 수 없는 아승기겁을 생각하면 자연히 밝혀진 깨달음(然燈佛 : 착각되지 않고 있는 흡족한 측면의 내 本性)이 앞서므로 [우선함으로서] 팔백사천만억 나유타만큼의 온갖 깨달음을 얻어 틀림없이 [저절로 꼭] 모두 받들어 돌보고 이어받는 일에 헛되이 보낸다 함이 없었다. 만약에 또 [내 다른] 사람다움이 있어 후에 세상이 끝날지라도 이 경[진리 : 내 마음의 진실]을 받아들여 지니고(납득하고) 읽고 읊을 수가 있어서 얻는바 공덕[투명한 채로 흡족한 진심 저절로 확대, 심화(大乘最上乘)되는 본능반응인 참 내 뜻을 깨닫는 공덕]은 온갖 깨달음을 받들어 돌본 바의 내 공덕[분별된 내 생각으로 수없이 많은 가짜 내 뜻의 깨달음 공덕]으로는 백분의 일에 미치지 못하고 천만억분 마침내 수로 계산이나 비유로도 미칠 수 없는 것이다. 수보리야! 만약 [내 생각 속] 선한 남자 선한 여인이 오는 세상(미래)이 끝날(죽을) 때까지 [다함없이] 이 경[온전히 흡족한 진심이 저절로 확대심화(大乘最上乘)되고 있는 진리]을 받아들여 지니고(납득하고) 읽고 읊음이 있어 얻는 바의 공덕을 내가 만약 설명

함을 갖추고 어쩌다 듣는 [내 다른] 사람다움이 있게 되어도 곧바로 [설명한] 마음을 [자신을 믿지 못하는 業때문에] 겁나서 혼란스런 여우의 의혹 [생각]으로 믿지 않는다. 수보리야! 절대로 이 경[내 온전히 흡족한 본능반응인 마음의 진실]은 생각하여 헤아릴 수 없음[분별되어 불만족한 생각으로만 잘못 헤아리게 될 뿐임]과 그 결과로 받는 것[내 본능반응인 변함없는 진실을 수시로 변하는 생각으로 헤아려 그때마다 달라지는 결과] 또한 [늘 갈등 (相)상태로 계속 변하는 가짜 내 뜻으로] 생각하여 헤아릴 수 없음을 알아야 한다.”

도움말

여자인 줄 착각하고 있는 상태인 남자에게 “너는 남자다”는 진실을 말하게 되면, 착각이 심하면 남자라는 진실을 살펴볼 틈도 없게 자신이 여자라는 없는 사실이 진짜라고 생각하며 화를 낼 것이요, 덜 심하면 자기가 남자인지 여자인지 의혹(생각)에 빠지고, 착각이 옅으면 여자로 생각되는 자신이 계속 의문스러운 (지혜로운) 인식본능상태가 될 것임.

삶의 흡족을 확인하려는 지혜로운 인식본능의 늘 온통 의문상태인 “의심”과 “의혹”이라는 답이 나오면 곧 사라질 어리석은 생각의 분별 속 의문상태를 거의 모두가 혼동하는 속에서 과연 나는?]

六祖解意

佛言持經之人如得一切天人恭敬供養爲前生有重業障故今生雖得受持諸佛如來甚深經典常被人輕賤不得人恭敬供養自以受持經典故不起人我等相不問寃親常行恭敬心無惱恨蕩然無所計較念念常行般若波羅密行曾無退轉以能如是修行故得無量劫以至今生所有極惡罪障並能消滅又約理而言先世卽是前念妄心今世卽是後念覺心以後念覺心輕賤前念妄心妄不得住故云先世罪業卽爲消滅妄念旣滅罪業不成卽得菩提也供養恒沙諸佛施寶滿三千界捨身如微塵數種種福德不及持經一念惡無生理息希望心遠離衆生顚倒知見卽到波羅密彼岸永出三塗證無餘涅槃也佛言末法衆生德薄垢重嫉妬彌深邪見熾盛於此經中如有善男子善女人受持讀誦此經圓成法相了無所得念念常行慈悲喜捨謙下柔和究竟成就無上菩提或有人不知如來正法常住不滅聞說如來滅後後伍百歲有人能成就無相心行無相行得阿耨多羅三藐三菩提則必心生驚怖狐疑不信是經義者卽無著無相行也云不可思議者讚歎無著無相行能成就阿耨多羅三藐三菩提也

第十七. 究竟無我分

爾時須菩提白佛言世尊善男子善女人發阿耨多羅三藐三菩提心云何
應住云何降伏其心佛告須菩提善男子善女人發阿耨多羅三藐三菩提
心者當生如是心我應滅度一切衆生滅度一切衆生已而無有一衆生實
滅度者何以故須菩提若菩薩有我相人相衆生相壽者相則非菩薩所以
者何須菩提實無有法發阿耨多羅三藐三菩提心者須菩提於意云何如
來於然燈佛所有法得阿耨多羅三藐三菩提不不也世尊如我解佛所說
義佛於然燈佛所無有法得阿耨多羅三藐三菩提佛言如是如是須菩提
實無有法如來得阿耨多羅三藐三菩提須菩提若有法如來得阿耨多羅
三藐三菩提者然燈佛則不與我授記汝於來世當得作佛號釋迦牟尼以
實無法得阿耨多羅三藐三菩提是故然燈佛與我授記作是言汝於來世
當得作佛號釋迦牟尼°何以故如來者卽諸法如義若有人言如來得阿耨
多羅三藐三菩提須菩提實無有法佛得阿耨多羅三藐三菩提須菩提如

來所得阿耨多羅三藐三菩提於是中無實無虛是故如來說一切法皆是
佛法° 須菩提所言一切法者卽非一切法是故名一切法須菩提譬如人身
長大須菩提言世尊如來說人身長大則爲非大身是名大身須菩提菩薩
亦如是若作是言我當滅度無量衆生則不名菩薩何以故須菩提實無有
法名爲菩薩是故佛說一切法無我無人無衆生無壽者° 須菩提若菩薩作
是言我當莊嚴佛土是不名菩薩何以故如來說莊嚴佛土者卽非莊嚴是
名莊嚴須菩提若菩薩通達無我法者如來說名眞是菩薩

제17 : 결국은 나(라는 헛분별)도 없게 됨

그때 수보리가 깨달음을 털어놓고 말하기를 "세존이시여! [내 생각 속]
선한 남자 선한 여자가 온전히 흡족한(아뇩다라삼먁삼보리) 마음이 저절
로 튕겨져 나오면 어떻게 꼭 머물고 어떻게 그 마음에 항복해야 합니
까?"[그때까지 듣고도 처음과 똑같게 인식본능반응으로 늘 저절로 튕겨져 나
오는 發心(발심)을 어떻게 하느냐고 묻고 있어서 수보리는 그때까지도 본능반
응(本性)으로 저절로인(無爲인) 마음을 함이 있는(有爲인) 생각으로 착각하고
있음.]

깨달음을 수보리에게 알려주시니 "[내 생각 속] 선한 남자 선한 여자가
온전히 흡족한(아뇩다라삼먁삼보리 : 안락, 具足) 마음이 저절로 튕겨져 나
온다(發心) 함은 꼭 늘 그대로 지금(如是) [아뇩다라삼먁삼보리(흡족)인채
로 투명한] 마음이 생김이니, 내[스스로]가 꼭 모든 [번뇌라는 헛것의 생겨
남인] 겹쳐생김(衆生)을 사라져 없게 함이다. 모든 겹쳐생김이 사라져 없

음은 실지로는 이미 [늘 투명한 내 마음이라 본래부터] 하나의 있는 겹쳐생김도 없음을 사라져 없다 함이니라. 왜냐하면 수보리야! 만약 [늘 같은 생각인] 스스로에게베풂(보살)이 [分別(분별)하여 베풀려고] 나의 갈등구조, 사람다움의 갈등구조, 겹쳐생김의 갈등구조, 목숨을 누린다 함의 갈등구조(相 : 분별기준)가 있다면 바로 스스로에게베풂(보살)일 수 없기 때문이다. 어떤 까닭이냐 하면 수보리야! [나누어져서 서로(相)가 되었기에 가짜내 뜻(헛것)인 내 분별(생각)된 불만족상태의] 존재하는 이치체계(法)로 [분별(생각)이전의 내 본능반응(저절로 : 無爲)인] 온전히 흡족한(아뇩다라삼먁삼보리) 마음이 저절로 튕겨져 나온다 함(發心)이 [내 헛분별(생각 : 有爲, 幻)속 마음이기에 헛것일 뿐이라서] 실제로는 없기 때문이다. [그래서 살아있는 한 몸과 정신의 본능반응으로 늘 실존해 있는 내 마음이 내 현실로 누려질수 있게 깨달아야 하는 것]

수보리야! 너의 뜻은 어떠한고? [내 진심상태인] 本性인채로(如來) 자연히 밝혀져 있는 깨달음(然燈佛 : 지금도 본능반응으로 인식되고 있는 측면의 내 마음) 거기에 존재하는 이치체계로 온전한 흡족함(아뇩다라삼먁삼보리)을 얻음인가?"

"아닙니다. 세존이시여! 제가 [저절로 나투어지는(發되는) 내 본능반응과다른 내 생각으로] 이해함과 같은 깨달음(佛)의 정리된 뜻을 설명하신 바로는 자연히 밝혀져 있는 깨달음(然燈佛)이라서 거기 존재하는 이치체계없이도 온전한 흡족함(아뇩다라삼먁삼보리)이 얻어집니다."

깨달음을 말씀하시니 [생각으로 이해함이 아니라] "늘 그대로 지금(如是)이지! 늘 그대로 지금(如是)! 수보리야! 실지로 [생각이 만든] 존재하는 이치체계가 없는 온전한 흡족함(아뇩다라삼먁삼보리)이 本性인채로(如來) 얻어진다. 수보리야! 만약 [생각이 만든] 존재하는 이치체계로 本性인채로(如來)인 온전한 흡족함(아뇩다라삼먁삼보리)을 얻는다 함이면 '자연히 밝혀져 있는 깨달음'(然燈佛 : 지금 인식되고 있는 본능반응)이 바로 나와 더불어 있을 수 없음[그래서 모순]이다. 「오는 세상(이후)의 네가 반드시 얻어져 있기에 짓는 깨달음의 존칭이 석가님」이라고 기억이 주어짐(授記)은 실제로는 [생각으로 만든] 이치체계 없는 [인식본능반응인] 온전한 흡족함(아뇩다라삼먁삼보리)이 얻어져 있음이다. 이러한 까닭으로 '자연히 밝혀져 있는 깨달음'(然燈佛)이라서 나와 더불어 있기에 이같은 말을 만들어 「오는 세상(이후)의 네가 반드시 얻어져 있기에 짓는 깨달음의 존칭이 석가님」으로 기억이 주어짐이니, 왜냐하면 本性인채로(如來)라 함이면 바로 [늘 투명한 마음이라] 온갖 이치체계가 늘 같다는 정리된 뜻이기 때문이다. 만약 本性인채로(如來) 온전한 흡족함(아뇩다라삼먁삼보리)을 얻는다고 말하는 [내] 사람다움이 있다면 수보리야! 실제로 존재하는 이치체계(法) 없는 온전한 흡족함(아뇩다라삼먁삼보리)을 얻고 있음이라 [없는 法(법)은 얻을 수가 없고 法이 없음을 깨닫게 됨] 깨달음이다. 수보리야! 온전한 흡족함(아뇩다라삼먁삼보리)이 얻어진 바 本性인채로(如來)는 그로써 가운데 상태(中 : 내 아뇩다라삼먁삼보리를 인식하려는 인식본능의문상태인 中道)라 실다움도 없고 비었음도 없음이다. 이런 까닭에 本性인채로(如來)인 모든 이치체계 모두 그것이 깨달음의 이치체계라는[본능반응인 늘 흡족한 마음(인식)을 깨닫는 것이므로, 마음의 늘 그대로 안락한 방식(如來法)과 깨달음의 늘 그대로 안락한 방식(佛法)은 똑같다는] 설명이다.

수보리야! 모든 이치체계라고 말함이면 바로 [모든 이치체계(法)가 나누어지기 전 태어났을 때처럼 一合相(일합상 : 합쳐져 하나)된 호기심상태 즉 의문상태이므로] 모든 이치체계일 수 없는 그런 까닭에 [모든 이치체계가 一合相(일합상)된 의문상태가 바로 온갖 지혜라서] 모든 이치체계라고 부른다. 수보리야! 비유하자면 사람다움의 마음보(人身 : 空, 무한공간)가 길고 크다는 것(서로 다른 표현)과 같다.”

　수보리가 말하기를 “세존이시여! 本性인채로(如來) 설명하면 사람다움의 마음보(身)가 큼이 큰 마음보(身)일 수 없음에도 바로 그것[늘 그대로인 끝없는 공간]을 커진 마음보(身)라 부릅니다.”

　“수보리야! 스스로에게베풂(보살) 또한 늘 그대로 지금(如是)이다. 만약 「내가 반드시 헤아릴 수 없는 겹쳐생김을 사라져 없게 한다」는 그런 말을 짓는다면 바로 [늘 베풀기만 하는 생각인] 스스로에게베풂(보살)으로 부를 수 없다. 왜냐하면 수보리야! 존재하는 이치체계가 실제로 없어야 [늘 똑같은 생각인] 스스로에게베풂(보살)으로 부르게 되기 때문이다. 이런 까닭에 깨달아서 설명하면 [내 진심의] 모든(一切 : 몽땅 하나된) 이치체계는 [흡족함으로 뻥간 총체적인 인식본능반응을 뜻함으로 분별된 생각인] 나에도 없고, 사람다움에도 없고, 겹쳐생김에도 없고, 목숨을 누린다 함에도 없다. 수보리야! 만약 [늘 베풀기만 하는 생각인] 스스로에게베풂(보살)이 「내가 반드시 깨달음의 영역을 좋게 꾸미겠다」는 그런 말(뜻)을 짓는다면 그것[늘 베풀지 않는 달라진 생각]을 스스로에게베풂(보살)으로 부를 수 없다. 왜냐하면 本性인채로(如來) 설명하면 깨달음의 영역(佛土 : 깨달음이 도달하는 투명한 채로 무한한 내 마음보인 공간)을 좋게 꾸민다 함이 좋게 꾸밈일 수 없음에도 바로 그것[늘 투명함]을 좋게 꾸밈으로 [잘못] 부르고 있기 때문이다. 수보리야! 만약 [생각인] 스스로에게베풂(보살)에 내 이치체계가 없다 함이 (늘 그대로인) 本性인채로라는 설명임을 통달(마스터)하면 진짜라서 그것[늘 베푸는 생각이 늘 투명한 마음처럼 차별 없이 저절로 써지는 방식]을 스스로에게베풂(보살)이라 부른다."

도움말

本性(본성)이라는 마음의 변함없는 원자적 성질과 생각의 변하는 분자적 성질이 다름을 설명하고, 예외적 생각인 보살이란 내 마음 本性(본성)과 같은 방식인 생각을 또다른 내 마음 본성과 같은 특별한 생각인 如來(여래)와 함께 설명하여, 내 마음 本性을 깨닫도록 돕고 계심.

授記(수기)를 글자 그대로의 본래 뜻인 "기억이 주어(되찾아)짐"이 아니라 천년후대에 생겨나는 관행인 "깨달음 인가하는 글(인가송)을 받는 것"으로 번역함은 깨달음이 늘 온전히 흡족한 인식본능반응의 늘 저절로 심금이 울려져서 누려지던 잊어버린 내 어릴 적 기억(本來面目)의 되찾음(누려짐)인 것을 전혀 이해하지 못한 잘못된 번역.]

六祖解意

須菩提問佛如來滅後伍百歲若有人發阿耨多羅三藐三菩提心依何法
而住如何降伏其心佛言當發度脫一切衆生心度脫一切衆生盡得成佛

已不得見有一衆生是我滅度者何以故爲除能所心除有衆生心亦除我見心也菩薩若見有衆生可度者卽是我相有能度衆生心卽是人相謂涅槃可求卽是衆生相見有涅槃可證卽是壽者相有此四相卽非菩薩也有法者我人等四法是也不除四法終不得菩提若言我發菩提心者亦是人我等法人我等法是煩惱根本佛告須菩提我於師處不除四相得授記不須菩提深解無相之理故言不也善契佛意故佛言如是如是言是卽印可之辭也佛言實無我人衆生壽者始得受菩提記我若有發菩提心然燈佛則不與我授記以實無所得然燈佛與我授記此一段文總成須菩提無我義佛言諸法如義者諸法卽是色聲香味觸法於此六塵中善能分別而本體湛然不染不著會無變異如空不動圓通瑩澈歷劫常存是名諸法如義菩薩瓔珞經云毀譽不動是如來行入佛境界經云諸欲不染故敬禮無所觀佛言實無所得心而得菩提以所得心不生是故得菩提離此心外更無菩提可得故言無實也所得心寂滅一切智本有萬行悉圓備恒沙德性用無乏少故言無虛也能於諸法心無取捨亦無能所熾然建立一切法而心常空寂故知一切法皆是佛法恐迷者貪著一切生爲佛法爲遣此病故言卽非一切法心無能所寂而常照定慧齊行體用一致是故一切法如來說人身長大則爲非大身者以顯一切衆生法身不二無有限量是名大身法身本無處所故言則非大身又以色身雖大內無智慧卽非大身色身雖小內有智慧得名大身雖有智慧不能依行卽非大身依教修行惡入諸佛無上知見心無能所限量是名大身也菩薩若言由我說法除得彼人煩惱卽是法我若言我度得衆生卽有我所雖度脫衆生心有能所我人不除不得名爲菩薩熾然說種種方便化度衆生心無能所卽是菩薩也菩薩若言我

能建立世界者即非菩薩雖然建立世界心有能所即非菩薩熾然建立世
界能所心不生是名菩薩最勝妙定經云假使有人造得白銀精舍滿三千
大千世界不如一念禪定心心有能所即非禪定能所不生是名禪定禪定
即是清淨心也於諸法相無所滯礙是名通達不作解法心是名無我法無
我法者如來說名眞是菩薩隨分行持亦得名爲菩薩然未爲眞菩薩解行
圓滿一切能所心盡方得名眞是菩薩

第十八. 一體同觀分

須菩提於意云何如來有肉眼不如是世尊如來有肉眼須菩提於意云何
如來有天眼不如是世尊如來有天眼須菩提於意云何如來有慧眼不如
是世尊如來有慧眼須菩提於意云何如來有法眼不如是世尊如來有法
眼須菩提於意云何如來有佛眼不如是世尊如來有佛眼須菩提於意云
何如恒河中所有沙佛說是沙不如是世尊如來說是沙須菩提於意云何
如一恒河中所有沙有如是沙等恒河是諸恒河所有沙數佛世界如寧爲
多不甚多世尊佛告須菩提爾所國土中所有衆生若干種心如來悉知何
以故如來說諸心皆爲非心是名爲心所以者何須菩提過去心不可得現
在心不可得未來心不可得

제18 : 하나인 바탕으로 같게만 보는 방식

"수보리야! 너의 뜻은 어떠한고? 本性인채로(如來) 육체적인 눈이 지금 늘 그대로(如是)인가?"

"그렇습니다. 세존이시여! 本性인채로 육체적인 눈이 있습니다."

"수보리야! 너의 뜻은 어떠한고? 本性인채로 정신적인 눈(天眼)이 지금 늘 그대로인가?"

"그렇습니다. 세존이시여! 本性인채로 정신적인 눈이 있습니다."

"수보리야! 너의 뜻은 어떠한고? 本性인채로(如來) 지혜의 눈이 지금 늘 그대로인가?" "그렇습니다. 세존이시여! 本性인채로 지혜의 눈이 있습니다."

"수보리야! 너의 뜻은 어떠한고? 本性인채로 이치체계의 눈이 지금 늘 그대로인가?"

"그렇습니다. 세존이시여! 本性인채로 이치체계의 눈이 있습니다."

"수보리야! 너의 뜻은 어떠한고? 本性인채로(如來) 깨달음의 눈이 지금 늘 그대로인가?"

"그렇습니다. 세존이시여! 本性인채로 깨달음의 눈이 있습니다."

"수보리야! 너의 뜻은 어떠한고? 한강 속 거기 있는 모래와 같이 지금 늘 그대로(如是)라고 깨달음이 그 모래로 설명되지 않았던가?"

"그렇습니다. 세존이시여! 本性인채로(如來)가 그 모래로 설명되었습니다." [佛(깨달음)을 물었음에도 佛의 한 특징인 如來(여래)로 답함은 질문의 도를 정확히 모르는 답.]

"수보리야! 너의 뜻은 어떠한고? 한 한강 속 그곳에 있는 모래와 같고 늘 그대로 지금(如是) 모래와 똑같은 한강이 있어 그 모든 한강 그곳에 있는 모래숫자의 깨달음 세계는 정녕 많게 됨이 지금 늘 그대로(如是) 아닌가?"

"매우 많습니다. 세존이시여!"

깨달음을 수보리에게 알려주시기를 "그리도 많이 있는 불국토[깨달음이 미치는 늘 투명한 끝없는 내 마음의 영역]는 가운데 상태(中 : 中道인 인식 본능의문상태)라서 그곳에 [번뇌인 생각의] 겹쳐생김이 있게 조금이나마 마음에 씨뿌려져도 [온갖 착각의 종자인 생각의 기미만 생겨나도] 本性인채로(如來)라 틀림없이 안다. 왜냐하면 本性인채로(如來) [진심상태로] 설명하면 [똑같지 않은] 온갖 마음은 모두 마음먹음일 수 없음(爲非心 : 아닌 마음 된다 : 서로 다른 헛것인 생각의 생겨남을 늘 等身으로 실존한 내 인식본능반응인 마음이라고 헛주장함)에도 바로 그것을 마음먹음(爲心 : 마음이 된다 : 만들어진 생각을 마음)으로 부르기 때문이니, 어떤 까닭이냐 하면 수보리야! [흡족한 채로 늘 투명한 그대로(等身)인 마음은 생각 없이도 내가 누릴 수는 있어도 절대로 생각처럼 새로 만들어질 수가 없기 때문에] 과거의 마음도 얻을 수가 없고 현재의 마음도 얻을 수가 없으며 미래의 마음도 얻을 수가 없기 때문이다."

도움말

삶 자체로 흡족함을 누리려는 지혜로운 의문이라는 온갖 눈 즉 온갖 능력을 갖춘 내 마음과 그 써지는 방식(本性)은 늘 흡족함 그대로인 등신(等身)임을 깨닫는 것이지 따로 만들거나 얻어질 수 없음.

내 然燈佛(연등불)의 佛性(불성) 즉 지금 온전하지 못한 채로나마 자각되고 있는 내 호기심상태가 활발해져 지극히 곰곰한 상태가 되면 마침내 내 온 누리가 내 인식본능의문(호기심)상태로 실존함이 뚜렷(확연)해짐.

그 간절한 호기심상태가 바로 타고 태어나 지금도 그대로(等身)인 마음으로 스스로에게 확실히 증명됨이, 모든 事物(사물)이 내 인식의 결과임을 몰록 넓고 깊고 크게 확연히 (밝고 맑게) 깨닫는 것(廓徹大悟)임.

'지금'의 내 상황이 불만족으로 멍한 가짜 내 뜻(생각)상태라서, 내 삶이 늘 내 으뜸이기에 온통 흡족한 진짜 내 뜻(진심)에 그 가짜인 내 생각이 '지금' 진짜 항복함으로써, 가장 소중한 내 문제가 '지금' 저절로(無爲로) 온전히 해결되는 것이 불교의 깨달음.

'지금'의 내 상황(현실 : 삶)이 '지금' 저절로(無爲로) 해결되는 깨달음의 문제가 아니라 과거나 미래의 문제로 취급함은, '지금' 내가 깨닫기 싫어서 스스로 만드는(作爲 : 有爲) 어리석은 내 뜻(생각 : 착각).

肉眼(육안), 天眼(천안), 法眼(법안)이 내 생각으로 온갖 것 할 수 있게 하는 有爲(유위)의 내 능력으로서 허망한 내 가능성(能所)이라면 慧眼(혜안), 佛眼(불안)은 그 有爲의 허망함을 알게 하는 좀 더 근원적인 내 능력으로서 삶 자체로 흡족함을 늘 누리고 있는 내 등신(等身)인 진심을 지금 내 현실로 깨닫게 하는 늘 저절로인 내 본능(無爲本能).

六祖解意

一切人有伍眼爲迷所覆不能自見故佛敎除却迷心卽伍眼開明念念修
行般若波羅密法初途迷心名爲第一肉眼見一切衆生皆有佛性起憐愍
心是名爲第二天眼痴心不生名爲第三慧眼著法心除名爲第四法眼細
惑永盡圓明遍照名爲第伍佛眼又云見色身中有法身名爲天眼見一切
衆生各具般若性名爲慧眼見性明徹能所永除一切佛法本來自備名爲
法眼見般若波羅密能生三世一切法名爲佛眼恒河者西國祇園精舍側
近河如來說法指此河爲喩佛說此河中沙一沙況一世界以爲多不須菩
提言甚多世尊佛擧此衆多國土者欲明其中所有衆生一一衆生皆有若
許心數也爾所國土中所有衆生一一衆生皆有若干差別心數心數雖多
總名妄心識得妄心非心是名爲心此心卽眞心常心佛心般若波羅密心
淸淨菩提涅槃心過去心不可得者前念妄心瞥然已過追尋無有處所現
在心不可得者眞心無相憑何得見未來心不可得者本無可得習氣已盡
更不復生了此三心皆不可得是名爲佛

第十九. 法界通化分

須菩提於意云何若有人滿三千大千世界七寶以用布施是人以是因緣
得福多不如是世尊此人以是因緣得福甚多須菩提若福德有實如來不
說得福德多以福德無故如來說得福德多

제19 : 이치체계는 세상에 소통됨으로써 그리(이치체계로) 되어감

"수보리야! 너의 뜻은 어떠한고? 만약 [내 생각 속] 삼천대천세계를 칠
보로 가득 채워 씀으로써 베푸는 [내] 사람다움이 있다면 그 사람다움의
이 인연으로 얻는 복 지음이 많지 않겠느냐?"

"그렇습니다. 세존이시여! 그 사람다움이 이 인연으로써 얻는 복 지음
은 매우 많습니다."

"수보리야! 만약 복 지어 덕봄이 실지로 있으면 本性인채로(如來) 복

지어 덕봄을 많이 얻는다고 설명하지 않는다. [삶 자체로 흡족하여 함(有爲) 있는] 복지어 덕봄이 없는 까닭에 本性인채로(如來) [함 없이(無爲로) 늘 인식본능반응으로 흡족함을] 복지어 덕봄을 많이 얻는다고 설명한다."

도움말

선입관에 의한 원인과 결과 없이 사물 그대로 인식됨이 내 진심이고 사물을 선입관에 의한 원인과 결과로 짝지어 생각하는 방식으로 내 인연이 만들어짐. 사실 그대로가 아닌 내가 인과를 연결하는 내 생각(착각)방식이 내 모든 인연을 만듦. 깨닫고 나면 인과나 인연으로 하는 생각이 마음에 항복하지 없어지는 것이 아니므로, 인과나 인연을 부인하게 됨이 아니고, 늘 흡족한(아뇩다라삼먁삼보리) 인과와 인연이 확연해짐. 마음을 깨달아 생각이 마음에 항복되면 늘 의문상태인 내 생각은 늘 흡족한 마음을 내가 누릴 수 있게 하는 늘 지혜로운 내 보물이 됨.

인연의 작용방식인 '연기(緣起)'라는 표현은 마음(인식)근본요소(원소)들의 상호관련작용방식(眞空妙有의 妙有)의 표현입니다.

여기서 마음의 근본요소(원소)라 함은 物(물)의 표현이 아니고 性(성)의 표현입니다.

내 온누리가, 서로 다른 物적 요소(원소)들의 물리적 결합체로서 연기된다 하면 변하는 내 생각(분별)의 표현이 되고, 性적 요소(원소)들의 화학적 결합체로서 연기된다 하면 변함없는 내 마음(늘 中道의문상태의 인식 : 妙有)의 표현이 됩니다.

세존의 연기(緣起)에 관한 말씀(뜻)은 마음의 표현입니다.

六祖解意

七寶之福不能成就佛果菩提故言無也以其無量數限故名曰多如能超

過卽不說多也

第二十. 離色離相分

須菩提於意云何佛可以具足色身見不不也世尊如來不應以具足色身
見何以故如來說具足色身卽非具足色身是名具足色身須菩提於意云
何如來可以具足諸相見不不也世尊如來不應以具足諸相見何以故如
來說諸相具足卽非具足是名諸相具足

제20 : 물듦을 여의고 갈등구조를 여의다

"수보리야! 너의 뜻은 어떠한고? 깨달음이 흡족함을 갖춘 물들여진
마음보(具足色身 : 흡족한 생각으로 버릇들여진 마음보)로써 보일(인식될) 수
가 있음인가?"

"아닙니다. 세존이시여! 本性인채로(如來)는 절대로 흡족함을 갖춘 물
들여진 마음보로써 보일(인식될) 수 없습니다. 왜냐하면 本性인채로 설

명하면 흡족함을 갖춘 물들여진 마음보가 흡족함을 갖춘 물들여진 마음보일 수 없음에도 바로 그것[흡족함을 갖춤이 물들여졌다 함은 물든 습관(버릇)이 바뀌면 사라질 흡족한 생각일 뿐 인식본능반응으로 늘 흡족한 투명한 마음보가 아닌 생각 속 실존하지 않는 헛것인 마음보]을 흡족함을 갖춘 물들여진 마음보로 (잘못) 부르고 있기 때문입니다."

"수보리야! 너의 뜻은 어떠한고? 本性인채로(如來)가 흡족함을 갖춘 온갖 갈등구조(具足諸相 : 취향에 꼭 맞는 여러 대칭됨)로 보임(인식)일 수가 있음인가?"

"아닙니다. 세존이시여! 本性인채로(如來)가 절대로 흡족함을 갖춘 온갖 갈등구조로 보임(인식)일 수가 없습니다. 왜냐하면 本性인채로 설명하면 온갖 갈등구조의 흡족히 갖춤이 흡족함을 갖춤일 수 없는데도 바로 그것[동시에 서로 상반되어 가짜인 내 뜻들의 만족과 불만족이 대칭을 이룬 내 생각의 여러 갈등구조가 내 취향에 꼭 맞는 상황]을 온갖 갈등구조의 흡족히 갖춤으로 (잘못) 부르고 있기 때문입니다."

六祖解意

佛意恐衆生不見法身但見三十二相八十種好紫磨金耀以爲如來眞身爲遣此迷故問須菩提佛可以具足色身見不三十二相卽非具足色身內具三十二淨行是名具足色身淨行者卽六波羅密是也於伍根中修六波羅密於意根中定慧雙修是名具足色身徒愛如來三十二相內不行三十二淨行卽非具足色身不愛如來色身所自持淸淨行亦名得具足色

身如來者卽無相法身是也非肉眼所見慧眼乃能見之慧眼未明具足生
我人等相以觀三十二相爲如來者卽不名爲具足也慧眼明徹我人等相
不生正智光明常照是名具相具足三毒未泯言見如來眞身者固無此理
縱能見者祇是化身非眞實無相之法身也

第二十一. 非說所說分

須菩提汝勿謂如來作是念我當有所說法莫作是念何以故若人言如來
有所說法卽爲謗佛不能解我所說故° 須菩提說法者無法可說是名說法
爾時慧命須菩提白佛言世尊頗有衆生於未來世聞說是法生信心不佛
告須菩提彼非衆生非不衆生何以故須菩提衆生衆生者如來說非衆生
是名衆生

제21 : 설명하는 바가 (本性의 드러내 보여줌이지) 설명이 아님

"수보리야! 너는 「나는 반드시 설명되는 바가 있는 이치체계(法)다」라
는 그 같은 생각을 本性인채로(如來) 짓는다고 이르지 말 것이며, 그런
생각도 짓지 말아라! 왜냐하면 만약 [내] 사람다움(人)도 [내 眞心] 本性
인채로(如來) 설명 되는 바가 있는 이치체계라고 말함이면 바로 깨달음

(佛 : 생각이전 늘 본능반응으로 흡족하게 인식됨)을 [이치(法)로 살아야만 한다는 그 내 사람다움(人)이] 부인하게 됨이요, 설명하는 바의 [흡족한 삶이 이치(法)로 분별(分別)되어 불만족한 지금의] 나를 [생각(착각)의 이치(法)로 손해만 보고 있는 상태라고] 이해할 수 없게 되는 까닭이다. 수보리야! 이치체계 설명이라 함은 이치체계 없이도 설명할 수 있는 그것[삶의 흡족이 인식본능으로 저절로인 반응(發 : 나툼)]을 이치체계 설명이라고 부르고 있는 것이다."

이때 지혜롭게 따르던 수보리가 [어리석은] 깨달음[착각]을 털어놓고 말하기를 "세존이시여! [혼동 · 혼탁된 생각이라 쏠림이 있을 수 없음에도] 쏠림이 있는 겹쳐생김(衆生 : 혼동과 혼탁된 생각의 생겨남)으로도 미래 세상에서 이 같은 이치체계 설명을 듣고 마음을 믿음이 생기겠습니까?"

깨달음을 수보리에게 알려주시기를 "이 아니겹쳐생김(非衆生)은 [늘 인식본능반응인 투명한 마음에 없기에] 안 되는(不) 겹쳐생김이기에 아님(非)이다. 왜냐하면 수보리가 겹쳐생김(衆生)을 겹쳐생김(衆生)이라 함은 [진심상태인] 本性인채로(如來) 설명하면 겹쳐생김(衆生)일 수 없음에도 바로 그것[인식본능반응으로 실존하는 투명한 마음에 없는 헛것(생각)의 생겨남인 혼탁 · 혼동된 번뇌(카오스)의 생겨남]을 겹쳐생김(衆生)으로 부르고 있기 때문이다."

六祖解意
凡夫說法心有所得故告須菩提如來說法心無所得凡夫作能解心說如

來語默皆如所發言辭如響應聲任用無心不同凡夫作生滅心說若言如
來說法心有生滅者卽爲謗佛維摩經云眞說者無說無示聽法者無聞無
得了萬法空寂一切名言皆是假立於自空性中熾然建立一切言辭演說
諸法無相無爲開導迷人令見本性修證無上菩提靈幽法師加此爾時慧
命須菩提以下六十二字是長慶二年今現在濠州鐘離寺石碑上記六祖
解在前故無解今亦存之

第二十二. 無法可得分

須菩提白佛言世尊佛得阿耨多羅三藐三菩提爲無所得耶佛言如是如
是須菩提我於阿耨多羅三藐三菩提乃至無有少法可得是名阿耨多羅
三藐三菩提

제22 : 이치체계 없이 (저절로) 얻어질 수가 있음

수보리가 깨달음을 털어놓고 말하기를 "세존이시여! [쏠림이 없다고 하
시니] 깨달음이 얻은 온전한 흡족함(아뇩다라삼먁삼보리 : 안락, 具足)은 얻
을 것이 없게 됨인가요?"

깨달음을 말씀하시니 "늘 그대로 지금이지(如是)! 지금 늘 그대로야
(如是)! 수보리야! 내[스스로]가 온전한 흡족함(아뇩다라삼먁삼보리)으로
마침내 얻을 수 있는 작은 이치체계조차 없게까지 도달한 그것[삶 자체

로 흡족함이 늘 으뜸이기에 다른 모든 것이 내 뺑간 흡족함의 이치(法)가 됨]을 온전한 흡족함(아뇩다라삼먁삼보리)으로 부른다."

六祖解意

須菩提言所得心盡卽是菩提佛言如是如是我於菩提實無希求心亦無
所得心以如是故得名阿耨多羅三藐三菩提

第二十三. 淨心行善分

復次須菩提是法平等無有高下是名阿耨多羅三藐三菩提以無我無人
無衆生無壽者修一切善法則得阿耨多羅三藐三菩提須菩提所言善法
者如來說卽非善法是名善法

제23 : 깨끗한 마음 작용이 선(스스로 이롭게만)함

"따라서 수보리야! 그 이치체계가 똑같아져 존재하는 높고 낮음이 없
는 그것[늘 無諍三昧(무쟁삼매 : 으뜸, 뽕감)의 흡족한 채로이기에 모든 것이
똑같이 흡족함의 이치(法)가 됨]을 온전한 흡족함(아뇩다라삼먁삼보리 : 안
락, 具足)으로 부른다. 나도 없고, 사람다움도 없고, 겹쳐생김도 없고, 목
숨을 누린다 함도 없을 만큼, 모든 선함의 이치체계(善法 : 스스로 이롭게
만 되는 이치체계)가 되풀이됨(修 : 닦음)이 바로 온전한 흡족함(아뇩다라삼

막삼보리)을 얻음이다. 수보리야! 선함의 이치체계(善法)를 말하는 것이라 함은 本性인채로(如來) 설명하면 [진심 써지는 방식 즉 인식본능반응 되는 방식(本性)인] 선함의 이치체계일 수 없음에도 바로 그것[서로 상반된 한쪽으로만 계속 자신을 이롭게 하여 대칭되는 쪽은 자신을 해롭게 하는 투명한 마음이 아닌 갈등구조의 분별로 생각(착각)하는 방식]을 선함의 이치체계(善法)로 부르고 있다."

六祖解意

此菩提法者上至諸佛下至昆蟲盡含種智與佛無異故言平等無有高下
以菩提無二故但離四相修一切善法則得菩提若不離四相雖修一切善
法轉增我人欲證解脫之心無由可了若離四相修一切善法解脫可期修
一切善法者對一切法無由染著對一切境不動不搖於出世法不貪不著
不愛於一切處常行方便隨順衆生使之歡喜信服爲說正法令惡菩提如
是始名修行故言修一切善法修一切善法希望果報卽非善法六度萬行
熾然俱作心不望報是名善法

第二十四. 福智無比分

須菩提若三千大千世界中所有諸須彌山王如是等七寶聚有人持用布施若人以此般若波羅密多經乃至四句偈等受持讀誦爲他人說於前福德百分不及一百千萬億分乃至算數譬喩所不能及

제24 : 복 지음과 현명함은 (나에게 그 德이) 비교될 수 없음

"수보리야! 만약 삼천대천세계 속 그곳에 있는 온갖 백두산의 제일봉 그와 똑같게 칠보를 모아 있는 [내] 사람다움이 지니고 써서 베푼다 하고, 만약 [내 다른] 사람다움이 이 지혜로 심금의 울림(반야바라밀다)경으로 마침내 [삶 자체로 빵가게 흡족한 내 진심을 표현한] 사구게 등을 받아들여 지니고(납득하고) 읽고 읊어서 [내] 다른 사람다움에게까지 설명되기에 이른다 하면, 앞의 복 지어 덕봄은 백분의 일에 못 미치고, 백천만억분, 마침내 비유가 미칠 수 없는 곳의 수로 계산할지라도 미칠 수가 없다."

도움말

늘 내 분별이 존재할 수 없는 호기심(의문) 本能(본능) 써지는 방식(本性)으로 늘 저절로 본능반응 되고 있는 살아있음(삶) 자체에 늘 온전히 흡족한(아뇩다라 삼먁삼보리) 채로와 대칭된 갈등구조(相)인 내 대칭(分別)된 생각의 한쪽으로만 福(복) 지어 덕보기에 불만족도 늘 존재하는 상대적 흡족이 어찌 서로 비교가 될 수 있으리오!]

六祖解意

大鐵圍山高廣二百二十四萬里小鐵圍山高廣一百一十二萬里須彌山
高廣三百三十六萬里以此名爲三千大千世界就理而言卽貪瞋痴妄念
各具一千也如爾許山盡如須彌以況七寶數持用布施所得福德無量無
邊終是有漏之因而無解脫之理摩訶般若波羅密多四句經文雖少依之
修行卽得成佛是知持經之福能令衆生證得菩提故不可比

第二十五. 化無所化分

須菩提於意云何汝等勿謂如來作是念我當度衆生須菩提莫作是念何
以故實無有衆生如來度者若有衆生如來度者如來則有我人衆生壽者
須菩提如來說有我者則非有我而凡夫之人以爲有我須菩提凡夫者如
來說卽非凡夫是名凡夫

제25 : (깨달음은) 변화되는 바가 없이 그리됨

"수보리야! 너의 뜻은 어떠한고? 너희들은 「내[스스로]가 반드시 겹쳐
생김(衆生 : 혼동·혼탁된 생각의 생겨남)을 없앤다(度 : 사라져 없게 하는 減
度 중 없게 함)」는 그 같은 생각을 本性인채로(如來) 짓는다고 이르지 말
아라! 수보리야! 그같은 생각도 짓지 말아라! 왜냐하면 존재하는 겹쳐생
김(衆生)을 本性인채로 없앤다(度) 함이 [혼동·혼탁된 내 가짜 뜻의 생겨남

인 衆生(중생)은 헛것이기에 늘 투명한 내 마음보에] 실제로는 없기 때문이다. 만약 존재하는 겹쳐생김[내 가짜 뜻인 허망한 생각의 생겨남]을 本性인채로(如來) 없앤다(度) 함이면 本性인채로도 바로 [내 투명한 마음에 없는] 나, 사람다움, 겹쳐생김, 목숨을 누린다 함[온갖 허망한 분별]이 있다 함이다. 수보리야! 本性인채로(如來) 설명하면 [늘 같은 나임에도 기쁠 때 나일 수 없던 슬픈 내가 슬퍼지면 나로 생각되는 것처럼] 존재하는 나라 함이 존재하는 나일 수 없지만 존재하는 나 되는 바로 범부(凡夫 : 凡人, 깨닫지 못한 보통사람)의 [내] 사람다움[착각(卽非논리)상태인 남(他人)의 사람다움과 다 그렇다면서 같아지는 내 가짜 뜻으로 하는 생각방식]이다. 수보리야! 범부라 함은 本性인채로(如來) 설명하면 범부일 수 없음에도 바로 그것[착각(卽非논리)상태의 성현]을 범부로 부르고 있다."

도움말

늘 투명한 내 진심과 그 써지는 방식은 변함없음에도 일반인(凡人)은 찰나마다 변하기에 저절로 실존할 수가 없는 허망한 내 생각을 일생동안 쉼없이 만들면서 내 마음이 변한다고 스스로 속여 스스로 속은 착각(卽非논리)상태로 살아감. 그래서 죽는 순간도 변함없는 진심(호기심 : 반야, 지혜)상태에 없는 찰나마다 생멸하는 생각으로만 살아감.

변함없는 참 내 뜻인 진심의 깨달음은 내 삶(현실)이 늘 무엇과도 바꿀 수 없을 만큼 온통 흡족함을 내가 확실하게 선택 결단하므로 내 모든 고통 그 자체인 불만족이 내 현실(삶)에 대한 내 진짜 뜻과 다른 헛것임이 늘 뚜렷해진 상태.

六祖解意

須菩提意謂如來有度衆生心佛爲遣須菩提如是疑心故言莫作是念一
切衆生本自是佛若言如來度得衆生成佛卽爲妄語以妄語故卽是我人
衆生壽者此爲遣我所心也夫一切衆生雖有佛性若不因諸佛說法無由
自惡憑何修行得成佛道如來說有我者是自性淸淨常樂我淨之我不同
凡夫貪瞋無明虛妄不實之我故言凡夫之人以爲有我有我人者卽是凡
夫我人不生卽非凡夫心有生滅卽是凡夫心無生滅卽非凡夫不惡般若
波羅密多卽是凡夫若惡般若波羅密多卽非凡夫心有能所卽是凡夫心
無能所卽非凡夫

第二十六. 法身非相分

須菩提於意云何可以三十二相觀如來不須菩提言如是如是以三十二
相觀如來 佛言若以三十二相觀如來者轉輪聖王卽是如來須菩提白佛
言世尊如我解佛所說義不應以三十二相觀如來爾時世尊而說偈言
若以色見我 以音聲求我
是人行邪道 不能見如來

제26 : 마음보의 이치체계는 갈등구조(대칭)가 아님

"수보리야! 너의 뜻은 어떠한고? [내 생각] 32갈등구조(32相)로도 本
性인채로(如來)만 보는 방식(觀 : 늘 그리만 보아 늘 그리만 보이는 방식)인
가?"

수보리가 말하기를 "늘 그대로 지금(如是)입니다. 늘 그대로 지금(如

是). 32갈등구조로도 本性인채로만 보는 방식(如來觀)입니다.” [직전의
“범부일 수 없음에도 범부로 부르고 있다.”는 세존의 설명을 수보리가 엉뚱하게
오해하여 제13분에서 본인이 말한 것과 정반대로 말하고 있음. 그래서 세존께
서는 수보리가 아직도 바르게 인식되지 않고 있는 “如來로 설명하면…”라고 반
복하신 늘 인식본능반응인 마음이 착각상태인 사람(凡人)도 늘 현실로 인식(知,
見, 信解)될 수 있도록 늘 스스로 같은 생각을 지어 늘 그리만 보이게 하는 如來
觀(여래관)을 설명하고 계심. 변화로 더 좋아지겠다고 스스로 항복한 분별되어
불만족한 생각에 구속되어 삶의 흡족도 온전히 깨닫지 못하여 늘 현실로 못 누
리는 수보리를 위하여 이 경 마지막에 그 흡족한 (아뇩다라삼먁삼보리) 마음의
如來觀 짓는 생각방식까지 제시하여 주심.]

깨달음을 말씀하시니 “만약 [내 생각의] 32갈등구조(32相)로도 本性인
채로만 보는 방식(如來觀 : 늘 그대로만 인식되는 방식)이라 함이면 [32가지
삶 방식을 기준으로 하는 32가지 갈등하며 변하는 생각상태로 살고 있는] 전륜
성왕도 바로 그 本性인채로(如來)다.”

수보리가 [본인의 실수를 알아차리고] 깨달음을 털어놓고 말하기를 “세
존이시여! 제가 [깨닫지는 못하고 단지 생각으로] 이해함과 같은 깨달음의
정리된 뜻을 설명하신 바로는 절대로 [내 생각의] 32갈등구조로는 本性
인채로만 보는 방식(如來觀)일 수 없습니다.”

이때 세존이 말씀하신 [如來觀] 사구게.

만약 꼭 물들여진 것[바뀔 버릇]으로 내가 보이[의식되]거나,

꼭 음성[사라질 가짜 뜻]으로 나[스스로]를 파악하면,

이 사람다움은 틀린 방식을 씀(行)이니,

本性인채로[늘 본능방식으로] 보일[인식될] 수가 없다.

도움말

"如來(여래)로 설명하면 지금의 A가 참A일 수 없다" 함은 착각되던 참A의 깨달음상태를 뜻하는 것임에도, 수보리를 포함한 보통사람(凡人) 대부분은 착각상태A와 상반됨을 뜻하는 것으로(수은을 물로 잘못 생각하다 물이 아니라고 하자 물과 상반되어 대칭된 불로 잘못 생각하는 경우처럼) 받아들이는 경우가 많음.

보통사람은 기존 생각을 다른 생각으로 생각의 윤회(맴돌기)만 하지만, 내 인식(진짜 내 뜻)은 내 몸과 정신의 늘 흡족한 본능반응(等身)이고, 불만족상태는 생각(가짜 내 뜻)으로 그 반응(인식)을 거부한 상태임.

사물이 존재한다 함은 사물에 대한 내 뜻(意)이 존재함이고 그 사물에 내 뜻이 없으면 그 사물은 나에게 의식되지 않음(一切唯意造).

진심상태는 인식본능(의문)과 그 반응하는 방식(本性) 늘 그대로(如來) 더 고요히 뚜렷해지고 있는 안락(흡족)한 내 현실(삶)이자 참 내 뜻.

六祖解意

世尊大慈恐須菩提執相之病未除故作此問須菩提未知佛意乃言如是如是之言早是迷心更言以三十二相觀如來又是一重迷心離眞轉遠故如來爲說除彼迷心若以三十二相觀如來者轉輪聖王卽是如來轉輪聖王雖有三十二相豈得同如來世尊引此言者以見須菩提執相之病令其

所惡深澈須菩提被問迷心頓釋故云如我解佛所說義不應以三十二相
觀如來須菩提大阿羅漢所惡甚深方便不生迷路以冀世尊除遣細惑令
後世衆生所見不謬也若以兩字是發語之端色者相也見者識也我者是
一切衆生身中自性清淨無爲無相眞常之體不可高聲念佛而得成就念
須正念分明方得惡解若以色聲求之不可見也是知於相中觀佛聲中求
法心有生滅不惡如來矣

第二十七. 無斷無滅分

須菩提汝若作是念如來不以具足相故得阿耨多羅三藐三菩提須菩提
莫作是念如來不以具足相故得阿耨多羅三藐三菩提須菩提汝若作是
念發阿耨多羅三藐三菩提心者說諸法斷滅相莫作是念何以故發阿耨
多羅三藐三菩提心者於法不說斷滅相

제27 : 끊어짐도 없고 사라짐도 없다

"수보리야! [具足諸相(구족제상)으로는 절대 如來(여래)로 인식될 수 없다
고 앞에서 설명되었기에] 너가 만약 흡족한 갈등구조(具足相 : 취향에 맞는
갈등상태)로서가 아닌 까닭에 [진심상태인] 本性인채로(如來) 온전히 흡
족함(아뇩다라삼먁삼보리)을 얻는다고 생각하면 수보리야! 흡족한 갈등
구조(具足相)로서가 아닌 까닭에 本性인채로 온전히 흡족함을 얻는다고

[앞의 凡夫(범부)와 32相(상) 설명 때처럼 "아니다"를 "그와 상반됨이다"로 잘 못] 생각하지 말아라! 수보리야! 너가 만약 온전히 흡족한(아뇩다라삼먁 삼보리) 마음을 저절로 나툰다 함이 온갖 이치체계의 끊어지고 사라진 갈등구조[상호관련이 없어진 각각의 수많은 法]로 설명 된다고 생각한다면 그런 생각도 하지 말아라! 왜냐하면 온전히 흡족한(아뇩다라삼먁삼보리 : 안락, 具足) 마음을 저절로 나툰다 함은 [삶 자체로 흡족한 마음 써지는 방식 (本性)이 늘 저절로(無斷無滅로) 나투어지는(發되는) 내 인식본능반응의 표현 이지] 이치체계(法)의 끊어지고 사라진 갈등구조[서로 관련이 없어진 독단 적인 생각이 만든 독불장군식 이치체계의 분별]로 설명함이 아니기 때문이 다."

도움말

본성인채로(如來)는 내 진심(인식)의 지속 표현이지 내 몸과 정신의 반응 없는 멍한(無記) 생각의 지속 표현이 아님.

삶 자체로 흡족함이 곰곰한 심금의 울림으로 저절로 확대 심화(大乘, 最上乘) 되어 더 확연해(밝고 맑아)지고 있는 채로인 내 진심의 늘 저절로 활발하게 지혜 로운 방식(의문)으로 써지는(用) 본능 반응하는 방식(本性)인 늘 곰곰함(定慧바라 밀)의 표현이 여래(如來).

性(성)은 相(상)으로 대칭되게 分別(분별)된 갈등구조인 생각의 어느 한쪽으로 향하는 방식(性向)에도 쓰이지만, 相(상)도 分別(분별)도 있을 수 없는 늘 투명한 내 마음(인식)의 늘 흡족(안락, 행복)에 총체적(一合相)으로 향해진 본능반응방식

(本性向)에도 쓰이는 표현.

　性格(성격)과 性品(성품)은 변하는 생각 쓰는 분별방식 표현이지, 늘 투명한채
로 흡족(안락)한 마음보(空 : 等身) 반응(마음本性의 發)되는 저절로 마음이 온통으
로만 써지는 융합방식 표현이 아님.

六祖解意

須菩提聞說眞身離相便謂不修三十二淨行而得菩提佛語須菩提莫言
如來不修三十二淨行而得菩提汝若言不修三十二淨行得阿耨菩提者
卽是斷佛種性無有是處

第二十八. 不受不貪分

須菩提若菩薩以滿恒河沙等世界七寶持用布施若復有人知一切法無
我得成於忍此菩薩勝前菩薩所得功德°何以故須菩提以諸菩薩不受福
德故須菩提白佛言世尊云何菩薩不受福德須菩提菩薩所作福德不應
貪著是故說不受福德

제28 : 받아들이지도 않고 탐내지도 않음

"수보리야! 만약 스스로에게베풂(보살)이 한강 모래와 똑같은 [생각의]
세계에 가득 채운 칠보를 지니고 씀으로써 [스스로에게] 베풀고, 만약에
또 [뭉땅으로 몽땅 하나된] 모든 이치체계가 [이미 분별(有爲分別) 된] 나 없
어야 얻어지고 [생각으로 분별하는 法(법)은 내 선택이 아니고] 참음으로 이
루어짐[삶 자체로 흡족한 인식본능반응 되는 방식인 本性(본성)과 다른 분별

하는 생각으로 살려고 하면 本性을 무시, 거부하는 생각의 이치(當爲)와 그 이치체계(法)로 본성을 참아야 함]을 아는 [내] 사람다움이 있다면 이 스스로에게베풂(보살)이 전 스스로에게베풂(보살)의 얻는 바 공덕보다 낫다. 왜냐하면 수보리야! 온갖 스스로에게베풂(보살)은 [삶 자체로 흡족한 본능반응 되는 방식(本性)으로 저절로 흡족하기에 따로] 복(저절로인 이익) 지음을 받아들이지 않고도 [늘] 덕보는 까닭이다."

수보리가 깨달음을 털어놓고 말하기를 "세존이시여! 어찌하여 스스로에게베풂(보살)이 복 지음을 받아들이지 않고도 [늘] 덕 봅니까?"

"수보리야! 스스로에게베풂(보살)이 복 짓고 덕봄은 전혀 탐하거나 집착하지 않음이다. 이런 까닭에 [흡족함이라는 모든 복을 본능반응으로 저절로 누리고 있기에] 복 지음을 받아들이지 않고도 [늘] 덕본다고 설명한다."

도움말

슬프면 그 슬픔이 스스로 인식되어 누려지듯이, 내 진심의 깨달음상태는, 저절로 늘 스스로에게 베푸는 방식인 내 총체적인 보살性(성)의 덕으로, 늘 온전히 흡족한(아뇩다라삼먁삼보리) 더 밝고 맑아지고 있는 내 몸과 정신 본능반응이 현실로서 누려지는 내 인식.

六祖解意

通達一切法無能所心是名爲忍此人所得福德勝前七寶福德菩薩所作

福德不爲自己意在利益一切衆生故言不受福德

第二十九. 威儀寂靜分

須菩提若有人言如來若來若去若坐若臥是人不解我所說義何以故如
來者無所從來亦無所去故名如來

제29: 당당함이 갖추어져 늘 그대로인 고요함

"수보리야! 만약 [늘 투명한 마음] 本性인채로(如來)가 오기도 하고 가
기도 하고 앉기도 하고 눕기도 한다고 [의인화하여] 말하는 사람다움이
있다면, 이 사람다움은 내가 설명한 바의 정리된 뜻을 이해 못함이다. 왜
냐하면 [늘 투명한 마음] 本性인채로(如來)라 함은 따라서(뒤쫓아서) 오는
바도 없고 또 가버리는 바도 없는 [늘 타고 태어난 투명한 채로인] 까닭에
本性인채로(如來)라고 부르고 있기 때문이다."

如如(여여)인 "채로" 모든 일상적인 常事(상사 : 살아가는 보통 일)가 되어야만 내 진심(참 내 뜻)이 늘 그대로인 如如라고 할 수 있음.

이때의 "채로"라는 우리말 표현을 깊이 이해할 수 있어야 내 마음의 如來(여래)가 本性(본성)인 채로고 내 청정(투명)한 眞心(진심) 써지는 방식의 변함없는 성질을 표현한 것으로 납득할 수가 있음.

그래야 本性이라는 善性(선성), 中道性(중도성), 如來性(여래성), 보살性, 마하살性, 바라밀性, 大乘性(대승성), 最上乘性(최상승성) 등 내 삶 자체로 늘 흡족한 진심 써지는 방식의 여러 특성(분자적 성질의 내 생각이 꼭 종속하게 되는 내 마음의 원자적 성질)을 제대로 이해할 수가 있음.

내 本性이 늘 확연해져야, 늘 투명한 마음에 없어 헛것인 내 가짜 뜻인 생각(착각)으로 내가 살고 있음이 뚜렷해지고, 바로 그 내 가짜 뜻인 생각을 스스로 分別(분별)하여 대립(相)시킨 스트레스(갈등)가 바로 내 모든 고통임도 납득됨.

그래야 늘 청정한 채로 온전히 흡족한 내 진심(진짜 내 뜻)이 지금 내 몸과 정신의 반응으로 누려지는 깨달음의 필요가 간절해짐.

내 모든 고통일랑 당작 흥겨움 되는 가락으로 오랜 세월 늘 우리들 힘드는 일조차 즐겁게 만든 "?!如(여)— ?!如, ?!如— ?!如—로 常事(상사)되여, ?!如— ?!如—"보다 이 금강경의 내 인식본능(의문)반응되는 방식(本性)으로 늘 확인(?)하여 누리고(!) 있는 늘 호기심상태 투명한 마음이 바로 내 삶(현실) 자체가 흡족한 여래(如來 : 如如 : 늘 그대로)임을 더 잘 읊어 바라밀로 표현된 것이 있었던가? 옴?!메!—암(옴)?!—

六祖解意

如來非來非不來非去非不去非坐非不坐非臥非不臥行住坐臥四威儀

中常在空寂卽是如來也

第三十. 一合理相分

須菩提若善男子善女人以三千大千世界碎爲微塵於意云何是微塵衆
寧爲多不須菩提言甚多世尊°何以故若是微塵衆實有者佛則不說是微
塵衆所以者何佛說微塵衆卽非微塵衆是名微塵衆世尊如來所說三千
大千世界卽非世界是名世界何以故若世界實有者則是一合相如來說
一合相則非一合相是名一合相須菩提一合相者卽是不可說但凡夫之
人貪著其事

제30 : 하나로 합쳐진 (내 마음) 이치와 갈등구조(대칭)

"수보리야! [내 생각 속] 선한 남자 선한 여인이 삼천대천세계를 부숨
으로써 작은 먼지가 된다면 너의 뜻은 어떠한고? 이 작은 먼지무리는 정
녕 많게 됨인가?"

수보리가 말하기를 "매우 많습니다. 세존이시여! 왜냐하면 만약 이 작은 먼지무리가 실제로 있다 한다면 깨달음이 바로 그것[부서진 삼천대천세계]을 작은 먼지무리라고 설명하지 않기 때문이니, 어떤 까닭이냐 하면 깨달음으로 설명하면 작은 먼지무리는 작은 먼지무리일 수 없음에도 바로 그것[삼천대천세계]을 작은 먼지무리로 부르고 있기 때문입니다. 세존이시여! [내 늘 투명한 마음] 本性인채로(如來) 설명하는 바의 삼천대천세계가 세계일 수 없음에도 바로 그것[온갖 작은 먼지무리]을 세계로 부르고 있는 것입니다. 왜냐하면 만약 세계가 실지로 있다 함이면 바로 그것은 [온갖 작은 먼지가] 하나로 합쳐진 갈등구조(一合相 : 융합방식 : 인식본능의문상태 : 活句 : 如是 : 뽕감)이기 때문이지만, [내 삶 흡족(안락)함의 내 인식본능상태인 내 늘 투명한 마음] 本性인채로(如來) 설명하면 하나로 합쳐진 갈등구조가 하나로 합쳐져 갈등구조일 수 없음에도 바로 그것[안락(흡족)하여 뽕간 내 인식본능의문상태의 色卽是空 空卽是色(색즉시공 공즉시색)인 상(相) 없는 늘 투명(순수)함]을 하나로 합쳐진 갈등구조로 부르고 있습니다."

"수보리야! 하나로 합쳐진 갈등구조(一合相 : 活句 : 如是 : 뽕감)라 함이면 바로 그것은 [분별할 수밖에 없는 대칭된 생각구조(相)로 살아온 범부라서 늘 저절로인 뽕간 의문상태가 납득되지 않아] 설명될 수가 없음인데, 다만 범부의 사람다움이 그 일[내 삶의 흡족에 뽕가 色卽是空 空卽是色(색즉시공 공즉시색)의 하나로 합쳐진(一合相 : 活句 : 如是) 내 인식(호기심)이 온누리의 밝고 맑음으로 늘 있음]을 [깨닫는 것이 아니라 나에게 늘 없는 것처럼] 탐내고 집착한다."

六祖解意

佛說三千大千世界以喻一切衆生性上微塵之數如三千大千世界中所
有微塵一切衆生性上妄念微塵卽非微塵者聞經惡道覺慧常照趣向菩
提也念念不住常在淸淨如是淸淨微塵是名微塵衆三千者約理而言則
貪瞋痴妄念各具一千數也心爲善惡之本能作凡作聖其動靜不可測度
廣大無邊故名大千世界心中明了莫過悲智二法由此二法而得菩提說
一合相者心有所得故卽非一合相心無所得是名一合相一合相者不壞
假名而談實相由悲智二法成就佛果菩提說不可盡妙不可言凡夫之人
貪著文字事業不行悲智二法若不行悲智二法而求無上菩提何有可得

第三十一. 知見不生分

須菩提若人言佛說我見人見衆生見壽者見須菩提於意云何是人解我
所說義不不也世尊是人不解如來所說義何以故世尊說我見人見衆生
見壽者見即非我見人見衆生見壽者見是名我見人見衆生見壽者見須
菩提發阿耨多羅三藐三菩提心者於一切法應如是知如是見如是信解
不生法相須菩提所言法相者如來說即非法相是名法相

제31 : (내 마음 진실의) 앎과 보임은 (깨달음이지) 생김이 아니다

"수보리야! 만약 [내] 사람다움이 깨달음은 나의 보임, 사람다움의 보
임, 겹쳐생김의 보임, 목숨을 누린다 함의 보임을 설명한다고 말한다면,
수보리야! 너의 뜻은 어떠한고? 그 사람다움은 내[스스로]가 설명한 바
의 정리된 뜻이 이해됨인가?"

"아닙니다. 세존이시여! 그 사람다움은 本性인채로(如來) 설명된다는 것[깨달음]의 정리된 뜻이 이해되지 못했습니다. 왜냐하면 세존께서 설명하시길 나의 보임, 사람다움의 보임, 겹쳐생김의 보임, 목숨을 누린다 함의 보임이 [삶 자체로 흡족한 늘 투명한 진심에 없는 불만족상태의 욕망으로 분별된 허망한 생각(착각)이기에] 나의 보임, 사람다움의 보임, 겹쳐생김의 보임, 목숨을 누린다 함의 보임[인식]일 수 없다고 하셔도 바로 그 것을 나의 보임, 사람다움의 보임, 겹쳐생김의 보임, 목숨을 누린다 함의 보임[인식]으로 부르고 있기 때문입니다."

"수보리야! 온전히 흡족한(아뇩다라삼먁삼보리 : 안락, 具足) 마음이 저절로 튕겨져 나온다 함은 모든 이치체계로 꼭 늘 그대로 지금(如是) (온전히 흡족한 채로) 알고, 늘 그대로 지금(如是) (온전히 흡족한 채로) 보이고, 늘 그대로 지금(如是) (온전히 흡족한 채로) 믿고 이해하여[본능반응으로 늘 온전히 흡족한 뻥간 투명한 마음의 늘 저절로 써짐이라서] 이치체계 갈등구조(法相 : 이치가 서로 상반됨)가 생길 수 없음이다. 수보리야! [방금] 말한 바 이치체계 갈등구조라 함은 本性인채로(如來) 설명하면 이치체계 갈등구조일 수 없음에도 바로 그것[더없이 좋고 평안한 채로에 상반된 더없이 싫고 불안한 채로만이 아니라 조금 좋고 평안하거나 조금 싫고 불안하거나 無記(무기) 등 더없이 흡족하여 뻥간 본능반응과 다른 어떤 생각하는 법의 분별이라도 존재함]을 이치체계 갈등구조(法相)로 부른 것이다."

스스로는 착각인줄 모르는 상태가 착각이기에 일반인(凡人)은 분별(이치)로 늘 불만족한 착각(그릇된 覺)상태의 내 허망한 생각의 흡족을 깨달음(올바른 覺) 상태의 내 몸과 정신의 반응으로 불만족 없이 누려지는 뽕간 온전한 흡족이라고 스스로를 계속 속이고 있는 상태.

착각(생각)과 정각(인식)을 막론하고 覺(각)은 끝없이 저절로 확대, 심화되어지고 있는(大乘, 最上乘) 뽕간 상태.

마치 거지라고 착각한 채로 "나는 망한 적도 거지된 적도 없다"고 말하고 생각하면서도 여전히 자신이 거지란 착각(잘못 깨달음)으로 계속 구걸하고 있는 사람처럼, 수보리가 세존의 말씀을 누구보다 이치적(法)으로는 잘 알아들으면서도 아직도 처음 모순된 질문을 하던 수보리 자신의 착각(제7분의 無爲法으로 차별)이 사라진 眞心(진심)을 깨닫지는 못함.

그래서 세존께서 여기까지만 마음을 수보리의 견해(눈높이)에 맞춰 이치적으로 설명하시고, 수보리처럼 늘 흡족한 삶(현실)을 이치로 생각만 하고 뽕간 흡족한 인식(마음)을 못 누리는 경우에 생각이 만든 이치(法) 없이 늘 삶 자체로 흡족한 인식이 현실로 누려질 수 있는 온전히 흡족함(아뇩다라삼막삼보리)의 觀(관) 짓는 방식을 제시하여 깨닫도록 돕게 됨.

六祖解意
來說此經者令一切衆生自惡般若智慧自修行菩提果凡夫人不解佛意
便謂如來說我人等見不知如來說甚深無相無爲般若波羅密法如來所

說我人等見不同凡夫我人等見如來說一切衆生皆有佛性是眞我見說
一切衆生有無漏智性本自具足是人見說一切衆生本自無煩惱是衆生
見說一切衆生性本不生不滅是壽者見發菩提心者應見一切衆生皆有
佛性應見一切衆生無漏種智本自具足應信一切衆生本無煩惱應信一
切衆生自性本無生滅雖行一切智慧方便接物利生不作能所之心口說
無相法而心有能所卽非法相口說無相法心行無相行而能所心滅是名
法相也

第三十二. 應化非眞分

須菩提若有人以滿無量阿僧祇世界七寶持用布施若有善男子善女人
發菩提心者持於此經乃至四句偈等受持讀誦爲人演說其福勝彼云何
爲人演說 不取於相如如不動何以故
一切有爲法 如夢幻泡影
如露亦如電 應作如是觀

제32 : (마음이) 대응함에 따라 변화됨은 (착각일 뿐) 참됨이 아니다

"수보리야! 만약 [내] 사람다움이 헤아릴 수 없는 아승기 세계에 가득
찬 칠보를 지니고 써서 베풂이 있다 하고, 만약 [내 생각 속에] 선한 남자
선한 여인이 있어 안락해진(보리 : 善果 : 흡족이 누려지는) 마음이 저절로
튕겨져 나온다 함인 이 경(진리)을 지니어 마침내 사구게 등을 받아들여

지니고(납득하고) 읽어 [내] 사람다움이 읊고 [내 다른 사람다움에게] 연설하게 되기에 도달함(大乘最上乘)이면, 그 복 지음이 저보다 낫다. [내] 사람다움이 연설하게 됨이란 어이함인가? 갈등구조(相)로 갖춰지지 않은 늘 그대로인 채로[如如]가 움직이지(변하지) 않게 함이다. 왜냐하면

모든 (흡족함이 저절로가 아닌) 함이 있는 이치체계는

꿈, 환상, 물거품, 그림자와 같으니

이슬처럼 또한 번개처럼(매순간 번쩍하는 뽕감인 頓으로)

꼭 지금 늘 그대로(뽕가서 늘 흡족한 채로)만 보는 방식을 짓도록 함

이기 때문이니라."

도움말

보리는, 스스로를 현실보다 높여서 생겨난 내 불만족이 사라지게 늘 오만한 스스로를 참 내 현실(삶)에 맞게 낮추어(下化)서, 스스로를 이롭게만 하는 내 선(善)본능반응방식 써짐(用)의 결실(善果)인 흡족(안락)이 늘 지금 더 확연하게 내 현실(삶)로 누려짐(上求)의 표현입니다.

如是觀(여시관)은 아뇩다라삼먁삼보리觀(관)으로 늘 흡족한 채로(如來인 보리)가 내 현실로서 매순간 실존(實存)하는 생각상태의 표현입니다.

늘 本性인채로(如來)면서도 내 현실로 알아지고, 보여지고, 믿어져 이해되지 않던 삶 자체로 흡족(안락)한 참 내 인식(진심)인 늘 뽕간 바라밀상태 청정(투명)이 늘 지금 내 현실(보리)로 누려짐의 표현이 如是입니다.

如是觀은 내 몸과 정신의 인식본능반응과 같아진 더 고요히 뚜렷해지는 生

滅 없는 내 안락한 의문상태 생각만 지속됨의 표현입니다.

여기서 세존께서 말씀하시는 온전히 흡족한(아뇩다라삼먁삼보리) 觀(관)이 몰록 지어져야 비로소 이 경이 受持(수지) 즉 납득된 것입니다.

내 삶(현실)이 온전히 흡족하여 늘 내 몸과 정신의 심금이 울려지고 있기에 내 온누리가 밝고 맑은 투명함으로 늘 지금 보여지는(인식되는) 이 觀(내 흡족한 본능반응을 누리려고 내 생각이 몽땅 쉬는 의문상태)을 짓는 실천이 참선입니다.

깨닫지 못한 상태의 내 생각은 스스로 잘 아는 내 표면의식뿐만 아니라 그 몇 배의 스스로 늘 알기 힘든 내 잠재의식도 있습니다.

내 표면의식과 내 잠재의식이 얼마만큼 똑같으냐가 바로 내 생각(뜻)의 진실성입니다.

뽕감(如是)이란 표현은 여럿이라 모두 가짜인 내 뜻들이 몰록 하나(一合相)의 내 뜻(의문)이 되므로 진실된 내 뜻(생각)으로 되어짐의 표현이고, 진실해진 내 생각(뜻)은 늘 참 내 뜻으로만 되어지는 내 인식본능반응인 마음(늘 호기심상태)과 똑같아진 것입니다.

따라서 觀(화두 : 의문)이 쉽게 지어지고 어렵게 지어지는 문제는 얼마나 간절하게 짓고 싶느냐 하는 내 생각의 진실성 문제가 됩니다.

죽어버린 시체와는 다르게 내 깊은 잠 속에서도 살아서 작용되고 있는 내 인식본능(의문)반응(안락 : 흡족)인 마음과 똑같아진 내 생각이 늘 흡족(안락)을 누리려는 지혜(의문상태) 그 자체인 본래 내 뜻입니다.

잠들기 직전과 잠에서 깨어난 직후 내 생각의 차이가 깊은 잠 속에서도 작용한 내 뜻의 잠재의식작용입니다.

다시 지을 필요 없게 의문상태 생각이 잠재의식으로도 지속되어야 이 觀이요 觀할 필요 없게 늘 그대로인 내 마음이 몰록 (찰나에 몽땅) 나에게 증명된 내 삶(현실)의 흡족함으로 늘 심금이 울려지고 있는 내 몸과 정신의 본능반응이 그와 다른 내 생각이 몽땅 의문상태로 쉬고 있어 지금 누려지는 깨달음상태가 내 보리(안락의 진짜 누려짐)입니다.

혜능선사처럼 이 금강경이 확연히 납득(受持)되므로 삶 자체로 흡족(안락)한 늘 투명한 내 진심이 언하대오(言下大悟 : 듣고 깨닫는 보편적 깨달음) 안 되면, 수보리처럼 이 온전히 흡족한(아뇩다라삼먁삼보리) 觀으로 실참(實參 : 흡족한 본능반응이 실제로 누려짐)되려고 즉 내 인식본능인 "이뭣고?"로 내 몸과 정신의 본능반응이 누려지던 기억을 되찾아 삶 자체가 흡족(안락)한 심금의 울림상태인 늘 밝고 맑은 내 현실(보리)을 몰록 깨닫고자 참구(參究 : 생각이 몽땅 쉬는 의문상태가 되어 흡족한 본능반응을 누리려고 애씀)하는 것입니다.

일반인(凡人)이 자기의 착각상태를 진심상태로 거의 모두가 오해하고 있어서 세존으로부터 이어옴이 공인된 역대조사님(후대에 긍정적인 큰 영향을 주는 제자를 둔 스승)에 의한 온전한 내 진심 깨달음을 점검하여 해주시는 인가는, 공인된 깨달음에 의하여 검증 받아 공인되어지는 그 시대 가장 확실한 진심이라고 할 수 있습니다.

어째서 내 생각방식을 바꾸는 "應作如是觀(응작여시관)"을 해야 하는가? 즉 내가 무엇을 잘못된 방식(道)으로 생각(착각)하고 있는가? 는 이 금강경의 세존의 뜻을 납득하는 것이 첩경입니다.

"應作如是觀"을 내가 실현하는 방법은 육조 혜능선사이래 화두참선방법인 "활구참선"(한마디 언구로 된 의문이 내 최우선된 해결되어야 할 현안이라서, 늘 맨 앞의 내 뜻인 살아있는 화두가 됨으로써, 그 내 인식본능과 같아진 내 의문이 늘 내 현실이

됨으로써 그 의문과 동시 되는 내 본능반응도 늘 현실로 누려짐으로써 내 진심을 깨닫는 수행방식)이 오늘날까지 가장 쉽고, 간단하고, 확실한 것으로 인정되고 있습니다.

금강경 사구게의 "如露亦如電"을 기존 한글 번역들은 하나같이 "如夢幻泡影"과 비슷한 예를 반복하는 것으로 번역했습니다.

그러나 이 사구게가 취하고 있는 五言四句 한문 정형시 형식에 맞도록 이 사구게를 해석하려면 "一切有爲法"과 "如夢幻泡影"을 짝지어 봐야 하고 "如露亦如電"은 "應作如是觀"과 짝지어 보아야 합니다.

이 "如露亦如電"은 "깜박" 착각 했다나 "문득" 깨달았다 할 때의 "깜박"이나 "문득"에 해당하는 "찰나에 몽땅"이란 표현입니다. 선가에 말하는 "몰록"에 해당하는 표현이고 敎(교)적으로는 頓(돈)에 해당하는 표현입니다.

"如露亦如電"을 "이슬이 반짝하는 것처럼(如) 또는 번개가 번쩍하는 것처럼(如) 찰나에 삶 자체로 온전한 흡족에 뽕간 심금의 울림으로 몽땅 밝고 맑아짐"이라는 의미로 번역해야 "應作如是觀"과 짝지어 점차가 아니라 몰록만 되는 늘 투명한 진심, 온전한 깨달음의 실감나는 표현이 됩니다.

불만족한 "그릇된 깨달음(착각)인 채로" 살다가 삶 자체로 흡족(안락)한 내 몸과 정신의 본능반응이 늘 내 현실로 누려지는 "바른 깨달음(정각)인 채로"가 되려고 본능반응에 맞추어 몰록(찰나에 몽땅) 하는 내 선택과 결단인 깨달음 종교라서 佛敎(불교)를 頓敎(돈교)라고도 하는 것입니다.

몰록 깨닫는 방식인 "如露亦如電"의 올바른 번역은 참으로 중요한 문제입니다. "점차로 깨닫겠다"고 하면 내 착각상태도 覺(각)상태라 흡족 없는 내 불만족 상태의 생각이 온갖 이치를 더 만들어 매순간 증폭 심화되므로 "점차 깨달음"

은 불가능합니다. 지금 당작 선택 결단하여야 불만족 없는 온전히 흡족(아뇩다라 삼먁삼보리)한 내 몸과 정신의 본능반응을 지금의 내 현실로 가장 쉽고 간단하고 확실하게 깨달을 수 있기 때문입니다.

六祖解意

七寶福雖多不如有人發菩提心受持此經四句爲人演說其福勝彼百千 萬億不可譬喩說法善巧方便觀根應量是名人演說所聽法人有種種相 貌不等不得作分別之心但了空寂如如之心無所得心無勝負心無希望 心無生滅心是名如如不動也夢者是妄身幻者是妄念泡者是煩惱影者 是業障夢幻泡影業是名有爲法若無爲法者則眞實離名相梧者無諸業 佛說是經已長老須菩提及諸比丘比丘尼優婆塞優婆夷一切世間天人 阿修羅聞佛所說皆大歡喜信受奉行

깨달음 설명한 이 경이 끝나니 나이든 웃어른 수보리와 온갖 비구, 비구니, 우바새, 우바이의 [자신들] 모든 살아오는 동안(世間) 정신세계, 사람다움, 혼란스러움이 설명한 바의 깨달음을 듣고 거의 다 크게 기뻐하며 믿고 받아들여 받들어 작용시켰다.

도움말

수보리 등이 유마거사와 가섭이나 반야심경의 사리자처럼 듣기 전이나 듣자

마자 온전히 깨달았다면, 本能 써지는 방식(本性)이 늘 저절로 나투어짐인 發心 상태라서, 그 늘 뽕가있는 진심이 저절로 증폭 심화(大乘, 最上乘)되고 있어서, 깨닫기 위하여 따로 더 行(有爲)할 리가 없었겠지만, 세존의 말씀을 끝까지 듣고도 모두 그때까지는 듣고 깨닫지(言下大悟 하지) 못하였기에 내 眞心을 온전히 깨닫는 觀을 有爲(유위)로 짓는 법 등을 信受奉"行"(신수봉"행")하는 것임.

세존이 제시하신 아뇩다라삼먁삼보리觀(本來面目) 짓는 법 등을 간절하게 信受奉行함으로써 수보리께서는 역대조사(그 당시 공인된 더없이 확실하게 진심을 깨달은 분)반열에 올려질 만큼 후일에 삶 자체로 흡족한(아뇩다라삼먁삼보리) 眞心을 넓고 깊고 크게 깨닫는 확철대오를 하시게 됨.

언하대오(言下大悟)와 같은 몰록 깨달음은 지금 내 생각이 관여할 틈도 없는 찰나로 뽕감이지만, 觀 짓는 것은 지금 내 간절한 생각으로만 됨.

觀 짓는 것은 생각을 하나로 집중시키는 것이고, 쉼 없이 만들어지고 있는 생각이 하나로 되려면 다른 생각 만들어지는 작용(生)을 쉬어야 함.

대칭(相)구조인 생각이 쉬는 방식은 중도(相이 없는)생각인 의문 상태가 되는 것임.(호기심상태는 본능반응을 기다리는 생각의 정지 상태)

온전한 의문의 觀(화두) 짓는 것이 모든 생각을 온전히 쉬게 하는 방식(道)임.

인식을 무시 또는 거부하여 생겨나는 모든 내 생각이 온전히 쉬는 의문의 觀이 지어진 상태인 의단독로가 생각 없을 때도 삶 본능으로 반응되는 흡족(안락)한 인식본능반응(진심)이 비로소 내 생각으로 무시나 거부가 없어져서 나에게 몰록 드러나 심금의 울림(바라밀)으로 누려지는 내 깨달음(佛)을 실현(如是)되게 하는 순수호기심(인식본능의문)상태임.]

당신은 현재 가장 소중한 것을 잊어버린 것이 무엇입니까?(於意云何)

거의 모든 사람(凡人)은 가장 소중한 것을 내가 잊어버릴 리가 없다는 오만으로 불가능한 것을 열심히 찾게 됩니다.

현재 잊어버린 것이므로 어리석게 찾지 않고 "모른다"가 조금 지혜로운 사람의 답입니다.(늘 모를 줄 아는 연구실의 박사나 아가 같은 진짜 지혜로운 사람의 좀 더 지혜로운 해결방식은?)

내 삶이 무엇과도 바꿀 수 없는 가장 소중함을 모르는 사람은 없습니다.

그러나 거의 모든 사람들은 늘 살아있으면서도 그 내 삶이 가장 흡족함을 늘 알고 있지만 뽕가서 누리고 있지는 못합니다.

내 삶이 늘 흡족한 인식본능(순수호기심상태)반응의 「저절로 누려짐의 내 기억」을 죽어도 안 놓을 내 오만으로 철저히 잊어버린 것입니다.

내 진심의 깨달음은, 그 내 가장 소중한 보물인 내 삶의 흡족(안락)이 내 본능반응으로 늘 고요히 뚜렷해지도록, 더없이 소중한 잊어버린 내 몸과 정신본능반응이 누려지던 어릴 적 늘 뽕가있던 순수호기심(의문)상태 생생한 기억(本來面目)을 되찾는 것(授記 : 慧印三昧)입니다.

이 금강경을 읽고 삶 자체로 흡족함이 늘 더 고요히 뚜렷하게 인식되어 늘 증폭 심화되고 있는 온전한 흡족(행복)이 지금 내 현실(如是)로 뽕간 몸과 정신반응인 심금의 울림(바라밀)으로 누려지거나, 그리되려고 늘 그대로인 그 등신(等身)마음에 내 생각이 항복하는(降伏其心)방식인 더없이 흡족한(불만족 없던 어릴 적 순수호기심상태인 흡족한 순수의문) 觀 지으려는 참 내 뜻조차 없다면, 내 오만하여 불만족한 지금의 생각방식(가짜 내 뜻)에만 죽어도 복종하려고 무섭게 집착하는 불쌍한 나 아닙니까?

깨달음(바라밀)이 바르게 누려지는 방식(보림하는 법)은 직접 찾아오시는 분하고만 의논하겠습니다.

말로 풀이한
금강경

말로 풀이한 금강경
육조 대감선사 말씀

金剛經口訣

法性圓寂本無生滅因有生念遂有生緣故天得命之以生是故謂之命天
命旣立眞空入有前日生念轉而爲意識意識之用散而爲六根六根各有
分別中有所總持者是故謂之心心者念慮之所在也神識之所含也眞妄
之所共處者也當凡夫聖賢幾會之地也一切衆生自無始來不能離生滅
者皆爲此心所累故諸佛惟敎人了此心此心了卽見自性見自性則是菩
提也此在性時皆自空寂而湛然若無緣有生念而後有者也有生則有形
形者地水火風之聚沫者也以血氣爲體有生者之所託也血氣足則精足
精足則生神神足則生妙用然則妙用者卽是在吳圓寂時之眞我也因形
之遇物故見之於作爲而已但凡夫迷而遂物聖賢明而應物遂物者自彼

應物者自我自彼者著於所見故覓輪廻自我者當體常空故萬劫如一合而觀之皆心之妙用也是故當其未生之時所謂性者圓滿具足空然無物湛乎自然其廣大與虛空等往來變化一切自由天雖欲命我以生其可得乎天猶不能命我以生況於四大乎況於伍行乎旣有生念又有生緣故天得以生命我四大得以氣形我伍行得以數約我此有生者之所以有滅也然則生滅則一在凡夫聖賢之所以生滅則殊凡夫之人生緣念有識隨業變習氣薰染因生愈甚故旣生之後心著諸妄妄認四大以爲我身妄認六親以爲我有妄認色聲以爲快樂妄認塵勞以爲富貴心自知見無所不妄諸妄旣起煩惱萬差妄念奪眞眞性遂隱人我爲主眞識爲客三業前引百業後隨流浪生死無有涯際生盡則滅滅盡復生生滅相循至墮諸趣在於諸趣轉轉不知愈恣無明造諸業罟遂至塵沙劫盡不復人身聖賢則不然聖賢生不因念應迹而生欲生則生不待彼命故旣生之後圓寂之性依舊湛然無體相無罣礙其照萬法如靑天白日無毫髮隱滯故建立一切善法徧於沙界不見其少攝受一切眾生皈於寂滅不以爲多驅之不能來遂之不能去雖託四大爲形伍行爲養皆我所假未嘗妄認我迹當滅委而去之如來去耳於我何與哉是故凡夫有生則有滅滅者不能不生聖賢有生亦有滅滅者歸於眞空是故凡夫生滅如身中影出入相隨無有盡時聖賢生滅如空中雷自發自止不累於物世人不知生滅之如此而以生滅爲煩惱大患蓋不自覺也覺則見生滅如身上塵當一振奮耳何能累我性哉昔我如來以大慈悲心愍一切眾生迷錯顚倒流浪生死之如此又見一切眾生本有快樂自在性皆可修證成佛欲一切眾生盡爲聖賢生滅不爲凡夫生滅猶慮一切眾生無始以來流浪日久其種性已差未能以一法速惡故爲

說八萬四千法門門門可入皆可到眞如之地每說一法門莫非丁寧實語
欲使一切衆生各隨所見法門入自心地到自心地見自性佛證自身佛卽
同如來是故如來於諸經說有者欲使一切衆生覩相生善說無者欲使一
切衆生離相見性所說色空亦復如是然而衆生執著見有非眞有見無非
眞無其見色見空皆如是執著復起斷常二見轉爲生死根蒂不示以無二
法門又將迷錯顚倒流浪生死心於前日故如來又爲說大般若法破斷常
二見使一切衆生知眞有眞無眞色眞空本來無二亦不遠人湛然寂靜只
在自己性中但以自己性智慧照破諸妄則曉然自見是故大般若經六百
卷皆如來爲菩薩果人說佛性然而其間猶有爲頓漸者說惟金剛經爲發
大乘者說爲發最上乘者說是故其經先說四生四相此云凡所有相皆是
虛妄若見諸相非相卽見如來蓋顯一切法至無所住是爲眞諦故如來於
此經凡說涉有卽破之以非直取實相以示衆生蓋恐衆生不解所說其心
反有所住故也如所謂佛法卽非佛法之類是也

말로 풀이한 금강경

육조 대감선사 말씀

마음 써지는 방식(性)의 이치체계(法)는 모남 없이(圓) 지극히 고요하
여(寂) 본디 생기고 없어짐이 없고, 있음(有 : 眞心의 착각상태인 凡人은 내
인식으로 늘 實存하고 있는 충만된 온전히 흡족함일 수 없는 내 욕망 등 헛생

각들인 불만족을 "있음"으로 의식하고 내 마음의 늘 충만된 흡족한 본성상태의 투명은 "없음"으로 의식함)으로 인하여 생각(念)이 생기고, 있음(有)을 따르므로 관계(緣 : 서로 다름을 원인과 결과로 짝지어 생각함)가 생긴 까닭에, 정신세계(天)가 생겨남을 가지고 지배력행사(命)를 얻는다. 이런 까닭에 지배력행사(命)라 일컬음은 정신세계와 지배력행사가 이미 [내 有爲로] 세워진 것이므로 진짜 투명(眞空 : 온전히 흡족한 내 眞心의 實存모습)은 있음(有 : 내가 만든 불만족)에 몰입된다. [스스로를 不信하는 不足상태가 天과 命이라는 정신세계를 가정하고, 그 天命으로 有라는 가상인 내 생각을 창조하면, 누구나 태어날 때 내 생각 모든 것이 하나로 통합된 中道상태로 입체스크린이던 眞空의 투명한 내 마음보는 가상으로 연속 生滅하는 내 생각인 有의 입체스크린 됨으로써, 그 가상이요 내 욕망인 有와 내 마음보 투명함의 내 인식을 내 마음 밖 事物의 無有로 착각하게 됨이 凡人이 나와 내 마음을 착각하는 방식] [입체스크린 : 홀로그램이 투사되는 투명한 공간]

전날 생겨난 생각(念)이 맴돌아(轉) 뜻(意)과 앎(識)이 되고, 뜻과 앎의 씀이 흩어져 육근(六根 : 보고 듣고 냄새 맡고 맛보는 등의 내 여섯 가지 바탕 감각)이 되고, 육근이 각기 구별이 있는 가운데 그 전부를 지녔다 하는 곳이 있는 까닭에 이를 마음(心)이라 일컫는다. 마음이라 함은 반응하는 생각(念) 및 깊이 생각(慮)함이 쭉 있는(在) 곳이요, 정신(神)과 앎(識)을 품고 있는 곳이요, 참(眞)과 헛것(妄)이 함께 거처한다고 할 곳이니, 당연히 [생각으로 사는] 범부와 [마음으로 사는] 성현의 틀이 모여드는 기틀이니라.

모든 겹쳐생김(衆生 : 혼동·혼탁된 생각의 생겨남)이 스스로 시작 없이

[모르는 틈에] 오고 있어, 생기고 없어짐(生滅)을 여의게 할 수 없다 함이면 바로 모든 것을 이 마음이 쌓아두는 곳으로 됨이다. 그래서 "온갖 깨달음"(諸佛 : 廓徹大悟)은 "다만 사람들을 가르쳐서 이 마음을 통달(了 : 마스터 : 스스로 내 마음의 本性을 확연히 늘 知, 見, 信解)하게 함이요, 이 마음을 통달(了 : 마스터)함이면 바로 스스로 생각 쓰는 방식(性)이 보이니, 스스로 생각 쓰는 방식이 보이면 바로 그것이 보리(菩提 : 생명 스스로 利롭게만 하는 善 本能으로 온전히 흡족한 좋고 평안함이 누려지는 상태)다. 그것(보리)이 생각 쓰는 방식(性)에 쭉 있을 때는 모든 것이 스스로 투명하고 지극히 고요(空寂)하기에 좋음이 자연스러워짐이다."

만약 관계(緣) 없이 [내 마음보에] 있음이 생기면(有生) 생각(念)한 뒤에 [생각으로] 있음(有)이니라. [욕망 있음에 반응하는 생각인 因有生念만이 아니라 생각으로써 욕망이 있게 하는 念而後有도 幻(착각상태)의 생성과정] 있음의 생김(有生)이면 바로 있음(有 : 내 불만족이 창조한 실체가 없는 내 욕망 등 내 생각)의 모양됨이니, 모양됨(形)이라 함은 지, 수, 화, 풍(四大)의 가루가 뭉쳐짐(聚沫)이요, 혈기(血氣)가 바탕됨이니, [생각] 있음이 생긴다 함에 그 의탁하는 곳이니라. 혈기가 흡족(足)함이 바로 정(精)이 흡족함이고 정이 흡족함이 바로 신(神)의 생김이고 신의 흡족함[육체와 정신의 흡족함]이 바로 묘함(妙 : 인식 본능 의문인 지혜)의 씀(用 : 바라밀인 심금의 울림 : 신명의 나툼)이 생김이다. 그런즉 묘함의 씀(妙用 : 慧)이라 함은 이것[보리 : 足 : 흡족함]이 나에게 쭉 있음이기에 바로 모남 없이 지극히 고요할 때(圓寂時 : 생명 스스로 긍정한 흡족함을 확인하여 누리는 묻고 답함이 동시가 된 中道 定慧바라밀의 호기심인 채로일 때)라 참나(眞我 : 本性상태인

진짜 나 : 곰곰이 흡족한 本性으로 심금의 울림상태인 나)이니라.

　모양(形)의 만남으로 인한 사물(物)인 까닭에 조작됨(作爲)이 버려진 것[없는 것]으로 [착각되어] 보여진다. 다만 보통사람(凡夫)은 [흡족함이] 흐릿해서 사물(物)을 쫓아가나 성현은 [흡족함이] 밝아서 사물(物)에 대응한다. 사물을 쫓는다(逐) 함은 저절로 남 됨(自彼)이요 사물에 대응한다(應) 함은 저절로 나 됨(自我)이다. 저절로 남 된다(自彼) 함은 보여지는 바에 집착됨인 까닭에 윤회(輪廻 : 길 잃은 경우의 같은 장소를 맴도는 것처럼 혼동과 착각이 맴도는 현상)를 탐내는 것이고, 저절로 나 된다(自我) 함은 근본바탕(當體)이 항상 투명(空)한 까닭에 영원히 늘 같아서(萬劫如), 하나로 합쳐져(一合) 전부로만 보는 방식이니 마음의 묘(妙 : 상반될 수 있는 요소가 온전히 하나로 합쳐져 中道로 안정된 투명한 마음인 의심 : 지혜로운 本性상태인 호기심)가 써짐(用 : 바라밀인 심금의 울림으로 나투어짐)이니라.

　이런 까닭에 아직 [어떤 생각도] 안 생겨날 때도 이미 꼭 그러한 소위 생각 쓰는 방식(性 : 마음과 일치된 생각방식)이라 함은, 모남 없이 흡족하고 투명함(空)이 자연스러워 [내 마음보가 청정하여] 아무 것도 없음(無物)이라, 좋음을 구가함(湛乎)이 스스로 자연스러워 그 넓고 큼이 허공과 함께해도 꼭 같아서, 오고감과 변화 모든 것이 자유로움이니, 정신세계(天)가 비록 생겨남을 가지고 나에게 지배력행사(命)를 하고자 하나 그것이 어이 얻어질 수 있으리오? 정신세계(天)가 오히려 생겨남을 가지고 나에게 지배력행사(命)를 할 수 없음인데 감히 사대(四大 : 육체)로써 어이하며 감히 오행(伍行 : 버릇)으로 어이하리요? [眞心의 정의]

[마음보에 청정이 아닌] 이미 생각(念)의 생겨남이 있고 또 관계(緣)의 생겨남이 있는 까닭에 정신세계(天)가 [생각의] 생겨남을 가지고 나에게 지배력행사(命)를 얻게 되고, 사대(四大)가 기(氣)로써 나의 모양 갖춤(形)을 얻게 되며, 오행(伍行)이 횟수로써 나의 제약됨을 얻게 되니, 이 [생각의] 생겨남이 있다 함이 없어짐이 있다 함의 까닭이니라, 그렇기 때문에 생기고 없어짐(生滅)은 바로 [다 내 뜻의 변화라 같은 내 뜻] 하나이나, 범부와 성현의 생기고 없어짐의 까닭인즉 다르다.

[本性을 착각하며 사는] 범부인 사람다움은 [욕망에 따라 착각] 생겨남이 생각(念)과 관계(緣)하여 있음(有)이 되므로 앎(識)에 따라서 쌓인 버릇(業)이 변하고, 버릇(習)의 기운이 짙게 물듦은 생겨남으로 인하여 더욱 심해지는 까닭에 기왕의 [생각의] 생겨남을 뒤쫓게 되어 마음이 모든 헛것(妄)에 집착(著)함이다. 사대가 내 마음보 되는 것으로 헛느끼고(妄認), 육친(六親)으로써 나 있음을 헛느끼고, 빛깔과 소리가 즐거움 되는 것으로 헛느끼며, 무수한 고생(塵勞)으로 부귀 되는 것으로 헛느낀다. 마음 스스로 알아서 보이니, 헛것(妄) 아닌 바가 없고, 모든 헛것이 이미 일어나니, 번뇌가 만 가지로 차이나, 헛생각(妄念)이 진짜를 빼앗고, 참 마음 써지는 방식(眞性 : 本性)은 쫓겨나 숨으니, 사람다움으로서 나란 놈(人我 : 착각상태인 凡人의 헛分別인 내 생각의 갈등구조로서 의식되고 있는 사람다움이 상반된 나)은 주인공 되고, 참된 앎(眞識 : 分別이나 갈등구조가 존재하지 않는 늘 本性인 채로 사물에 전부로 대응하는 마음인 내 眞心으로 하는 인식)이 손님 된다. [妄念의] 세 가지 쌓인 버릇(三業)이 앞에서 끌고 백 가지 쌓인 버릇(百業)이 뒤따르며, 생사에 흘러 다님이 사라짐(涯)도 버려

짐(除)도 없으니, [妄念의] 생겨남이 다함(盡)이면 바로 사라짐이고(滅), 사라짐이 다함이면 바로 다시 생김이며, [妄念의] 생기고 없어짐이 서로 순환하여 모든 것이 취향(趣)으로 떨어짐에 이른다. 모든 것이 취향(趣)으로 쭉 있어(在) 맴돌고 맴돎(착각상태로 윤회함)을 알지 못하여, 더욱 멋대로라 [眞心이란 호기심상태의 지혜로운] 밝음이 없어져(無明) 모든 쌓인 고착된 버릇의 네트워크(業꿈)를 만들어 끝도 없는 세월동안 쫓아다녀 사람다운 마음보(人身)를 회복치 않으나, 성현이라면 바로 그럴 수 없음이다.

[늘 本性인 채로 사는] 성현은 생겨남이 생각(念)때문이 아니라 [사물에] 대응한 흔적(迹)으로 생겨남이라 [스스로] 생겨나고자 하면 바로 생겨남의 지배력행사(命)를 기다리지 않는다. 그래서 [진심인 채로라] 이미 생겨난 후에도 모남 없이 지극히 고요하게(圓寂) 생각 쓰는 방식(性)은 예전과 같아 좋음이 자연스러워, 바탕갈등구조(體相)가 없고 거리끼고 그쳐짐(罣礙 : 걸치적거림)도 없어, 이미 만 가지 이치체계에 비춤이 푸른 하늘의 밝은 해 같아서 가는 머리카락도 숨겨져 있을 수 없다. 그래서 [眞心이] 모든 것을 세우는데 선함(善)의 이치체계(法)가 [마음보의] 미세한 세계(沙界)에 두루하게 하니, 보여지지 않는 그 작음[미세함]이 모든 [생각의] 겹쳐생김(衆生 : 혼동과 혼탁의 생겨남)을 붙잡아 들여서 지극히 고요한 없어짐(寂滅 : 혼동 · 혼탁의 맴돎이 사라지면서 고요히 밝고 맑아짐)으로 되돌아옴이니, [그 수없는 미세한 스스로 利롭게만 하는 善을 씀이] 많게 되어짐이 아니라, 몰아서도 올 수 없게 [善한 채로가] 됨이요, 뒤쫓아도 갈 수 없게 [善한채로가] 됨이다. [늘 善함으로 온전히 흡족한 中道 本性인 채

로라서 투명으로 如如不動한 밝고 맑은 내 眞心]

비록 사대에 의탁하여 모양을 이루고 오행으로 기른다 해도 모두가 거짓된 바의[스스로 착각하고 있는] 나(我所假)이니, 아직 맛도 못 본 헛것[眞心이 아닌 것]을 말해본들 나라는 [헛것인 가짜] 자취는 반드시 없어지니, 버려져 가버림도 本性인채로(如來) 가버림인 걸! 그리만 됨을 어이 할 수 있단 말인가! 이런 까닭에 범부는 [생각의] 생겨남이 있음이면 바로 없어짐이 있음이고, 없어졌다 함이면 바로 생겨나지 않을 수가 없다. 성현도 [생각의] 생겨남이 있고 또한 없어짐도 있지만 없어졌다 함이면 바로 참 투명(眞空 : 本상태)으로 되돌아옴이다. 이런 까닭에 범부의 [생각의] 생기고 없어짐은 갈등구조(相)라 마음보에 들어가고 나옴에 그림자처럼 따라다님이 끝남이 없고, 성현의 [생각의] 생기고 없어짐은 투명 속 천둥소리(空中雷)와 같아서 저절로 튕겨져 나오고(發) 스스로 그쳐서(止) 사물(物) 되어 쌓이지 않는다. 살아가는 사람다움(世人)이 [생각의] 생기고 없어짐의 이 같음을 알지 못함으로, [생각의] 생기고 없어짐으로 두뇌를 번거롭게 하는 큰 근심을 삼으니, (푹) 덮여서 스스로 깨닫지 못함이로다. 깨달으면 바로 [생각의] 생기고 없어짐이 마음보(身) 위에 먼지 같이 보여져 꼭 단번에 흔들어 털리는 걸! 어이 내 마음 쓰는 방식(我性) 되어 쌓일 수 있으리오? [이하는 내 眞心 本性을 깨닫는 法]

옛적의 나 그대로[昔我如來 : 석가모니와 참나를 같게 발음되게 하는 표현]는 큰 자비심으로 모든 [생각의] 겹쳐생김(衆生)이 혼란스러운 그르침으로 뒤집혀져(迷錯顚倒 : 착각)서 삶(生死)에 흘러 다님이 이 같음을 슬퍼하고, 또 모든 겹쳐생김(衆生 : 혼동 · 혼탁의 생겨남)에도 본디 있는 상쾌한

즐거움은 스스로 생각 쓰는 방식(性)으로 쭉 있어서 모두 받아들여 [스스로에게] 증명(證)함으로써 [내 眞心] 깨달음을 이룰 수가 있음이 보여지므로, 모든 [생각의] 겹쳐생김(衆生)이 다함(盡)되어 성현 [생각의] 생기고 없어짐이 되게 함으로써 범부 [생각의] 생기고 없어짐이 되지 않기를 바라지만, 오히려 모든 겹쳐생김(衆生 : 혼동·혼탁의 생겨남)은 시작도 없이 [모르는 사이] 와서 흘러 다닌 날이 오래되어, 그 여러 종류 생각 쓰는 방식을 없애버림에는 [종류에 따라] 차이가 나니, 한가지 이치체계로써 깨달을 수가 없을까 염려되는 까닭에 팔만사천 가지 이치체계의 문을 말하게 된다. 문마다(門門) 들어갈 수 있어 모두가 진심의 늘 그대로인 바탕(眞如之地 : 마음本体인 투명)에 도달할 수가 있으니, 말한 낱낱 이치체계 문 모두가 정녕 실다운 말은 아니라고 하지 말아라. 모든 [생각의] 겹쳐생김(衆生 : 혼동·혼탁의 생겨남)으로 하여금 제각기 이치체계 문으로 보여지는 바에 따라 스스로 마음바탕(心地 : 明淨 : 투명)에 들어가 스스로 마음바탕에 이르기를 바라면 [깨닫고 싶어지면] 스스로 생각 쓰는 방식(性)이 보여 깨닫(佛)는다. 스스로 마음보(身)가 깨달음(佛)을 증명함(證)이면 바로 [各門의 여러 내 생각 지향됨이 모두 스스로 利롭게만 하는 내 善함으로 온전히 흡족함을 확인하며 누리는 늘 투명한 내 호기심의 지혜로운 여러 쓰는 방식이라] 똑같은 [내 眞心] 本性인채로(如來)다.

이런 까닭에 온갖 경으로 本性인채로(如來) 있다(有) 말함이면 바로 모든 [생각의] 겹쳐생김(衆生 : 혼동과 혼탁의 생겨남)으로 하여금 갈등구조(相 : 대칭상태)인 서로에게 利롭게만 함(善)이 생기게 함이요, 없다(無) 말함이면 바로 모든 [생각의] 겹쳐서생김(衆生 : 혼동과 혼탁의 생겨남)의 갈등구조(相 : 대칭상태)를 여윔으로써 [생명의 온전한 흡족한 眞心의] 생각 쓰는 방식(性)이 보이길 바람이다. 물듦(色 : 버릇)과 투명함(空 : 버릇 없음)을 말하는 바도 역시 그 같이 반복된다.

그러나 겹쳐생김(衆生 : 혼동과 혼탁의 생겨남)에 집착하면, 있다(有)로 보임이 참 있음이 아니요 없다(無)로 보임이 참 없음이 아니라, 그 물듦(色)이 보이고 투명함(空)이 보이니, 모든 것이 이 같은 집착으로 끊어지고 지속됨(斷常 : 생각이 버릇에 물들여짐인 色의 지속과 버릇의 끊어짐인 空 즉 幻의 지속과 사라짐)의 두 가지로 보임이 반복해서 일어나 맴도는 것을 살고 죽음(생기고 없어짐)이 근본이라고 모셔지게 되어 둘 없는(無二 : 一合相 : 色卽是空 空卽是色) 이치체계의 문으로 드러나 보일 수가 없어서, 또다시 혼란스러운 그르침으로 뒤집혀지기(迷錯顚倒 : 착각) 대장 되어 생사(생겼다 사라졌다)하며 흘러 다님이 전날보다 심한 까닭에 [내 眞心] 本性인채로(如來)가 또 말해지게 된다.

큰 지혜의 이치체계(大般若法)는 끊어지고 지속됨의 두 가지로 보임을 부수어, 모든 겹쳐생김(衆生 : 혼동과 혼탁의 생겨남)으로 하여금 참 있음과 참 없음처럼 참 물듦과 참 투명함도 본래대로[늘 투명한 眞心 즉 늘 色卽是空 空卽是色의 호기심인 채로] 두 가지가 없게 함이다. 또한 좋음이 자연스럽고 지극히 고요하여 사람다움으로부터 멀어지지 않게만 하면, 자기의 생각 쓰는 방식인 가운데 상태(中 : 中道 疑)로 쭉 있음(在)이니, 다만 스스로 생각 쓰는 방식(性)의 지혜(中道 마음인 호기심작용)로써 비추어 모든 헛것을 깨뜨리면 바로 [지혜로워] 밝음(좋음)의 자연스러움이 스스로 보인다. 이런 까닭에 대반야경 육백 권 모두가 [내 眞心] 늘 本性인채로인 보살과인(菩薩果人 : 본래 생명의 좋고 평안한 흡족함이 스스로에게 증명되어 얻어진 사람다움) 되도록 자연적인 저절로깨닫고만싶음(佛性 : 호기심 本性)을 말하나, 그러나 그 가운데 상태(中 : 善함이요 中道 흡족상태인 내 의문 상태)를 오로지 단박 되고 점점 된다 함이 있음[차별 있는 有爲法]으로 말할 뿐이고, 오직 금강경이 [眞心의] 저절로 튕겨져 나옴(發)은 [양적] 확대됨에 맡겨져 있음(심금의 울림으로 늘 저절로 大乘반응됨인 無爲法)이라고 말하고 [眞心의] 저절로 튕겨져 나옴(發)은 [질적] 가장 깊어지고 높아짐에 맡겨져 있음(심금의 울림으로 늘 저절로 最上乘반응됨인 無爲法)이라고 말한다.

이런 까닭에 이 [금강]경은 먼저 [凡人의 혼동과 착각하는 생각방식의 큰 틀인] 네 가지 생겨남과 네 가지 갈등구조(四生四相)를 말하고, 차츰, 갈등구조가 있다 하는 바 모든 것(凡所有相)은 모두 이처럼 허망하여, 만약 모든 [생각의] 갈등구조가 갈등구조 아님으로 보임이면 바로 本性인채로(如來) 보임이니, [내 眞心이] 덮여있음이 드러나서 모든 [생각의] 이치체계에 머무는 바 없음(無所住)[온전한 흡족함으로 심금이 울려지고 있어 늘 더 밝고 맑아지는 호기심]에 이르러야 이것[내 眞心 善함으로 온전히 흡족한 中道 本性의 大乘, 最上乘반응이 납득됨]이 참으로 살펴봄(眞諦)이 된다는 등등을 말한다. 그래서 이 경이 무릇 말하고 건너가는 모든 [내 眞心] 本性인채로(如來)는 [착각상태 分別된 생각으로] 있음(有)을 바로 아니다고 깨트려 실다운 갈등구조(實相 : 無相 : 非相 : 眞心인 뻥간 흡족한 호기심상태)를 곧바로 갖게 함(直取)이다.

[생각의] 겹쳐생김(衆生 : 혼동과 혼탁의 생겨남)이 드러나 보이면 [생각

의] 겹쳐생김(衆生)을 덮어버리고[숨기고] 두려워함은, 말하는 바를 이해 못하고 그 [청정한] 마음이 [늘 無相 無所住인 투명한 온전히 흡족한 眞心인 채로임을 깨달아야 함에도] 머무는 바 있음(有所住 : 집착상태)에 반대로 되는 [지금까지 집착상태와 상반된 또다른 집착상태가 되는] 까닭이니라. "깨달음을 일컬어 이치체계다 함이면 깨달음 [자체]일 수 없고 바로 [착각상태의 分別로만 존재할 수 있는 생각의] 이치체계다"와 같은 종류가 그것이니라. [내 眞心 깨달음은 지금까지 不可分의 투명한 내 마음을 分別한 내 분열증의 착각상태로만 생겨날 수 있는 내 모든 생각의 이치체계가 몽땅 허망해짐이기에 늘 그대로인 내 善함으로 온전히 흡족함을 확인하여 누리려는 中道 本性이 나에게 더없이 넓고 깊고 크게 몰록 증명됨으로써 지금까지 누려지지 않던 그 내 善함으로 온전히 흡족한 中道 本性의 투명한 내 眞心인 늘 심금이 울려지고 있는 호기심상태가 나에게 늘 저절로 知, 見, 信解됨.]

전강선사 "이뭣고?"
화두 법문 녹취록
/
지금 행복한 내 마음 깨닫는
방법(佛法)의 요약

전강선사 "이뭣고?" 화두 법문 녹취록

註 : 녹음된 선사님의 육성으로 직접 반복하여 듣고, 이 녹취록은 그저 참고만
   하소서!

아유 보물이다! 가소 서래의니라! 나무아미타불!

하시 황매사오? 방할 우적이니라! 나무아미타불!

오아유 보물이다! 내게 큰 보물이 있다. 천하의 보물은 내가 보물이
지! 내게 있다는 것보다는 내가 보물이다.

천상천하에 우주만물 가운데 나 내놓고 뭐가 있나? 오직 나다!

하늘이다 땅이다, 땅을 뒤집어 싸고 있는 큰 허공이다, 허공 가운데 두
두물물 화화촉촉, 무어가 나보다 나은 것이 있나? 내밖에 뭐가 있나?

그 내 보물, 나 하나 찾아놓으면, 내가 나를 깨달아놓으면 천하에 보물

이다!

거, 무슨 생이 있나? 사가 있나?

있다 없다 하는 것이 있나?

나보다 보물이 뭐가 있나?

나를 내가 모르고는, 나를 내가 깨닫지 못하고는, 무슨 놈의 사람이니, 인생이니, 천하에 인의 체육이니……!

뭐가 있어? 거기 얼마나 어리석은 일이어? 이까짓 놈의 송장더미가 난가? 눈깔이 좀 있다고 잠깐 보다가 마는 것 그것이 내 눈깔이며, 입이 좀 뚫려있어 말 좀 한다고 그것이 내 입이며, 내 콧구멍이며, 내 몸뚱아리며, 그 내 임시의 모두 망상으로서 원진회고를 가려내는 그 무슨 번뇌가 낸가?

그 참 내! 내가 내 면목, 그놈을 기어이 찾아 깨달아 아는 것, 바로 보는 것이, 그것이 보물이여! 이것이 참선법이고!

그밖에는 요새 우주인이 모도 달세계를 올라가고 거 무엇이어? 그까짓 진공 가운데 올라가서 달세계 갔다 왔다고 야단칠 것이 뭐 있나? 벌거지도 배때기에다 불 달고 온 공중을 휘 휘 날아대니고, 거 무슨 가제 속에도 진주가 모도 들어있고, 아 전복 속에도 모도 그러한 무슨 사리가 턱 들어있는 것인디, 사람 송장 속에서 태우면 무슨 구슬이 나온다고 기특할 것이 뭐냐? 그것이 무슨 기특이여? 그까짓 것이, 모양으로 상으로 나타나는 것, 그까짓 것이 도인가?

모양에, 상에, 빛깔에, 그러한 것에 도를 찾는다든지, 내 마음 밖에서 도를 구해온다든지, 그거 도 아니어. 내 마음 밖에서 천하 없는 도를 다 발견한다 해도 다 외도라, 내 마음 밖이니······.

내 마음 그놈이 보물! 내가 보물!

아! 이 놈 봐라! 미왈(迷曰)중생이다. 그놈을 깨닫지 못하고 내가 보지 못했으니 그것을 중생이라 한다. 내가 나 하나 깨달아버리고 나 하나 보아버리면, 그만 성이다! 성현이여.

거어, 나 깨닫는 방법이 무엇이냐 하면 "이뭣고?"여, "이뭣고?"

그 허는 법을 좀 자세히 들어보시란 말이여!

어제 저, 원장님이 지금 오셔서 화두를 말씀하는 것이여.

시심마(是甚麽) 화두가, 심마 화두가 제일이거든!

거, 심마 화두라는 것은 '이 시(是)'자, 시심마여. 시심마? 심마라는 것은 거 한문에, 우리 부처님의 정법이 부처님께서 깨달아 확철대오해서 전해주신 대오법이여. 내가 내 마음을 깨달은 것을 내가 나를 깨달은 것을 확철대오라고 해. 우리 부처님이 확철대오해서 전해주신 대오법을, 날 깨닫는 법을 전해주어서, 차츰차츰 전통해 나와 가지고 인도에서 지나(중국)로 건너와서, 지나에 와서 달마스님이 첫 도인이거든!

그때까지는 인도까지도 동토라 하지 않고 서천이라 했던가? 서천에서 동토(지나)로 건너오신 달마스님이 일조, 지나에 건너와서는 일조, 그 다음에 이조스님은 혜가스님, 삼조스님은 승찬스님, 사조스님은 도신스님,

오조스님은 홍인이고, 육조스님은 혜능이여⋯⋯. 달마스님때까지 지나에 와서 여섯 분. 육조스님까지 와서, 그때에사 참선하는 법이, 화두법이 육조스님한테서 나왔어.

육조스님때까지는 언하대오여! 들으면 깨달아버렸어. 상근대지라! 화두를 해서 깨달은 것이 아니라, 공안을 늘 아침저녁으로서 자꾸 해서 한 것이 아니라, 언하에 대오여! 들으면 깨달아! 그래서 육조스님때까지는 화두가 없었지? 이제 육조스님때까지 와서 화두가 생겼는데, 그 화두가 시심마여.

그 화두가 생겨나는 시초, 내가 말씀을 할 테니까 좀 더 잘 들으시란 말씀이여! 잘못 들으면 못쓰니까.

육조스님께서 방장에 계시는데 학자 하나가 와서 육조스님한테 말하길, "법을 배우러 왔습니다."

생사해탈 법이지? 나를 깨닫는 법이지?

내가 이렇게 기운이 없어! 이태 동안이나 병을 앓고 나서 기운이 떨어져서 말을 이렇게 못합니다. 그리 알아서 들으십시오! 쩝, 또 칠십이 넘으면 법문을 못하는 법입니다. 법상에 오르도 못하고, 다 조실에 있다가도 퇴실을 하는 것이데, 나는 어찌 이렇게 칠십여섯살이나 먹었어도 퇴실도 하지 않고 지금 중앙조실이라는 이름을 가지고 있으니, 아 이거 그만! 쩝, 법상에 안 오르기도 그렇고, 오르기도 그렇고, 올라도 허도 못하고, 안 오를래야 안 오를 수도 없고, 시방 이리 되어 있습니다.

거, 누구를 하나 이제 내 뒤를 이어서 해 놔야 할 터인디. 내 밑에 묵언 수자가, 이름은 묵언이라 해야 알지 송담이라 하면 잘 모르는데, 그 사람이 뜻밖에! 참, 행(行)도 한국에서 무던한 사람이고, 말도 괜찮게 잘하는 사람이고, 법도 있는 사람인데, 암만 내 법좌를 이어 좀 하라 해도 안 하고는 요새 또 어디가 있는지 자취를 알 수가 없습니다. 그냥 어디 있다가 숨어버리면 나오지도 않고, 나왔다가는 또 들어가고, 그래서 어쩔 수 없이 내가 지금 그리 이었지마는, 넘겨주었지마는, 내가 이 조실에 물러나지 못하고 이러고 있습니다. 그래서 내가 부득한 법좌에는 올라서 말을 하나 말이 되어야지. 쩝, 그러신 줄 알고 대중이 들으셔야지.

육조스님께서 조실에 계시는데 학자 하나가 와서 이르길, 그저

"법을 일러줍소사."

법이란 것은 생사 없는 정법을 일러줍소사 그 말이여!

"법을 일러주소사." 그 말이 떨어지자, 육조스님께서

"심마물(什麼物)이 임마래(恁麼來)오?"

무슨 물건이 이렇게 왔는고? 그 한마디여. 그게 화두여!

"무슨 물건이 왔느냐?"

아! 그것 화두 아니여? 네가 여기 와서 나한테 법을 구하니 그 법 구하러 온 놈이, 심마물(什麼物)이 이렇게 왔느냐? 무엇이냐? 무엇이 왔느냐? 그게 화두여!

대체! 여 지금 이렇게 소소영영한, 낱낱이 여기 대중이 소소영영한 주인공을 갖고 듣지마는, 주인공이 듣지마는, 이름을 붙이자니 주인공이요 마음이요 성품이지, 내 마음이다 모도 내 성품이다 하지, 마음은 무엇이고? 성품은 무엇이여? 모양이 어떻게 생겼으며?

그게 낸디, 왜 내가 나를 그렇게도 알 수가 없어? 또 내가, 내 이 소소

영영한 주인공의 낯바닥이 있으련만, 그놈의 낯바닥을 볼 수가 없어! 어떻게 생겼어? 알 수 없는 것이 의심이여! 의단이여!

알 수 없단 말이여! 진짜로 알 수 없어! 「참으로 알 수 없는 그것」을 시심마(是甚麼) 화두라 해! "이뭣고?" 찾는 법이 그리여!

"무슨 물건이 왔느냐?" 알 수가 없으니 이게 무슨 물건인고? 이 무슨 물건인고? 그거여!

심마물이 임마래니까, "무슨 물건이 왔느냐" 했으니까 찾는 법은 "이 무슨 물건인고?" 물건을 붙이지 말고 "이뭣고?" 하란 말이여! 우리나라 말로 "이뭣고?"

무엇인고는 알 수 없는 것이니까, 심마물이라 하면 무슨 물건. 심마물은 한문이니까 무슨 물건인고는 우리나라 말이니까, 우리나라 말로서 무슨 물건인고? 할 것 없이 "이뭣고?" 하란 말이여!

이? 이~ 하니 뭐여? 그놈이? 아! 그놈이?

「이~ 한 놈이 내요」, 말 붙이자면잉? 이~ 한 놈이 나요.

이~ 한 놈이 거 내라 해야, 그놈이 드립다 그만, 하늘이다 땅이다, 우주만물이다 두두물물이다 화화촉촉이다, 밥 먹자, 옷 입자 가자 오자, 행주좌와 어묵동정 전체가 "이뭣고?"란 말이여!

이~ 한 놈인디!

아! 「그놈이 당체 알 수 없네!」 그놈이 하늘이라 했지, 그놈이 땅이라 했지, 그놈이 우주, 그놈이 만물, 그놈이 두두, 거 무슨 화화촉촉, 전체를 다 창조해내는 물건이고, 알아내는 물건이고, 고놈 없이 무엇이 하늘이다 땅이다 우주만물이다? 하늘이 하늘이다 하나? 땅이 땅이다 하나? 일

체만물이 내가 만물이다, 내가 형상이 있다, 형상이 없다, 그리여? 모두 내가 만들어내는 것이지!

개안 지경이다마는, 눈을 열면 곧 보인다마는 하반 지경에도, 눈감고도 보느냐? 눈뜨면 보이지만 눈감아도 없다. 거 뭐 개안 하반시에 모두 창물 창조하는 내 주인공 내(나)란 말이여!

하! 그놈을 내가 보덜 못하고 알덜 못하고, 이 생사고(生死苦) 속에서 이 죽고 사는 생사고 속에서 생사고만 받고 있고, 온 것도 아지 못하고 가는 것도 아지 못하고, 날마다 살아가는 시위에도, 상속시위에도, 아! 자기 면목을, 이런 면목을 내가 알덜 못하니, 내가 내 면목을, 내가 내 참 낯반댕이 모양 없는 참 낯바닥을 몰랐으니,

알 수 없는 것이 그것이 시심마여! "이뭣고?"여! "이뭣고?" 화두여!

하! "이뭣고?"를 그걸! 그저 망념이 일어나거들랑, 법을 수지하고, 무슨 망상이 자꾸 나오지, 쓰잘대기 없는 중생 번뇌 망념이 아무 것도 없는 골짜구니 안개 퍼 일어나듯이 퍼 일어난다 그 말이여.

제대로 일어나는 걸 어째? 내버려둬 버리고, 중생이 모두 그저 일념 한번 마음이 일어나 가지고는 그놈이 번식이 되어서 천만가지 망상이 구백 생멸 망상이 일어난다 그 말이여.

그 일어난 놈 어떻게 해? 큰 바다물이 풍정은 안 해도 파상동인데, 바람은 그치었어도 물결은 자꾸 동하고 있어. 흔들흔들! 물결이 그대로 있들 안 해. 아무리 바람이 없어도 그놈의 물결은 출렁거리고 있다 그 말이여. 우리 중생의 번뇌 망식이 바닷물과 같아 그렇게 요동을 하고 일어나고 있는 망상을 어떻게 없애? 없앨라고 해 봤던들 한 가닥 더 일어나지.

한 껍데기가 더 일어나. 어떻게 없앨꺼냐 그 말이여?

없앤 법이 없어. 두어버려라! 연기를 불파해라! 무슨 망념이 일어나는 것을 무서워하지도 말고 없앨라고도 말아라! 가만 두어버려라! 두고 우각지라! 오직 각만, "이뭣고?" "이뭣고?"만 거각해라!

[제78대 조사님은 제77대 (전강)조사님의 깨닫는 법의 골수라 할 이 부분과 다르게 "한 생각 일어나면 즉해서 이뭣고? 하라"고만 하시니, 마치 한 생각도 못하는 병신 되라는 뜻처럼 들립니다.]

자꾸 또 "이뭣고?"

일어난 놈 가만 두어라! 저 앞뒤로 퍼 일어나고 모로 종으로 막 퍼 일어나는 중생망념 없앨라고 하면 더 일어난다. 내버려두고 "이뭣고?"만 찾아라! 또 "이뭣고?" 밥 먹을 때도 밥을 먹지마는 안 먹는 것이 아니라 먹어, 먹지마는 "이뭣고?"를 해라! "이뭣고?" "이뭣고?"

이 한 놈이 뭐냔 말이여? 당작 거기서 「이 한 놈이 의심이여」. 알 수 없는 의심이여. 알 수 없는 것이여.

알 수 없는 의심이 아니면 깨닫는 법이 없어. 그러니 거기에서 큰 대신근을 갖추어라! 크게 믿는 마음! 한번 믿으면 그 믿음이 없어질 때가 있겠느냐? 확철대오 깨닫기 전에는 그 믿음이 없어지는 법이 있나? 이걸 안 믿고 무엇을 믿을 건가? 이밖에 무엇을 믿을 거여? "이뭣고?" 꼭 "이뭣고?" 하나뿐이여 "이뭣고?"

하! 그놈 봐라, 세상에 간단하고!

아 출가한 사람으로 말할 것 같으면, 아 그 무슨 부모형제 모두 향단도 고향도 다 버렸버리고 단신으로 척 나와서, 이런 솔 달 비치는 선방에 와서 무엇 할 꺼여? 심마사오? 무슨 일을 해야 할 거여? "이뭣고?"뿐이지!

왜 "이뭣고?"를 못하냔 말이다? 어떻게 못해? 못할래야 못할 수가 없지! 어째? 저절로 해지지! "이뭣고?"뿐이지! 천하에 도무지 원, 내가 날 모르다니? 내가 날 깨닫지 못하다니, 거 좀 생각해봐! 왜 송장으로 이렇게 광음을 허송하고만 있느냔 말이여? 송장 아닌가? 이까짓 꿈적꿈적한 송장이지 무엇이여?

거기 가서 무엇이여? 권리가 소용 있으며, 권리가 무엇이여? 권리 그놈 가지고 생사해탈하나? 죽고 사는 생사를 면하나? 돈이? 돈을 그놈 가지고 생사 없는 도를 그 어떻게 살 것이여? 돈은 뭣이여? 부귀니 지위니 권리니 뭐, 천만사가 무엇이여?

다-만 "이뭣고?"다!

선방에 들어올 것 같으며는 선방에 앉아 도 닦으면 밥해주지, 옷 자연히 입을 게 있지, 뭐 좋은 옷 입어 뭣혀? 옷 해주지 밥 주지, 옷 입고 밥 먹었으면 할 일이 "이뭣고?" 뿐이지!

뭐가? 못할 것이 무어냔 말이여? "이뭣고?"

또 선방에 안 들어오며는 세상에 있어서 내 직장을 가지고 있다 하드라도 그것 해나가면서 못할게 뭐여? 오줌 눌 때에도 할 것이고, 뒤가 잔뜩 마려울 때 그 얼마나 급해? 똥이 아무리 마렵더라도 "이뭣고?" 하면서 가 똥 못 누어? "이뭣고?" 하면서 능히 눌 수 있지.

세상에 직장에 있으면 직장 왜 버리고 여의여? 그 직장 가마 안 두고, 뭐 해나갈 때도 "이뭣고?"요! 글씨 쓸 때는 모도 글씨 같은 것 이런 것 저런 것 쓰니 좀 불리기는 불리지, 잠깐 쓸 때 써버리고 또 앉아서 "이뭣고?" 하고, 갈 때도, 갈 때 걸음 안 걷는가? 걸음 걷는 것이 불리일 것 뭐 있나? "이뭣고?" 하고!

그래서 행선이 있고, 어디가 앉을 때 주하는 선이 있고, 앉을 때 앉은 선이 있고 누울 때 누운 선이 있는데, 행선, 주선, 좌선, 와선, 행주좌와 어묵동정, 말할 때던지, 말없을 때 묵묵할 때든지, 동하고 정할 때든지, 행주좌와 어묵동정에 선이 있어! 아 그러한 선은 요중선이라고 해. 그 요중선을 세상에 있어 왜 못해?

아 요중선 해나가는 것이 그것이 참으로 적극적 선이고, 이문선이고, 어디 틈사이가 없는 선이여.

꼭 여의고 떼고 내버리고 나와서 내 몸뚱이가 산중에 저 선방에 가 가만히 앉아서 독선? 홀로독선? 그것이 선이여?

허지마는 어쩔 수 없어서 하근선은, 아까 그 행주좌와 어묵동정 선은 그건 상근선이고 근기가 투철한 선이고, 하근선은 그렇게 출가해서 나와서 독선, 가만히 앉아서 정좌하고 앉아서 선은 하근선이여. 하근선이라 그것이, 하근선이 그것이 그렇게 찬성할 선이 못되여.

그렇지마는 하근선이라도 들어와서 안벽 관심하고, 달마스님이 소림굴에 들어가서 아홉 해 동안을 안벽관심을 했으니, 눈은 벽을 보고는 마음을 관하고 가만히 앉아 있었으니, 하근선은 그렇게도 해야 하고! 그렇게 하는 가운데도 그 다른 무슨 반연지경이 없어야 하고! 반연경계가 없어야 하고! 안벽관심 했으니 가만히 동하지 않고 아홉 해 동안을 안벽관심을 했다 그 말이여.

그 가운데도 철두철미하게 할 것 같으며는 확철대오가 있으니, 확철대오하며는 상근선이지 하근선이라고 할 것 뭐 있나?

하지마는 공연히 그 안벽관심 속에서 구년 동안이나 들어앉아서 딴 못된 관을 했다던지, 의심이 없으며는 큰 대병이요, 묵조사선도, 거기서 묵묵히 앉아서 죽은 참선도, 안벽관심 속에서 있을 수 있고, 아무 것도 없는 흑사나 귀굴 속에서 무슨 선이라고 할 것도 없는 고약한 잡선이 있을 것이고 하니까, 상근선도 옳게 해나가는 것이 상근선인데, 하근선도 옳게 해나가면 상근선이요! 상근선도 옳지 못하게 해나가면 하근선이요!

그것이 뭣이냐? 옳게 바로 믿어 가지고는, 그 참선법을 내가 나 찾는 법을 옳게 믿어 가지고는 옳게 꼭 해야 하는데, 옳게 해나가는 선이라는 것은 무엇이냐?

큰 분심이 있어가지고, 분한 마음이라는 것은, 내가 나를 깨닫지 못하고 역사 없는 과거를 오늘날까지⋯⋯, 역사가 없어! 내가 어디 생겨나는 때가 있다가 없다가 한가? 있다 없다 했나? 천지는 있다 없다 하지만 나는 있다 없다 하는 법 없어. 어디 또 천지인들 있다 없다 한 것이 있는가? 일체 물질도 부증생부증멸인디! 아 요새 현대학자들 모두 다 원소불멸이라고 하지 않어? 원소는 불멸이지. 전기가, 이것이 켜면 있다가 끄면 없어졌으니 끄면 없어지고 켜면 있어지는, 있다 없다 하는가? 본래 원소, 전기 전등 그 원소는 그대로 있는 것이지 있다 없다하는 것인가? 하니, 마음자리, 우리 마음자리는 있다 없다 하는 법도 더욱이 없는데,

그 마음을 내가 가지고도 여태까지 깨닫지 못하고 그 역사 없는 동안에 중생이 되어가지고, 깜깜 칠통해서 미해 가지고는 그 미한 속에는 생

사고 받는 것밖에 없어.

생사고(生死苦)! 죽었다 살았다 하는 생사고! 왜 이렇게 업신이 있어가지고, 죄 지으면 죄 받는 몸뚱이가 있어가지고, 이 육신 몸뚱이가 있어가지고 이놈의 육신 몸뚱이를 뒤집어쓰고, 육신 몸뚱이 송장 몸뚱이 살덤뱅이가 어디 고름이 들던지 아프면 죽을 지경이고!

고(苦) 받는 놈은 어디 송장이 받나? 내 소소영영한 주인공 내가 받지. 그 중생의 죄업만 퍼 받고, 여태까지 이렇게 필히 장분데!

저는 장부가 되어버렸는데, 저 저라는 것은, 우리 부처님은 벌써 장부가 되어 깨달아서 생사 없는 해탈 대장부 해탈불이 되어버렸는데, 나는 어찌 여태까지 깨닫지 못하고 있느냐? 이 지경 되어가지고 있느냐? 참 분하다! 그런 분개한 마음을 가져가지고는 시심마냐? "이뭣고?"

"이뭣고?"

의단(疑團)이 독로(獨露)해야 한다. 「알 수 없는 의심이 독로해야 한다.」 "이뭣고?"

왜 "이뭣고?" 하나를 철저히 가지지 못하느냐?

첫째 신근, 둘째 분심, 셋째는 의심.

알 수 없는 의심, 의단독로, 알 수 없는 것이 활구참선법이여!

그걸 활구(活句)라고 해! 살 활(活)자.

거기다가 조금만 알지 못하는, 조금만 그 알 수 없는 의심이 없고 딴 보이는 것이 있던지, 거 무슨 아는 것이 붙어있든지, 묵조(黙照), 묵묵한 것이 아무 망상도 없고, 턱 무엇이 나오든지, 그건 다 사구여.

뭐 이치가 붙던지, 천하 없는 천상천하에 없는 별 색견을 붙이던지, 모양 따위 상견을 붙이던지, 그러면 거 못쓸 선이여. 선이 아니여.

대자의에 필유대오(大自疑 必有大悟)다! 크게 의심하는 데서 크게 깨닫는다. 불료의가 시유제복(不了疑 是有諸福)이다!(다함이 없는 의문 이것에 모든 복 지음이 다 있다) "이뭣고?"는 의심 없는 것이 제일 병이여! 화두에는 그게 큰 병이여!

허니 다루는 법이, 화두를 다루는 법이 "이뭣고?", "이뭣고?" 해놓으면 알 수 없는 놈만, 「아무 것도 없고 알 수 없는 놈만」 독로해야 돼! 알 수 없는 그놈, 독로하는 놈이 없고 무슨 망념이 일어나면 자꾸 그놈 망념을 제할려고 싸워, 없앨려고 싸워.

전투전립이다! 싸울려고 하면 더 나오고, 망상이 더 퍼 나오고, 더 괴롭고, 신심이 산란하고, 안 되는 법이여. 그러면 공부한다고, 앉아서 좌선한다고 해야 그놈의 산란으로 싸우고, 그 다음에는 또 무기(無記), 아무 기억 없는 걸로 싸우고, 그 다음에는 또 잠을 밤낮 졸면서 싸우고, 그건 선이 아니여. 선 커녕은 사견만 더 키우고, 참선하다고 해야 죄업장만 더, 사량심만 더, 자꾸 키워지는 것이니까!

시심마 하는 방법이 그렇습니다. "이뭣고?" 뿐입니다 "이뭣고?". 시심마 화두를 이렇게 잘 오늘 받아 가지고는 잘해나가시기를 바랍니다.

오야유 보물인데, 내 보물이 이렇게 이런 보물이 있는데,
가소서래의다! 가히 우습다 서쪽이치여!

서래의가, 뭐 서쪽에 이치가 따로 있나? 서쪽에서 가져와서 나한테 이런 보물을 주었나?

너가 너 깨달아라! 네가 낱낱이 네 보물이 있다!

하시 황매사냐? 황매사!

오조스님이 황매산에서 육조스님한테 전했다는 것이 무엇이여? 육조스님이 본래 가지고 있는 물건 그대로 깨달았지 전할 것이 뭐 있나?

방할이 우적이니라!

만약에 딴 데로 볼 것 같으면, 내 보물 내던지고 딴 데서 찾을 것 같으면 방맹이로 때려 조지고 할로 때려 조질 것이다.

방할이 우적이여! 어디 가서!

바로 너가 너 깨달아서 네게 구족한 보물, 네게 갖춰진 보물 너 하나 깨달아 버리면 생사가 시심마냐? 죽고 사는 것이 무엇이며, 불법이 뭐? 따로 불법이 어디에 있나? 서천에서 온 불법이 무슨 소용 있나? 방맹이와 할로 들이댄다 이 말이여. 그런 게송을 이제 다 했습니다.

이럭저럭 [스스로에게] 속고! 하루하루를 속고!

세상에 병 없는 몸뚱이 건강한 몸뚱이를 얻어가지고 다 늙어서 입명종세가 닥쳐오지 아니했으니, 이만한 다행한 몸뚱이 얻었을 때 이 좋은 광음이 항상 비춰주고! 또 이만한 한가로운 시대를 만나서 도 닦을 시절을 만났으니, 좋은 세상에 없는 이런 대통령[박정희]이 나와서 정치를 이렇게 그 알뜰히 해주시고!

그 얼마나 시비 속에서 대통령이 되어가지고 대통령을 할려면 기가 막히지. 우국 우민이요, 우리나라를 걱정하고, 우리 백성을 걱정하고, 어떻던지 치안에 그 애를 다 써서. 대통령은 그렇게 복 받고 그렇게 부귀에 처해서 편안한 게 아니여, 죽을 지경이지. 내던지면, 아무 데나 맡겨 놓으면, 대통령 하나 잘해줄 사람이 있으면, 나보다 나은 사람이 있으면 어서 내주실 거다 그 말이여. 허지마는 그 나라를 내가 함부로 했다가는 큰일 날 것이고, 우리 국민을 함부로 내던져버리고 간섭 않으면 큰일 날 것이다. 그래서 그 운문선사가 세 번을 국왕 노릇을 해가지고는 나라를 편히 만들어 놓고, 백성을 잠 잘 자고 밥 잘 먹게 만들고, 격양가를 부르게 만든 운문선사의 원력, 참 그런 원력! 지금 대통령은 더해, 더! 사방 막남북이 갈라져 가지고, 우리나라가 두 조각이 나가지고 밤낮 간첩이 넘어오지, 밤낮 얼마나 근심 걱정을 하고 있는 것이여? 이렇게 편안한, 이렇게 치안해 주시는, 아! 이 이 속에서 도를 못 닦아?

도를 닦되 어째든지 [스스로에게] 속지 말아라! 날마다 날마다 이런 건강할 때가 항상 있을 줄 아냐? 까닥하면 병 오고, 까딱하면 그만 세상이 모두 난리가 나고, 온통 국가가 편치 못하고 야단 날 때가 모두 닥쳐온다!

외란도 밖에 난리도 있고, 내란도 내 안 마음에서의 이 몸뚱이가 그만 곧 죽게 된다든지, 그 이 몸뚱이가 무너지게 된다는 위란지, 위태로운 일이 기가 막히다! 이런 때를 당해서 어째 도무지 도를 못 닦느냐?

왜 "이뭣고?"를 철저히 못하느냐? 그 말이여!

왜 속고 지내느냐? 날마다 속느냐? 허 참!

차사피사에 왜 이렇게 속고 있느냔 말이여?

기이유 지혜자냐? 너가 무슨 지혜 있는 사람이냐? 너가 좀 용맹스런 사람이 되어가지고, 참으로 나 찾는 법을 참선법을 믿어가지고, 한바탕 닦아보아라! 이 법 외에 뭐가 있겠느냐?

이렇게 닦은 사람이라야 지혜 있는 사람이지, 때때로 [스스로에게] 속아가지고 그저 그만! 가나오나 그저 막 속아가지고는 그럭저럭 오늘, 그럭저럭 내일, 그럭저럭 금년, 그럭저럭 몇 년, 이게 뭐냐?

거, 지혜 있는 사람이여? 그것이 흉악한 어리석은 사람이지. 한 시간만 속아도 어리석은 사람인데 하루, 이틀, 일 년, 이태, 일생을 그렇게 속고 말아? 일생을 속고 나니 아무 것도 없다!

허 참 기막혀! 내가 한번 죽었다 살아났거든! 그때 봤지? 다!

딱 죽어서 송장은 저기 앉혀놓고 내가 법문을 했네, 송장을 보고!

혈압이 290 올라올 때 그때! 그놈의 약 먹고. 하! 나!

녹용은 절대 태음인은 먹는 법이 없다는데, 태음인인가 뭣인가 몰라. 아니 저 태음인이라 먹지, 태음인은 녹용이 좋다든가 하지마는 소음, 소양인은 못 먹는다고 하는데, 아 그놈을 두 돈쭝인가 넣어가지고, 닷 돈쭝인가 얼마 넣어가지고, 한 첩 먹으니까 답답하더니 두 첩 먹고는 확 일어나가지고는, 송장은 저기 앉았고, 혈압이 290 올라가지고 나는 여기 앉아서 "전강아!" 하고 설법을 해주네!

"전강아! 여하시 생사고냐?"

할을 한번 해놓고는 "속지 말아라!"

아! 내가 이랬네!
뭐 그 말 외에 더 할 게 뭐있냐? 그 말이여!
지혜인이냐? 지혜인이면 어찌 속느냐? 잠에 속고, 망상에 속고, 그럭저럭 무슨……!
세상사에 불리워서 「세상사 해나가면서도 항상 "이뭣고?"를 해나가야사 그게 속지 않는 사람」이여!

도움말

세존으로부터 전수되어온 의발이 불태워진 이래 역대조사님으로 상속되어온 법맥이, 이교도 방식으로 凡人들에 의하여 최고 깨달은 자가 선출되기까지 하는 등 지금처럼 혼란스러워지기 직전에, 전강선사님은 당대의 큰 선사님(6대선지식) 모두에게 인가를 받아 누구도 부인할 수 없게 확실한 법맥을 이으시었습니다.

의발을 불태워버리신 뜻과 방식만큼이나 감동적인 뜻과 방식에 따라 如法하게 불법을 상속 전수하는 확실한 법통을 보여주셨습니다.

세존으로부터 이어진 불법의 如法한 상속 전수가 요즈음에는 단절되지 않았는가 하는 세인들의 의혹을 말끔히 날려버리신 전강선사님이시기에, 그 분의 법문이라면 우리 모두에게 크게 도움이 될 것입니다.

그 전강선사님의 마지막 법상의 법문으로만 번역인에게 느껴지고 있는 이 법문 녹취록을 여기에 소개한 것입니다.

세존께서 수보리에게 계속 나투신 "네 뜻은 어떤고?"(於意云何)가, 나에게 자신의 진짜 뜻 묻는 "이뭣고?"가 되어, 전강선사님 법문대로, 온통 밝고 밝아 맑아진 투명한 내 온누리와 하나됨(一合相 : 뽕감)으로서 늘 저절로 독로(如是)해 있도록만, 서원하고 또 서원합니다.

그 "독로"는, 참으로 슬플 때 그 슬픔을 참으려는 내 생각도 소용없이 슬픔이 저절로 드러나 지속될 때처럼, 모르는 채로 태어나 깨닫고만 싶은 내 인식본능(佛性)이 온 누리 그 자체(온누리가 바로 佛性인 내 인식)로서 드러나, 그와 다른 어떤 내 가짜 뜻(생각)도 늘 지금 모두 쉬고 있는 상태가 되므로, 바로 그 독로(뽕감 : 如是)가 늘 저절로 지속되는 本性상태인 참 내 인식(진심)이 지금 확연히 누려지고 있는 내 깨달음(佛)상황(本來面目)입니다.

늘 저절로 더 고요히 뚜렷하게 독로하고 있는 의문(호기심)이 아니라면 내 착각상태로 짓고 있는 의혹에 불과합니다.

※ 이 녹취록의 원본이 되는 녹음테이프를 구매하시려면 인천 용화선원(031-872-6061)으로 연락하시면 됩니다. 이 책을 가지고 안산 고려선원(031-408-0108)에 직접 방문하시는 분에게는 이 녹취록의 원본이 되는 녹음테이프를 무료로 드리겠습니다.

늘 지금 행복한 내 마음
깨닫는 방법의 요약

1 늘 내 으뜸(無諍三昧)인 바른 내 인식(知, 見, 信解) : 늘 내 으뜸인 내 삶 (현실)이 내 더없는 행복임을 늘 지금(如是) 알아지고, 보여지고, 믿어 져 이해됨이 바른 깨달음(正覺).

2 내 마음은 늘 바른 인식 : 불만족인 고통은 한사코 늘 거부되며, 삶 자 체의 흡족이 늘 더 알아지고, 보여지고, 믿어 이해되고 있는, 늘 등신 (等身 : 如來)인 내 인식이 참 내 뜻인 진짜 내 마음.

3 지금의 나 솔직한 인정 : 늘 내 삶이 제일 흡족한 진짜 내 뜻인 내 마 음을 무시, 거부한 내 불만족한 생각은, 변하는 가짜 내 뜻인 허망한 착각. 그 착각인 불만족이 만드는 욕망에 "미쳐서", 죽을 때까지 허망 한 내 불만족(고통)한 생각들로 "맴돌기"(迷해 輪廻)만 하며, 자신을 마

치 원수처럼 고통스럽게 하기에, 그런 (강아지 보다도) 어리석은 내가 솔직하게 인정되어야만, 진짜 깨닫고 싶어짐.

4 나를 솔직히 돌아봄(廻光返照) : 잊어버린 참 내 뜻인 내 진심이 몰록 기억나(드러나) 그 온전한 흡족이 늘 내 현실로 누려짐이 깨달음.

5 내 마음에 항복(降伏其心 : 下化)이 행복해지는 방식(道 : 上求) : 서로 다른 내 뜻인 생각들로 불만족하게 살아왔기에, 그 서로 달라서 가짜 내 뜻인 생각들이, 삶 자체가 늘 가장 흡족(행복)한 진짜 내 뜻(진심) 에, 몽땅 완전히 항복하는 찰나가 깨달음.

6 기억의 되찾음(授記) : 내 어릴 적 불만족 없던 호기심(의문)상태 온전 한 흡족의 기억이 몰록 되찾아져서 늘 저절로 누려짐이 깨달음.

7 分別의 융합(一合相)이 의문 : 각각인 생각(착각)이 몰록 융합되어(하나 로 합쳐져) 分別되기전 의문(호기심 : 지혜)상태로 환원이 깨달음.

8 늘 바라밀상태 내 마음(眞心) : 늘 심금이 울려지고 있는 밝고 맑아 청 정한 내 몸과 정신의 온전히 흡족한 반응(眞心)이 깨달음상태.

9 진심은 늘 지금 누려짐(如是) : 생각이 몽땅 쉬는 의문상태가 되므로, 늘 실존해 있는 내 온누리인 맑음(평안한 투명)이 더 뚜렷뚜렷(맑음의

평안함에 뿅가면 밝아짐)해져야, 온전한 흡족(좋고 평안)이 몰록 바라밀로 늘 지금(如是) 누려짐.

※ 거의 모두가 평안함보다는 좋음을 앞세우기 때문에, 그 생각(有爲 : 分別)인 내 욕망(불만족)에 강한 에너지가 집중되어서 몸과 정신이 고통상태(상기병)가 되므로, 온전한 흡족(늘 그대로인 평안함에 뿅감)과는 더 멀어지게 됨.

10 깨달음상태는 어이하겠다는 뜻(有爲 : 생각) 없이 늘 실존한 뜻이 응시됨(看話) : 내 온누리인 맑음(투명)이 고요히 더 밝아(뚜렷해)짐은 내 인식본능(의문 : 화두)의 내 본능반응(답)에 스스로 뿅간 상태이므로, 그 상태(觀)의 내 뜻을 다만 응시(如是觀 : 看話 : 어떤 생각도 없이 뜻만 살펴봄)하면, 저절로 참 내 뜻이 증폭심화(大乘最上乘)되어 내 마음보인 온누리가 늘 더 온전한 흡족(바라밀)상태로 되어감.

※ 화두(의문)를 내 몸과 정신의 흡족한 반응이 저절로 지속되도록 간절한 내 뜻으로 짓다 보면, 결국은 내 의문을 다만 응시(看話)하는 호기심상태(如是觀)가 됨. 그리되면, 모든 걸 알아내는 의문인 화두(조사의 뜻)를 본능적으로 응시(더 고요히 뚜렷해짐)하는 "내 看話(간화)가", 내 인식본능인 의문에 늘 즉각적인 (삶이 가장 흡족한) 내 본능반응을 늘 지금(如是) 누리려는 "참 내 뜻의 본래면목(本來面目 : 本地風光 : 진심상태 : 본능상태)임"도 몰록 스스로에게 증명(깨닫게)됨.

11 늘 그대 것인 "이뭣고?!"를 허공 난간에 걸어두니, 본래 그대가 청정(투명)한 채로 흡족함을 스스로 증명해줄, 그대의 본래면목(살아있는

진짜 모습)입니다.

전강문인 고려선원 무진

쉼 없이 퍼붓던 비가 개이니
온 누리가 투명뿐일세.

늘 눈앞의 투명이건만
새삼스런 반가움에 뭉가버렸네.

너 안의 티끌에만 눈이 팔려
너를 못 본 세월이 허망하구나.

옴?—메!—?!——————— 이(是)?!

내 마음 뻥간 ?!의 진실 금강경

如來가 내 늘 ?! 本性인채로라서

?!如──♩

　　　?!如♪.

?!如──♩

　　　?!如──♩로♫常♪事♪되♫여♫.

?!如──♩?!如──♩

이것이 아가처럼 늘 뚜렷하면 佛

(짧은 힌트와 정답 사이가 큰 깨달음!)

내 마음의 진실 금강경

1판 1쇄 펴낸 날 2012년 9월 1일

저자 무진 장성욱
발행인 김재경
기획 · 편집 김성우
디자인 김현민
마케팅 권태형
제작 보현피앤피

펴낸곳 도서출판 비움과소통 서울시 영등포구 영등포동7가 52-10 남양BD 2층 222호
전화 02-2632-8739
팩스 0505-115-2068
이메일 buddhapia5@daum.net
트위터 @kjk5555
페이스북 ID 김성우
홈페이지 http://blog.daum.net/kudoyukjjung
카페(구도역정) http://cafe.daum.net/kudoyukjung
출판등록 2010년 6월 18일 제318-2010-000092호

ⓒ 무진, 2012
ISBN 978-89-97188-19-2 03220

정가 33,000원

• 잘못된 책은 서점에서 바꾸어 드립니다.
• 이 책은 저작권법에 따라 보호받는 저작물이므로 무단전재와 복제를 금지하며,
이 책 내용의 일부를 이용할 때도 반드시 지은이와 본 출판사의 서면동의를 받아야합니다.
• 불교 또는 동양고전, 자기계발, 경제경영 관련 원고를 모집합니다.